士之读书治学

盖将以脱心志于俗谛之桎梏

真理因得以发扬

陈寅恪合集

史集

元白诗笺证稿

陈寅恪 著

译林出版社

图书在版编目（CIP）数据

陈寅恪合集．史集．元白诗笺证稿 / 陈寅恪著．—
南京：译林出版社，2020.3

ISBN 978-7-5447-8089-6

Ⅰ.①陈… Ⅱ.①陈… Ⅲ.①陈寅恪（1890–1969）–
文集②元稹（779–831）–唐诗–诗歌研究③白居易
（772–846）–唐诗–诗歌研究 Ⅳ.①C52②I207.227.42

中国版本图书馆 CIP 数据核字（2019）第 294220 号

陈寅恪合集：史集
元白诗笺证稿　陈寅恪 / 著

合集选编　江奇勇
出版创意　王训海
特约编审　徐海燕　徐　麟　井　超
责任编辑　焦亚坤
特约编辑　胡　莉　吕冰心
装帧设计　朱赢椿　杨杰芳
责任校对　孙玉兰
特约校对　时舒敏　徐佩兰
责任印制　颜　亮

出版发行　译林出版社
地　　址　南京市湖南路 1 号 A 楼
邮　　箱　yilin@yilin.com
网　　址　www.yilin.com
市场热线　025-86633278
排　　版　南京展望文化发展有限公司
印　　刷　恒美印务（广州）有限公司
开　　本　880 毫米 × 1280 毫米　1/32
印　　张　12
版　　次　2020 年 3 月第 1 版　2020 年 3 月第 1 次印刷
书　　号　ISBN 978-7-5447-8089-6
定　　价　84.00 元

陈寅恪合集

《陈寅恪合集》前言

东汉以后学术文化，其重心不在政治中心之首都，而分散于各地之名都大邑，是以地方大族盛门乃为学术文化之所寄托。中原经五胡之乱，而学术文化保持不坠者，固有地方大族之力，而汉族学术文化变为地方化及家门化矣。故论学术，只有家学之可言，而学术文化与大族盛门常不可分离也。

陈寅恪《崔浩与寇谦之》

陈寅恪（一八九〇年至一九六九年），出身世家，幼承家学。陈氏义宁之学肇始于祖父陈宝箴，形成于父亲陈三立，兴盛并终结于陈寅恪。

一九〇二年春，未满十二周岁的陈寅恪遵父命走出陈氏家塾，随长兄衡恪东渡日本，以听讲生身份就读于东京弘文学院；一九〇四年，与其兄隆恪同时考取官费留日，仍留弘文学院读高中；一九〇五年秋，插班考入上海复旦公学，一九〇九年暑期肄业。随后，陈寅恪开始了在西方的游学生涯。他先后在德国柏林大学、瑞士苏黎世大学、法国巴黎高等政治学校（巴黎政治学院）、美国哈佛大学、德国柏林大学研究院求学研究，历十五年，虽未获取学位，但因博学盛名，于一九二五年受聘为清华学校研究院导师，与梁启超、王国维、赵元任并称“清华四大导师”。在中国学术界，陈寅恪被誉为“公子的公子，教授之教授”（郑天挺语），与吕思勉、陈垣、钱穆并称“史学四大家”（严耕望语）。经历之传奇，影响之巨大，震动学界。

一九九五年十二月，陆键东所著《陈寅恪的最后二十年》由北京三联书店出版，后成为畅销书。自此，学院派教授陈寅恪由学界推入民间，并成为话题。其中，陈寅恪撰《清华大学王观堂先生纪念碑铭》中意义的抉发阐述引发了公众的特别关注，陈著也风行一时。二〇〇一年，三联书店出版《陈寅恪集》十三种十四册，排版依陈寅恪一贯要求，繁体字竖排。

三联版《陈寅恪集》，虽经多次再版重印，刊行的数字始终与社会关注的热度相去甚远。耐人寻味的是，由陈寅恪弟子万绳楠教授根据听课笔记整理出版的《陈寅恪魏晋南北朝史讲演录》却畅销起来，至今不衰。究其原因，大概是繁体字竖排版式不合现代读者的阅读习惯，反倒是用简体字横排的由陈寅恪学生整理的听课笔记更平易近人。繁体竖排显然不利于陈著的传播，更不利于读者全面了解陈寅恪的学术成就。

二〇二〇年，陈寅恪著作权进入公有领域，我们精心选编了简体字横排版《陈寅恪合集》，让更多读者接近陈寅恪，阅读其著，体悟其思。

“综观陈寅恪的一生，有令人羡慕之才华与家学，亦有令人扼腕之失明与膑足。”（汪荣祖语）因此，陈著前后阶段表现出两种气象。我们遵其不同，分别以“史集”和“别集”呈现，以“陈寅恪合集”统摄之。

《陈寅恪合集》的内容，以陈寅恪生前审定的上海古籍版《陈寅恪文集》八种九册为基干，增补三联版《陈寅恪集》中含两晋南北朝课的《讲义集》，形成“史集”五册，“别集”五册，计九种十册。书目如下：《金明馆丛稿初编》《金明馆丛稿二编》《讲义集》《隋唐制度渊源略论稿》《唐代政治史述论稿》《元白诗笺证稿》《寒柳堂集》《柳如是别传》《诗存》。

全书内容调整和编辑体例如下：

一、全书内容除《讲义集》以三联版《陈寅恪集》为底本外，其余均以上海古籍版《陈寅恪文集》为底本。在编辑过程中，我们尽可能地对底本文字做了勘对，径改了其中存在的文字讹误。

二、所收内容略有调整。将三联版《讲义与杂稿》中杂稿部分调整至《寒柳堂集》，书名改作《讲义集》。将上海古籍版《寒柳堂记梦未定稿》与三联版《寒柳堂记梦未定稿（补）》合并为《寒柳堂记梦未定稿（增补）》，仍附《寒柳堂集》。《诗存》增加若干诗篇。

三、全书采用简体字横排。对异体字，除陈氏征引文献中的人名、地名、古籍名中的之外，均改用通行正字。

四、全书依据二〇一一年十二月发布的国家标准《标点符号用法》，对底本的原标点做了必要的调整和补充，尤其是考籍核典，尽可能全面、正确地添加了书名号。括号的使用参照上海古籍版，（）内文字仍为陈寅恪注，〔〕内文字仍为蒋天枢补。

值此陈寅恪先生逝世五十周年、诞辰一百三十周年之际，我们选编出版《陈寅恪合集》以表纪念。先生所撰《清华大学王观堂先生纪念碑铭》之结语，今实可为先生之铭词：“先生之著述，或有时而不章。先生之学说，或有时而可商。惟此独立之精神，自由之思想，历千万祀，与天壤而同久，共三光而永光。”

全书由徐海燕女士主持编辑校对，朱赢椿先生主持装帧设计，王训海先生力主促成之厚谊，在此一并表示衷心感谢。

二〇一九年十月江奇勇敬识

《陈寅恪合集》总目

史集

金明馆丛稿初编

金明馆丛稿二编

讲义集

隋唐制度渊源略论稿

唐代政治史述论稿

元白诗笺证稿

别集

寒柳堂集

柳如是别传

诗存

编者注：“史集”中，《隋唐制度渊源略论稿》《唐代政治史述论稿》合为一册；“别集”中，《柳如是别传》分上、中、下三册。

史集出版记言

本史集主要收录陈寅恪中年学术研究高峰期所撰著的唐史三稿及其他重要论文和讲义，侧重展现先生的学术创见。

陈寅恪早期史学研究的重点在于充分利用他所掌握的语文工具，研究“塞外之史，殊族之文”。陈氏这一阶段的重要著述在本史集中均予以收录。二十世纪三十年代以后，陈氏史学研究的重点逐渐移向魏晋至隋唐。他自言：“寅恪不敢观三代两汉之书，而喜谈中古以降民族文化之史。”（《重刻〈元西域人华化考〉序》）究其缘由，吴宓有言：“寅恪尝谓唐代以异族入主中原，以新兴之精神，强健活泼之血脉，注入于久远而陈腐之文化，故其结果灿烂辉煌，有欧洲骑士文学之盛况。而唐代文学特富想象，亦由于此云云。”（《空轩诗话》）

陈寅恪在概述“晋至唐文化史”讲习方法时说：“本课程讲论晋至唐这一历史时期的精神生活与物质生活之关系。……在讲论中，绝不轻易讲因果关系，而更着重条件”；“本课程学习方法，就是要看原书，要从原书中的具体史实，经过认真细致而实事求是的研究，得出自己的结论，一定要养成独立精神、自由思想、批判态度。”［《陈寅恪先生编年事辑》（增订本）一九三二年谱］在上“晋至唐史”第一课时，陈先生说明讲课要旨：“本课程是通史性质，虽名为‘晋至唐’，实际所讲的，在晋前也讲到三国，唐后也讲到五代。因为一个朝代的历史不能以朝代为始终。”他认为：“必须对旧材料很熟悉，才能利用新材料。因为新材料是零星发现的，是片断的。旧材料熟，才能把新材料安置于适宜的地位。正像一幅已残破的古画，必须知道这幅画的大概轮廓，才能将其一山一树置于适当地位，以复旧观。”［《陈寅恪先生编年事辑》（增订本）一九三五年谱］赵元任亦回忆道：“寅恪总说你不把基本的材料弄清楚了，就急着要论微言大义，所得的结论还是不可靠的。”（《忆寅恪》）

俞大维认为陈寅恪研究历史的目的“是在历史中寻求历史的教训。他常说：‘在史中求史识。’”（《怀念陈寅恪先生》）一九五一年陈氏在发表《论唐高祖称臣于突厥事》一文的开篇写道：“吾民族武功之盛，莫过于汉唐。然汉高祖困于平城，唐高祖亦尝称臣于突厥，汉世非此篇所论，独唐高祖起兵太原时，实称臣于突厥，而太宗又为此事谋主，后来史臣颇讳饰之，以至其事之本末不明显于后世。夫唐高祖太宗迫于当时情势不得已而出此，仅逾十二三年，竟灭突厥而臣之，大耻已雪，奇功遂成，又何讳饰之必要乎？兹略取旧记之关于此事者，疏通证明之，考兴亡之陈迹，求学术之新知，特为拈出此一重公案，愿与当世好学深思读史之有心人共参究之也。”在文章的结尾他发出感慨：“呜呼！古今唯一之‘天可汉’，岂意其初亦尝效刘武周辈之所为耶？初虽效之，终能反之，是固不世出人杰之所为也。又何足病哉！又何足病哉！”全篇用古典以述今事，盖有深意存焉。可见陈寅恪无时不“在历史中寻求历史的教训”，且以“了解之同情”品评史实和古人，这篇论文便是其中一例。

我因编辑《李泽厚十年集》，与李泽厚先生结交二十余年，曾听他高度评价陈氏的《魏晋南北朝史讲演录》。二〇一〇年在与刘绪源的对话中，他更加明确地表达了自己的观点：“陈寅恪先生治史，所用的材料也是不多的。他材料看得极多极熟，但用的时候，只把关键的几条一摆就定案。他主要是有 insight，洞见。有见识、史识。……真正能代表陈寅恪治学水平和治学方法的，还是他的《唐代政治史述论》《隋唐制度渊源略论稿》那些书。”（《该中国哲学登场了?》）

陈寅恪一九四四年八月十日致陈槃信中自述：“弟近草成一书，名曰‘元白诗笺证’，意在阐述唐代社会史事，非敢说诗也。弟前作两书，一论唐代制度，一论唐代政治，此书则言唐代社会风俗耳。”（《陈寅恪集·书信集》）本史集以该书殿后，取“以诗证史”的代表作来承启下面的“别集”，以引领读者步入陈氏晚年史学研究领域。

二〇一九年十月江奇勇敬识

史集

元白诗笺证稿

目次

第一章　长恨歌　一八
第二章　琵琶引　六六
第三章　连昌宫词　八四
第四章　艳诗及悼亡诗　一一六
附：读《莺莺传》　一四四
第五章　新乐府　一五六
七德舞　一六九
法曲　一八二
二王后　海漫漫　一八四
立部伎　一八九
华原磬　一九八
上阳〔白发〕人　二〇〇
胡旋女　二〇六
新丰折臂翁　二〇九
太行路　二一三
司天台　二一五
捕蝗　二一八
昆明春　二二一
城盐州　二二四
道州民　二二九
驯犀　二三二
五弦弹　二三六
蛮子朝　二三八
骠国乐　二四一

缚戎人　二四四
骊宫高　二四九
百炼镜　二五二
青石　二五三
两朱阁　二五五
西凉伎　二五七
八骏图　二六五
涧底松　二六六
牡丹芳　二六八
红线毯　二七三
杜陵叟　二七五
缭绫　二七七
卖炭翁　二八〇
母别子　二八五
阴山道　二八六
时世妆　二九二
李夫人　二九四
陵园妾　二九七
盐商妇　三〇一
杏为梁　三〇五
井底引银瓶　三〇九
官牛　三一一
紫毫笔　三一三
隋堤柳　三一四

草茫茫　三一六
古冢狐　三一七
黑潭龙　三一九
天可度　三二一
秦吉了　三二三
鸦九剑　三二五
采诗官　三二六
第六章　古题乐府　三三〇
附论　三三八
（甲）白乐天之先祖及后嗣　三三九
（乙）白乐天之思想行为与佛道关系　三五二
（丙）论元白诗之分类　三六二
（丁）元和体诗　三六六
（戊）白乐天与刘梦得之诗　三七〇
附校补记（存目）

作者附记　三七六

编者注：因《附校补记》十三则补记已全部植入各章节有关文字后，故存目。

第一章　长恨歌

《白氏长庆集》二八《与元九书》云：

> 及再来长安，又闻有军使高霞寓者，欲聘倡妓。妓大夸曰："我诵得白学士《长恨歌》，岂同他妓哉！"由是增价。

《全唐诗》第十六函白居易一六《编集拙诗成一十五卷因题卷末戏赠元九李二十》云：

> 一篇长恨有风情，十首秦吟近正声。每被老元偷格律，苦教短李伏歌行。世间富贵应无分，身后文章合有名。莫怪气粗言语大，新排十五卷诗成。

寅恪案：自来文人作品，其最能为他人所欣赏、最能于世间流播者，未必即是其本身所最得意、最自负自夸者。若夫乐天之《长恨歌》，则据其自述之语，实系自许以为压卷之杰构，而亦为当时之人所极欣赏，且流播最广之作品。此无怪乎历千岁之久至于今日，仍熟诵于赤县神州及鸡林海外"王公妾妇牛童马走之口"（元微之《白氏长庆集序》中语）也。

虽然，古今中外之人读此诗者众矣，其了解之程度果何如？"王公妾妇牛童马走"固不足论，即所谓文人学士之伦，其诠释此诗形诸著述者，以寅恪之浅陋，尚未见有切当之作。故姑试为妄说，别进一新解焉。

鄙意以为欲了解此诗，第一，须知当时文体之关系。第二，须知当时文人之关系。

何谓文体之关系？宋赵彦卫《云麓漫钞》八云：

> 唐之举人，先借当世显人以姓名达之主司，然后以所业投献。逾数日又投，谓之"温卷"，如《幽怪录》《传奇》等皆是也。

盖此等文备众体，可以见史才、诗笔、议论。至进士则多以诗为贽。今有唐诗数百种行于世者是也。

寅恪案：赵氏所述唐代科举士子风习，似与此诗绝无关涉。然一考当日史实，则不能不于此注意。盖唐代科举之盛，肇于高宗之时，成于玄宗之代，而极于德宗之世。德宗本为崇奖文词之君主，自贞元以后，尤欲以文治粉饰苟安之政局。就政治言，当时藩镇跋扈，武夫横恣，固为纷乱之状态。然就文章言，则其盛况殆不止追及，且可超越贞观、开元之时代。此时之健者有韩、柳、元、白，所谓“文起八代之衰”之古文运动，即发生于此时，殊非偶然也。又中国文学史中别有一可注意之点焉，即今日所谓唐代小说者，亦起于贞元、元和之世，与古文运动实同一时，而其时最佳小说之作者，实亦即古文运动中之中坚人物是也。此二者相互之关系，自来未有论及之者。寅恪尝草一文略言之，题曰“韩愈与唐代小说”，载《哈佛大学亚细亚学报》第一卷第一期。其要旨以为古文之兴起，乃其时古文家以古文试作小说，而能成功之所致，而古文乃最宜于作小说者也。拙文所以得如斯之结论者，因见近年所发现唐代小说，如敦煌之俗文学及日本遗存之《游仙窟》等，与洛阳出土之唐代非士族之墓志等，其著者大致非当时高才文士（张文成例外），而其所用以著述之文体，骈文固已腐化，即散文亦极端公式化，实不胜叙写表达人情物态、世法人事之职任。其低级骈体之敦煌俗文学及《燕山外史》式之《游仙窟》等，皆世所习见，不复具引。兹节录公式化之墓志文二通以供例证如下：

《芒洛冢墓遗文四编》三《安师墓志》云：

君讳师，字文则，河南洛阳人也。十六代祖西华国君，东汉永平中，遣子仰入侍，求为属国。乃以仰为并州刺史。因家洛阳焉。

又《康达墓志》云：

君讳达，自（字?）文则，河南伊阙人也。

□以□

因家河□焉。

今观两《志》文因袭雷同公式化之可笑，一至若此，则知非大事创革不可。是昌黎、河东《集》中碑志传记之文所以多创造之杰作，而谀墓之金为应得之报酬也。夫当时叙写人生之文衰弊至极，欲事改进，一应革去不适描写人生之已腐化之骈文，二当改用便于创造之非公式化之古文，则其初必须尝试为之。然碑志传记为叙述真实人事之文，其体尊严，实不合于尝试之条件。而小说则可为驳杂无实之说，既能以俳谐出之，又可资雅俗共赏，实深合尝试且兼备宣传之条件。此韩愈之所以为爱好小说之人，致为张籍所讥。观于文昌遗书退之之事，如《唐摭言》五“切磋”条（参《韩昌黎集》一四《答张籍书》注，《重答张籍书》注，及《全唐文》六八四张籍《上韩昌黎书》《上韩昌黎第二书》）云：

韩文公著《毛颖传》，好博簺之戏。张水部以书劝之。其一曰，比见执事多尚驳杂无实之说，使人陈之于前以为欢，此有以累于令德。其二曰，君子发言举足，不远于理，未尝闻以驳杂无实之说为戏也。执事每见其说，亦拊抃呼笑，是挠气害性，不得其正矣。

可知也。

是故唐代贞元、元和间之小说，乃一种新文体，不独流行当时，复更辗转为后来所则效，本与唐代古文同一原起及体制也。唐代举人之以备具众体之小说之文求知于主司，即与以古文诗什投献者无异。元稹、李绅撰《莺莺传》及《歌》于贞元时，白居易与陈鸿撰《长恨歌》及《传》于元和时，虽非如赵氏所言是举人投献主司之作品，但实为贞元、元和间新兴之文体。此种文体之兴起与古文运动有密切关系，其优点在便于创造，而其特征则尤在备具众体也。

既明乎此，则知陈氏之《长恨歌传》与白氏之《长恨歌》非通常序文与本诗之关系，而为一不可分离之共同机构。赵氏所谓“文备众体”中，“可以见诗笔”（赵氏所谓“诗笔”系与“史才”并举者。“史才”指小说中叙事之散文言。“诗笔”即谓诗之笔法，指韵文而言，其“笔”字与六朝人之以无韵之文为笔者不同）之部分，白氏之《歌》当之。其所谓“可以见史才”“议论”之部分，陈氏之《传》当之。后人昧于此义，遂多妄说，如沈德潜《唐诗别裁》八选《长恨歌》评云：

> 迷离恍惚，不用收结，此正作法之妙。

又《唐宋诗醇》二二云：

> 结处点清长恨，为一诗结穴。戛然而止，全势已足，不必另作收束。

初视之，其言似皆甚允当。详绎之，则白氏此《歌》乃与《传》文为一体者。其真正之收结，即议论与夫作诗之缘起，乃见于陈氏《传》文中。《传》文略云：

〔王〕质夫举酒于乐天前曰："乐天深于诗，多于情者也。试为歌之如何?"乐天因为《长恨歌》。意者不但感其事，亦欲惩尤物，窒乱阶，垂于将来也。《歌》既成，使鸿传焉。世所不闻者，予非开元遗民，不得知。世所知者，有《玄宗本纪》在。今但传《长恨歌》云尔。

此节诸语正与元氏《莺莺传》末结束一节所云：

时人多许张为善补过者。予尝于朋会之中，往往及此意者，使夫知者不为，为之者不惑。贞元岁九月，执事（?）李公垂宿于予靖安里第，语及于是。公垂卓然称异，遂为《莺莺歌》以传之。崔氏小名莺莺，公垂以命篇。

适相符合。而李氏之《莺莺歌》，其诗最后数语亦为：

诗中报郎含隐语，郎知暗到花深处。三五月明当户时，与郎相见花间语。（"语"字从《董解元西厢》本，他本作"路"。）

然则《莺莺歌》虽不似《长恨歌》之迷离恍惚，但亦不用所谓收结者，其故何耶？盖《莺莺传》既可谓之《会真记》（见拙著《读〈莺莺传〉》，载《历史语言研究所集刊》第十本第一分。今附于第四章后），故《莺莺歌》亦可谓之《会真歌》。《莺莺歌》以"与郎相见"即"会真结"（会真之义与遇仙同，说详拙著《读〈莺莺传〉》），与《长恨歌》以"长恨结"，正复相同。至于二诗之真正收结，则又各在其《传》文之中也。二诗作者不同，价值亦异，而其体裁实无一不合。盖二者同为具备众体之小说中之歌诗部分也。后世评《长恨歌》者，如前所引二例，于此全未明了，宜乎其赞美乐天而不得其道矣。

更取韩退之小说作品观之（详见拙著《韩愈与唐代小说》，载《哈佛大学亚细亚学报》第一卷第一期），如《昌黎集》二一《石鼎联句序》及《诗》，即当时流行具备众体之小说文也。其《序》略云：

> 二子（侯喜、刘师服）因起谢曰："尊师（轩辕弥明）非世人也，某伏矣，愿为弟子，不敢更论诗。"道士奋曰："不然，章不可以不成也。"又谓刘曰："把笔来，吾与汝就之。"即又唱出四十字为八句，书讫便读。读毕，谓二子曰："章不已就乎？"二子齐应曰："就矣。"

寅恪案：此八句四十字，即《石鼎联句》之末段。其词云：

> 全胜瑚琏贵，空有口传名。岂比俎豆古，不为手所撜。磨砻去圭角，浸润著光精。愿君莫嘲诮，此物方施行。

此篇结句"此物"二字，即"石鼎"之代称。亦正与李公垂之《莺莺歌》，即《会真歌》之"与郎相见"、白乐天《长恨歌》之"此恨绵绵"，皆以结局之词义为全篇之题名，结构全同。于此可以知当时此种文章之体制，而不妄事评赞矣。

复次，洪氏《韩公年谱》云：

> 或谓轩辕寓公姓，弥明寓公名，盖以文滑稽耳。是不然，刘侯虽皆公门人，然不应讥诮如是之甚。且言弥明形貌声音之陋，亦岂公自词耶？而《列仙传》又有《弥明传》，要必有是人矣。

朱子《考异》云：

今按：此诗句法全类韩公。而或者所谓寓公姓名者，盖轩辕反切近“韩”字，“弥”字之意又与“愈”字相类，即张籍所讥“与人为无实驳杂之说”者也。故窃意或者之言近是。洪氏所疑容貌声音之陋，乃故为幻语，以资笑谑，又以乱其事实，使读者不之觉耳。若《列仙传》，则又好事者因此《序》而附着之，尤不足以为据也。

寅恪案：朱子说甚谛，其深识当时文章体裁，殊非一般治唐文者所及。故不嫌骈赘，并附于此，以资参校。

何谓文人之关系？《白氏长庆集》二八《与元九书》云：

与足下小通，则以诗相戒；小穷，则以诗相勉；索居，则以诗相慰；同处，则以诗相娱。

元白二人作诗，相互之密切关系，此数语已足以尽之，不必更别引其他事实以为证明。然元白二人之作诗，亦各受他一人之影响，自无待论。如前引《全唐诗》第十六函白居易一六《编集拙诗成一十五卷因题卷末戏赠元九李二十》诗“每被老元偷格律”句，乐天自注云：

元九向江陵日，尝以拙诗一轴赠行，自后格变。

又“苦教短李伏歌行”句，自注云：

李二十尝自负歌行，近见予《乐府五十首》，默然心伏。

盖《白氏长庆集》二《和答诗十首序》略云：

〔元和〕五年春，微之左转为江陵士曹掾。仆职役不得去，命季弟送行，且奉新诗一轴致于执事，凡二十章，欲足下在途讽读。及足下到江陵，寄在路所为诗十七章，皆得作者风。岂仆

> 所奉者二十章，遽能开足下聪明使之然耶？何立意措辞与足下前时诗如此之相远也？

又《元氏长庆集》二四《和李校书新题乐府二十首序》云：

> 予友李公垂，贶予《乐府新题二十首》。雅有所谓，不虚为文。予取其病时之尤急者，列而和之，盖十二而已。

今《白氏长庆集》三、四两卷所载《新乐府五十首》，即因公垂、微之所咏而作也。其所以使李氏心伏者，乃由当时文士各出其所作，互事观摩，争求超越，如《白氏长庆集》二《和答诗十首序》云：

> 旬月来多乞病假，假中稍闲，且摘卷中尤者，继成十章，亦不下三千言。其间所见同者固不能自异，异者亦不能强同。同者谓之和，异者谓之答。

今并观同时诸文人具有互相关系之作品，知其中于措辞（即文体）则非徒仿效，亦加改进；于立意（即意旨）则非徒沿袭，亦有增创。盖仿效沿袭即所谓同，改进增创即所谓异。苟今世之编著文学史者，能尽取当时诸文人之作品，考定时间先后、空间离合而总汇于一书，如史家长编之所为，则其间必有启发，而得以知当时诸文士之各竭其才智、竞造胜境为不可及也。

据上所论，则知白、陈之《长恨歌》及《传》实受李、元之《莺莺歌》及《传》之影响，而微之之《连昌宫词》又受白、陈之《长恨歌》及《传》之影响。其间因革演化之迹显然可见。兹释《长恨歌》，姑就《莺莺歌》及《传》与《长恨歌》及《传》言之，暂置《连昌宫词》不论焉。

据《莺莺传》云：

贞元岁九月，执事（?）李公垂宿于予靖安里第，语及于是。公垂卓然称异，遂为《莺莺歌》以传之。（此节上已引。）

贞元何年虽阙不具，但贞元二十一年八月即改元永贞，是《传》文之“贞元岁”，决非贞元二十一年可知。

又《莺莺传》有：

后岁余，崔已委身于人，张亦有所娶。

之语，则据《才调集》五微之《梦游春七十韵》云：

一梦何足云，良时事婚娶。当年二纪初，佳节三星度。朝蕣玉佩迎，高松女萝附。韦门正全盛，出入多欢裕。

《韩昌黎集》二四《监察御史元君妻京兆韦氏夫人墓志铭》云：

夫人于〔韦〕仆射〔夏卿〕为季女。爱之，选婿得今御史河南元稹。稹时始以选校书秘书省中。

及《白氏长庆集》六一《河南元公墓志铭》（《旧唐书》一六六《元稹传》同）云：

〔贞元十八年〕年二十四，试判入四等，署秘省校书。

是又必在贞元十八年微之婚于韦氏之后。（微之时年二纪，即二十四。）而《莺莺传》复有：

自是绝不复知矣。

一言，则距微之婚期必不甚近。然则贞元二十年乃最可能者也。又据《长恨歌传》略云：

元和元年冬十二月，太原白乐天自校书郎尉于盩厔。鸿与琅琊王质夫家于是邑，暇日相携游仙游寺，话及此事。乐天因为

《长恨歌》。

此则《长恨歌》及《传》之作成在《莺莺歌》及《传》作成之后。其《传》文即相当于《莺莺传》文，《歌》词即相当于《莺莺歌》词及《会真》等诗，是其因袭相同之点也。至其不同之点，不仅文句殊异，乃特在一为人世，一为仙山；一为生离，一为死别；一为生而负情，一为死而长恨。其意境宗旨，迥然分别，俱可称为超妙之文。若其关于帝王平民（莺莺非出高门，说详拙著《读〈莺莺传〉》）、贵贱高下所写之各殊，要微末而不足论矣。复次，就文章体裁演进之点言之，则《长恨歌》者，虽从一完整机构之小说，即《长恨歌》及《传》中分出别行，为世人所习诵，久已忘其与《传》文本属一体。然其本身无真正收结，无作诗缘起，实不能脱离《传》文而独立也。至若元微之之《连昌宫词》，则虽深受《长恨歌》之影响，然已更进一步，脱离备具众体诗文合并之当日小说体裁，而成一新体，俾史才、诗笔、议论诸体皆汇集融贯于一诗之中（其详俟于论《连昌宫词》章述之），使之自成一独立完整之机构矣。此固微之天才学力之所致，然实亦受乐天新乐府体裁之暗示，而有所摹仿。故乐天于“每被老元偷格律，苦教短李伏歌行”之句及自注“元九向江陵日，尝以拙诗一轴赠行，自后格变”“李二十尝自负歌行，近见吾《乐府五十首》，默然心伏”之语，明白言之。世之治文学史者可无疑矣。

又宋人论诗，如魏泰《临汉隐居诗话》、张戒《岁寒堂诗话》之类，俱推崇杜少陵而贬斥白香山，谓乐天《长恨歌》详写燕昵之私，不晓文章体裁，造语蠢拙，无礼于君；喜举老杜《北征》诗

“未闻夏殷衰，中自诛褒妲”一节，及《哀江头》“昭阳殿里第一人，同辇随君侍君侧”一节，以为例证。殊不知《长恨歌》本为当时小说文中之歌诗部分，其史才、议论已别见于陈鸿《传》文之内，《歌》中自不涉及；而详悉叙写燕昵之私，正是言情小说文体所应尔，而为元白所擅长者（见拙著《读〈莺莺传〉》）。如魏、张之妄论，真可谓“不晓文章体裁，造语蠢拙”也。又汪立名驳《隐居诗话》之言（见汪本一二）云：

> 此论为推尊少陵则可，若以此贬乐天则不可。论诗须相题，《长恨歌》本与陈鸿、王质夫话杨妃始终而作，犹虑诗有未详，陈鸿又作《长恨歌传》，所谓不特感其事，亦欲惩尤物、窒乱阶、垂于将来也。自与《北征》诗不同。若讳马嵬事实，则“长恨”二字便无着落矣。

是以陈鸿作《传》为补《长恨歌》之所未详，即补充史才、议论之部分，则不知此等部分为诗中所不应及、不必详者。然则汪氏不解当日小说体裁之为何物，犹有强作解事之嫌也。夫《长恨歌》采用汉武帝、李夫人故事，乃一言情作品，与少陵《北征》诗性质迥异，故有“但教心似金钿坚，天上人间会相见”等句。若依尊杜贬白之说，是明皇杀害杨妃出于自动，而非受军士之逼迫，则明皇为杨妃之仇敌，而《长恨歌》亦可解释作长久仇恨之歌诗矣。岂不大可笑哉！

《歌》云：

> 汉皇重色思倾国，御宇多年求不得。杨家有女初长成，养在深闺人未识。天生丽质难自弃，一朝选在君王侧。回眸一笑百媚

生，六宫粉黛无颜色。

《容斋续笔》二“唐诗无讳避”条略云：

唐人歌诗，其于先世及当时事，直词咏寄，略无隐避。至宫禁嬖昵，非外间所应知者，皆反覆极言，而上之人亦不以为罪。如白乐天《长恨歌》讽谏诸章，元微之《连昌宫词》始末，皆为明皇而发。杜子美尤多。此下如张祜《赋连昌宫》等三十篇，大抵咏开元、天宝间事。李义山《华清宫》等诸诗亦然。今之诗人不敢尔也。

寅恪案：洪氏之说是也。唐人竟以太真遗事为一通常练习诗文之题目，此观于唐人诗文集即可了然。但文人赋咏本非史家纪述，故有意无意间逐渐附会修饰，历时既久，益复曼衍滋繁，遂成极富兴趣之物语小说，如乐史所编著之《太真外传》是也。

若依唐代文人作品之时代，一考此种故事之长成，在白《歌》、陈《传》之前，故事大抵尚局限于人世而不及于灵界，其畅述人天生死、形魂离合之关系，似以《长恨歌》及《传》为创始。此故事既不限现实之人世，遂更延长而优美。然则增加太真死后天上一段故事之作者，即是白、陈诸人，洵为富于天才之文士矣。虽然，此节物语之增加，亦极自然容易，即从汉武帝、李夫人故事附益之耳。陈《传》所云“如汉武帝、李夫人”者，是其明证也。故人世上半段开宗明义之“汉皇重色思倾国”一句，已暗启天上下半段之全部情事，文思贯澈钩结如是精妙，特为标出，以供读者之参考。寅恪于此，虽不免有金人瑞以八股文法评《西厢记》之嫌疑，然不敢辞也（可参《新乐府章·李夫人篇》）。

赵与时《宾退录》九云：

> 白乐天《长恨歌》书太真本末详矣，殊不为鲁讳。然太真本寿王妃，顾云"杨家有女"云云。盖宴昵之私犹可以书，而大恶不容不隐。陈鸿《传》则略言之矣。

又马永卿《懒真子》二云：

> 诗人之言为用固寡。然大有益于世者，若《长恨歌》是也。明皇、太真之事本有新台之恶，而《歌》云"杨家有女初长成，养在深闺人未识"，故世人罕知其为寿王瑁之妃也。《春秋》为尊者讳，此《歌》真得之。（此条乃戴裔煊先生举以见告者。《论语·子罕篇》云："后生可畏，焉知来者之不如今也。四十五十而无闻焉，斯亦不足畏也已。"圣人之言，岂不信哉！附识于此，以表谢意，并记烛武、师丹之感云尔。）

又史绳祖《学斋占毕》一云：

> 唐明皇纳寿王妃杨氏，本陷新台之恶，而白乐天所赋《长恨歌》则深没寿邸一段，盖得孔子答陈司败遗意矣。《春秋》为尊者讳，此《歌》深得之。

寅恪案：关于太真入宫始末为唐史中一重公案，自来考证之作亦已多矣。清代论兹事之文，如朱彝尊《曝书亭集》五五《书〈杨太真外传〉后》、杭世骏《订讹类编》二"杨氏入宫并窃笛"条、章学诚《章氏遗书外编》三《丙辰札记》等，似俱能持之有故，言之成理，而以朱氏之文为最有根据。盖竹垞得见当时不甚习见之材料，如《开元礼》及《唐大诏令集》诸书，大宗、实斋不过承用竹垞之说，而推衍之耳。今止就朱氏所论辨证其误，虽于白氏之文学无大关涉，然可借以了却此一重考据公案也。

《曝书亭集》五五《书〈杨太真外传〉后》略云：

《太真外传》，宋乐史所撰。称妃以开元二十二年十一月归于寿邸，二十八年十月玄宗幸温泉宫，使高力士取于寿邸，度为女道士，住内太真宫。此传闻之谬也。按《唐大诏令〔集〕》载开元二十三年十二月二十四日遣户部尚书同中书门下〔平章事〕李林甫、副以黄门侍郎陈希烈，册河南府士曹参军杨玄璬长女为寿王妃。考之《开元礼》，皇太子纳妃，将行纳采，皇帝临轩命使。降而亲王，礼仪有杀，命使则同。由纳采而问名，而纳吉，而纳征，而请期，然后亲迎，同牢。备礼动需卜日，无纳采受册即归寿邸之礼也。越明年，武惠妃薨，后宫无当帝意者。或奏妃姿色冠代，乃度为女道士。敕曰："寿王瑁妃杨氏，素以端毅，（寅恪案："毅"，章氏引作"悫"。）作嫔藩国，虽居荣贵，每在清修。属太后忌辰，永怀追福，以兹求度。雅志难违，用敦弘道之风，特遂由衷之请，宜度为女道士。"盖帝先注意于妃，顾难夺之朱邸，思纳诸禁中，乃言出自妃意。所云"作嫔藩国"者，据妃曾受册云然。其曰"太后忌辰"者，昭成窦后以长寿二年正月二日受害，则天后以建子月为岁首，中宗虽复旧用夏正，即正月行香废务，直至顺宗永贞元年方改正以十一月二日为忌辰。开元中犹循中宗行香之旧，是妃入道之期当在开元二十五年正月二日也。妃既入道，衣道士服入见，号曰"太真"。史称"不期岁，礼遇如惠妃"。然则妃由道院入宫，不由寿邸。陈鸿《长恨歌传》谓高力士潜搜外宫，得妃于寿邸，与《外传》同其谬。张俞《骊山记》谓妃以处子入宫，似得其实。而李商隐《碧城三首》，一咏妃入道，一咏妃未归寿邸，一咏帝与妃定情系七月十六日，证以“武皇内传分明在，莫道人间总不知”，是足当诗史矣。

寅恪案：朱氏考证之文，似极可信赖。然一取其他有关史料核之，其误即见。其致误之由，在不加详考，遽信《旧唐书》五一《后妃传·玄宗杨贵妃传》所云：

〔开元〕二十四年〔武〕惠妃薨。

一语，但同书同卷与《玄宗杨贵妃传》连接之《玄宗贞顺皇后武氏传》云：

惠妃以开元二十五年十二月薨。

而竹垞所以未及注意此二《传》纪载之冲突者，殆由《新唐书》七六《后妃传·玄宗杨贵妃传》亦承用《旧传》“开元二十四年武惠妃薨”之文。朱氏当日仅参取《新书·杨妃传》，而未别考他传及他书。不知《新书》七六《后妃传》于《玄宗贞顺皇后武氏传》，特删去《旧传》“开元二十五年薨”之语。岂宋子京亦觉其矛盾耶？夫武惠妃薨年为开元二十五年，非二十四年，可以两点证明。第一，《旧唐书·武惠妃传》薨于开元二十四年之纪载与其他史料俱不合。第二，武惠妃薨于开元二十四年于当时情事为不可能。先就第一点言之，如：

《旧唐书》九《玄宗纪下》云：

〔开元二十五年〕十二月丙午，惠妃武氏薨，追谥为“贞顺皇后”。

《新唐书》五《玄宗纪》云：

〔开元二十五年〕十二月丙午，惠妃薨。丁巳追册为皇后。

《唐会要》三《皇后门》略云：

玄宗皇后武氏。后幼入宫，赐号惠妃。开元二十五年十二月七日薨（年四十）。赠皇后，谥曰“贞顺”。

《通鉴》二一四《唐纪三十·玄宗纪》云：

〔开元二十五年〕十二月丙午，惠妃武氏薨，赠谥“贞顺皇后”。

《大唐新语》一一《惩戒篇》云：

三庶以〔开元〕二十五年四月二十三日死。武妃以十二月毙（薨？）。

可知武惠妃开元二十五年薨说几为全部史料之所同。而《旧唐书·杨贵妃传》武惠妃开元二十四年薨说，虽为《新唐书·杨贵妃传》所沿袭误用，实仍是孤文单纪也。（今本乐史《杨太真外传》上云：“〔开〕元二十一年十一月〔武〕惠妃即世。”乃数字传写讹误，可不置辨。又可参刘文典先生《群书斠补》。）

再就第二点言之，《旧唐书》一〇七《废太子瑛传》叙玄宗之杀三庶人即太子瑛、鄂王瑶、光王琚事略云：

及武惠妃宠幸，〔瑛生母赵〕丽妃恩乃渐弛。时鄂王瑶母皇甫德仪、光王琚母刘才人亦渐疏薄。瑛于内第与鄂、光王等自谓母氏失职，尝有怨望。惠妃女咸宜公主出降于杨洄。〔开元〕二十五年四月，杨洄又构于惠妃，言瑛兄弟三人常构异谋。玄宗使中官宣诏于宫中，并废为庶人，俄赐死于城东驿。其年，武惠妃数见三庶人为祟，怖而成疾，巫者祈请弥月，不痊而殒。

《传》文之神话附会姑不论，但若武惠妃早薨于开元二十四年，则三庶人将不致死于二十五年四月矣。此武惠妃薨于开元二十四年，所以于当时情事为不可能。而依朱氏所考，杨妃于开元二十五年正月二日即已入宫，实则其时武惠妃尚在人间，岂不成为尹、邢觌面？是朱氏所谓：

武惠妃薨，后宫无当帝意者。或奏妃姿色冠代，乃度为女道士。

即谓杨贵妃为武惠妃之替身者，亦绝对不可能矣。

又，朱氏所根据之材料，今见《适园丛书》本《唐大诏令集》四〇，其册寿王杨妃文，年月为开元二十三年岁次乙亥十二月壬子朔二十四日乙亥，册寿王韦妃文，为天宝四载岁次乙酉七月丁卯朔二十六日壬辰，至度寿王妃（杨氏）为女道士敕文，则不载年月。《全唐文》三五及三八均同。《通鉴》二一四《唐纪》亦著开元二十三年十二月乙亥册故蜀州司户杨玄琰女为寿王妃。此条《考异》云："《实录》载册文云'杨玄璬长女'。"盖《唐大诏令集》之所载，乃宋次道采自《唐实录》也。又《通鉴》二一五《唐纪》天宝四载秋七月壬午册韦昭训女为寿王妃，八月壬寅册杨太真为贵妃。其《考异》云：

《统纪》："八月册女道士杨氏为贵妃。"《本纪》"甲辰"，《唐历》"甲寅"。今据《实录》"壬寅，赠太真妃父玄琰等官"，甲辰、甲寅皆在后，恐册妃在赠官前。《新本纪》亦云："八月壬寅，立太真为贵妃。”今从之。

寅恪案：杨氏之度为女道士入宫与册为贵妃本为先后两事。其度为女道士，实无详确年月可寻。而章实斋考此事文中“天宝四载乙酉有度寿王妃杨氏入道册文”云云，岂司马君实、朱锡鬯所不能见之史料，而章氏尚能知之耶？实误会臆断所致，转以“朱竹垞所考入宫亦未确”为言，恐不足以服朱氏之心。至杭大宗之文，亦不过得见钱曾《读书敏求记》四《集部·唐大诏令集提要》及《曝书亭集》，敷衍而为之说，未必真见第一等材料而详考之也。

复次，朱氏唐代典礼制度之说，似极有根据，且依第一等材料《开元礼》为说。在当时，《开元礼》尚非甚习见之书，或者使人不易辨别其言之当否。独不思世人最习见之《通典》，其书一〇六至一四〇为《开元礼纂类》，其“五礼篇目”下注云：

谨按斯礼，开元二十年撰毕。自后仪法续有变改，并具《沿革篇》。为是国家修纂，今则悉依旧文，敢辄有删改？本百五十卷，类例成三十五卷，冀寻阅易周，览之者幸察焉。

足征杜氏悉依《开元礼》旧文，节目并无更改。其书一二九《礼典》八九《开元礼纂类》二四《嘉礼八》“亲王纳妃”条所列典礼先后次第为：（一）纳采。（二）问名。（三）纳吉。（四）纳征。（五）请期。（六）册妃。（七）亲迎。（八）同牢。（九）妃朝见。（十）婚会。（十一）妇人礼会。（十二）飨丈夫送者。（十三）飨妇人送者。其册妃之前为请期，其后即接亲迎、同牢。是此三种典礼之间，虽或有短期间之距离，然必不致太久。即如朱氏所考杨氏之受册为寿王妃在开元二十三年十二月二十四日，度为女道士在开元二十五年正月二日，则其间相隔已逾一岁，颇已有举行亲迎、同牢之危险矣。何况开元二十五年正月二日武惠妃尚在人间，其薨年实在开元二十五年十二月七日。（朱氏所考窦氏忌辰为正月二日，乃依据《唐会要》二三《忌日门》永贞元年十二月中书门下之奏。及册寿王妃杨氏为开元二十三年十二月二十四日，乃依《唐大诏令集》。皆甚精确。）是杨氏入宫，至早亦必在开元二十六年正月二日。其间相隔至少已越两岁，岂有距离如是长久，既已请期而不亲迎、同牢者乎？由此观之，朱氏“妃以处子入宫似得其实”之论，殊不可信从也。

至杨氏究以何时入宫，则度寿王妃杨氏为女道士敕文虽无年月，然必在开元二十五年十二月七日武惠妃薨以后、天宝四载八月壬寅日即十七日册杨太真为贵妃以前。《新唐书》五《玄宗纪》云：

> 开元二十八年十月甲子，幸温泉宫。以寿王妃杨氏为道士，号太真。

《南部新书》辛云：

> 杨妃本寿王妃，〔开元〕二十八年，度为道士入内。

《杨太真外传》上云：

> 〔开元〕二十八年十月，玄宗幸温泉宫。使高力士取杨氏女于寿邸。度为女道士，号太真，住内太真宫。

正史小说中诸纪载何所依据，今不可知。以事理察之，所记似最为可信。姑假定杨氏以开元二十八年十月为玄宗所选取，其度为女道士敕文中之太后忌辰，乃指开元二十九年正月二日睿宗昭成窦后之忌日。虽不中，不远矣。又《资治通鉴》纪度寿王妃杨氏为女道士入宫事于天宝三载之末，亦有说焉。《通鉴》纪事之例，无确定时间可稽者，则依约推测，置于某月，或某年，或某帝纪之末，或与某事有关者之后。司马君实盖以次年即天宝四载有册寿王妃韦氏及立太真妃杨氏为贵妃事，因追书杨氏入道于前一岁，即天宝三载裴敦复赂杨太真姊致裴宽贬官事之后耳。其实非有确定年月可据也。

但读者若以杨氏入宫即在天宝三载，则其时上距武惠妃之薨已逾六岁，于事理不合。至册韦昭训女为寿王妃事，竟迟至天宝四载者，则以其与册杨太真为贵妃事，互为关联。喜剧之一幕，至此始公开揭露耳。宫闱隐秘，史家固难深悉，而《通鉴》编撰时，此度寿王妃杨氏为女道士敕文已无年月日可考，亦可因而推知也。

《歌》云：

> 春寒赐浴华清池，温泉水滑洗凝脂。侍儿扶起娇无力，始是新承恩泽时。

关于玄宗临幸温泉之时节，俟于下文考释“七月七日长生殿，夜半无人私语时”句时详辨之，姑不赘言。

兹止论赐浴华清池事。按《唐六典》一九“温汤监一人，正七品下”注略云：

> 辛氏《三秦纪》云，骊山西有温汤，汉魏以来相传能荡邪蠲疫。今在新丰县西。后周庾信有《温泉碑》。皇朝置温泉宫，常所临幸。又，天下诸州往往有之，然地气温润，殖物尤早，卉木凌冬不凋，蔬果入春先熟，比之骊山，多所不逮。

又“丞一人，从八品下”注云：

凡王公以下至于庶人，汤泉馆室有差，别其贵贱而禁其逾越。凡近汤之地，润黩（泽?）所及，瓜果之属，先时而育者，必为之园畦，而课其树艺。成熟，则苞匦而进之，以荐陵庙。

寅恪案：温泉之浴，其旨在治疗疾病，除寒祛风。非若今世习俗，以为消夏逭暑之用者也。此旨即玄宗亦尝自言之，如《全唐诗》第一函明皇帝诗中有：

惟此温泉，是称愈疾。岂予独受其福，思与兆人共之。乘暇巡游，乃言其志。

桂殿与山连，兰汤涌自然。阴崖含秀色，温谷吐潺湲。绩为蠲邪著，功因养正宣。愿言将亿兆，同此共昌延。（此条失之眉睫，友朋中夏承焘先生首举以见告，甚感愧也。）

及《幸凤泉汤（五言排律）》云：

益龄仙井合，愈疾醴源通。

皆可为例证也。中唐以后以至宋代之文人，似已不尽了解斯义。故有《荔枝香》曲名起原故事之创造，及七夕长生殿私誓等物语之增饰。今不得不略为辨正。盖汉代宫中即有温室，如《汉书·孔光传》所谓“不言温室树”者是也。《倭名抄》“佛塔具之部”云：

温室，内典有《温室经》。今按：温室，即浴室也，俗名由夜。温泉，一名汤泉，百病久病人入此水多愈矣。

寅恪案：今存内典中有北周惠远撰《温室经义记》一卷（大正藏一七九三号），又近岁发见敦煌石室写本中亦有唐惠净撰《温室经疏》一卷（伦敦博物院藏斯坦因号二四九七），此经为东汉中亚佛教徒安世高所译。（即使出自依托，亦必六朝旧本。）其书托之天竺神医耆域，广张温汤疗疾之功用，乃中亚所传天竺之医方明也。颇疑中亚温汤疗疾之理论及方法，尚有更早于世高之时者，而今不可详知矣。由北周惠远为此经作疏及同时庾信、王褒为温汤作碑文事等（《庾子山集》一三、《艺文类聚》九、《初学集》七）观之，固可窥知其时温汤疗疾之风气。但子山之文作于北周明帝世任弘农太守时，实在“武帝天和三年三月皇后阿史那氏至自突厥”（见《周书》五《武帝纪》）以前，故此风气亦不必待缔婚突厥方始输入。考之北朝史籍，如《魏书》四一《源贺传》（《北史》二八《源贺传》同）云：

太和元年二月，疗疾于温汤。高祖文明太后遣使者屡问消息，太医视疾。患笃，还京师。

《北齐书》三四《杨愔传》（《北史》四一《杨播传》附愔传同）云：

后取急，就雁门温汤疗疾。

《魏书》八四《儒林传·常爽传》（《北史》四二《常爽传》同）云：

爽置馆温水之右，教授门徒七百余人。京师学业，翕然复兴。

《水经注》一三《漯水篇》引《魏土地记》云：

代城北九十里有桑干城，城西渡桑干水。去城十里有温汤，疗疾有验。

可知温汤疗疾之风气，本盛行于北朝贵族间。唐世温泉宫之建置，不过承袭北朝习俗之一而已。历代宫殿中如汉代之温室，唐代紫宸殿东之浴堂殿（可参考《通鉴》二三七《唐纪》“元和二年上召李绛对于浴堂”条胡《注》)，虽不必供洗浴之用，但其名号疑皆从温汤疗疾之胡风辗转嬗蜕而来。今北京故宫武英殿之浴室，世所妄传为香妃置者，殆亦明清因沿前代宫殿建筑之旧称耶？又今之日本所谓风吕者，原由中国古代输入，或与今欧洲所谓土耳其浴者，同为中亚故俗之遗。寅恪浅陋，姑妄言之，以俟当世博识学人之教正焉。

总而言之，温汤为疗疾之用之主旨既明，然后玄宗之临幸华清，必在冬季或春初寒冷之时节，始可无疑。而长生殿七夕私誓之为后来增饰之物语，并非当时真确之事实一点，亦易证明矣。

《歌》云：

> 云鬓花颜金步摇，芙蓉帐暖度春宵。

《太真外传》上云：

> 上（玄宗）又自执丽水镇库紫磨金琢成步摇，至妆阁，亲与插鬓上。

寅恪案：乐史所载，未详其最初所出。或者即受《长恨歌》之影响，而演成此物语，亦未可知。但依《安禄山事迹》下及《新唐书》三四《五行志》所述，天宝初妇人时世妆有步摇钗（见下《新乐府章·上阳白发人篇》)。杨妃本以开元季年入宫，其时间与姚、欧所言者连接。然则乐天此句不仅为词人藻饰之韵语，亦是史家纪事之实录也。

《歌》云：

> 姊妹弟兄皆列土，可怜光彩生门户。遂令天下父母心，不重生男重生女。

寅恪案:《唐黄〔滔〕先生文集》七《答陈磻隐论诗书》云:

大唐前有李杜,后有元白。信若沧溟无际,华岳干天。然自李飞数贤,多以粉黛为乐天之罪。殊不谓《三百五篇》多乎女子,盖在所指说如何耳。至如《长恨歌》云“遂令天下父母心,不重生男重生女”,此刺以男女不常,阴阳失伦。其意险而奇,其文平而易。所谓“言之者无罪,闻之者足以自戒”哉。

寅恪案:黄氏所言亦常谈耳。但唐人评诗,殊异于宋贤苛酷迂腐之论,于此可见。故附录之。

《歌》云:

骊宫高处入青云,仙乐风飘处处闻。缓歌慢舞凝丝竹,尽日君王看不足。渔阳鼙鼓动地来,惊破霓裳羽衣曲。

寅恪案:《全唐诗》第十六函白居易二一《霓裳羽衣(原注:一有“舞”字。寅恪案:有“舞”字者是)歌》(原注:和微之)云:

飘然转旋回雪轻,嫣然纵送游龙惊。小垂手后柳无力,斜曳裾时云欲生。

乐天自注云:

四句皆霓裳舞之初态。

此可供慢舞义之参考。又《白氏长庆集》五四《早发赴洞庭舟中作》云:

出郭已行十五里,唯销一曲慢霓裳。

寅恪案:此亦可与缓歌之义相证发,故并附录之。但有可疑者,《霓裳羽衣舞歌》云:

繁音急节十二遍,跳珠撼玉何铿铮。

则谓中序以后至终曲十二遍皆繁音急节，似与缓歌慢舞不合。岂乐天作《长恨歌》时在入翰林之前，非如后来作《霓裳羽衣歌》所云：

我昔元和侍宪皇，曾陪内宴宴昭阳。

者，乃依据在翰林时亲见亲闻之经验，致有斯歧异耶？姑记此疑，以俟更考。

又，“看不足”，别本有作“听不足”者，非是。盖白公《霓裳羽衣舞歌》云：

千歌万舞不可数，就中最爱霓裳舞。舞时寒食春风天，玉钩栏下香案前。案前舞者颜如玉，不著人家俗衣服。虹裳霞帔步摇冠，钿璎累累佩珊珊。娉婷似不任罗绮，顾听乐悬行复止。

皆形容舞者。既著重于舞，故以作“看”为允。

自来考证《霓裳羽衣舞》之作多矣。其中宋王灼《碧鸡漫志》所论颇精。近日远藤实夫《〈长恨歌〉之研究》一书，征引甚繁。总而言之，其重要材料有二，一为《唐会要》，一为《全唐诗》第十六函白居易二一《霓裳羽衣舞歌》。兹请据此两者略论之。《唐会要》三三“诸乐”条“天宝十三载七月十日太乐署供奉曲名及改诸乐名黄钟商时号越调”下有：

《婆罗门》改为《霓裳羽衣》。

之纪载。是此《霓裳羽衣》本名《婆罗门》，可与乐天《霓裳羽衣舞歌》“杨氏创声君造谱”句自注所言：

开元中，西凉府节度杨敬述造。

者相印证。又《旧唐书》八《玄宗纪上》（《旧唐书》一九四《突厥传上》,《新唐书》五《玄宗纪》、二一五《突厥传上》,《通鉴》二一二《唐纪二十八·玄宗纪》“开元八年十一月”“九年正月”等条略同)云:

〔开元八年〕秋九月,突厥〔瞰〕欲谷寇甘、源(“源”,《通鉴》作“凉”。)等州。凉州都督杨敬述为所败,掠契苾部落而归。

其所纪时代、姓名、官职与白氏所言均相符同,足证白氏此说必有根据。然则此曲本出天竺,经由中亚,开元时始输入中国。(远藤氏取印度祀神舞于香案钩栏前者,以相比拟,或不致甚谬。而刘禹锡《望女几山诗序》、郑嵎《津阳门诗》注及《逸史》、《龙城录》诸书,所述神话之不可信,固无待辨。)据欧阳修《六一诗话》云:

《霓裳羽衣曲》,今教坊尚能作其声,其舞则废而不传矣。

则北宋时,其舞久已不传,今日自不易考知也。又《册府元龟》五六九《掌礼部·作乐类五》(参看同书同卷“大和三年九月庚辰”条、“大和九年五月丁巳”条,《旧唐书》一六八、《新唐书》一七七《冯定传》,《新唐书》二二《礼乐志》等)云:

〔文宗〕开成元年七月,教坊进霓裳羽衣舞女十五以下者三百人。帝绝畋游驰骋之事,思玉帛钟鼓之本。语及音律,每谓丝竹自有正声,人但趣于郑卫,乃造《云》《韶》等法曲,遇内宴奏之。顾大臣曰:“笙磬同音,沉吟耽味,不图为乐至于斯。”十月,太常奏成《云韶乐》。

《唐阙史》下“李可及戏三教”条(参《云溪友议》上“古制兴”条)略云:

参寥子曰：开成初，文宗皇帝耽玩经典，好古博雅。尝欲黜郑卫之乐，复正始之音。有太常寺乐官尉迟璋者，善习古乐为法曲，笙磬琴瑟，戛击铿拊，咸得其妙，遂成《霓裳羽衣曲》以献。诏中书门下及诸司三品以上，具朝服班坐以听。因以曲名宣赐贡院，充试进士赋题。（寅恪案：开成二年高锴知贡举，恩赐诗题曰《霓裳羽衣曲》。三年复以前诗题为赋。见《唐摭言》一五“杂记”条。今《云溪友议》所载李肱之诗，是其于开成二年举进士所作也。《文苑英华》七四所载沈朗、陈嘏及阙名之《霓裳羽衣曲赋》三篇，则开成三年进士之文之留存于今日者也。）

《文苑英华》七四陈嘏《霓裳羽衣曲赋》云：

尔其绛节回互，霞袂飘扬。

《唐语林》七《补遗》略云：

宣宗妙于音律。每赐宴前，必制新曲。其曲有《霓裳》者，率皆执幡节、被羽服，飘然有翔云飞鹤之势。

是文宗、宣宗之世，并有“霓裳羽衣曲”之名。然《唐阙史》以为开成时之《霓裳羽衣曲》乃尉迟璋所创。《唐语林》亦目大中时之《霓裳》为新曲。又二者于舞时皆执“节”，亦为乐天诗中所未及。或后来所制者，已非复玄宗时之旧观耶？今就乐天《霓裳羽衣舞歌》所言此曲“散序”云：

磬箫筝笛递相搀，击擫弹吹声逦迤。

自注云：

凡法曲之初，众乐不齐，惟金石丝竹，次第发声。《霓裳序》

初亦复如此。

又云：

散序六曲未动衣，阳台宿云慵不飞。

自注云：

散序六遍无拍，故不舞也。

又《白氏长庆集》五八《王子晋庙》诗云：

鸾吟凤唱听无拍，多似霓裳散序声。

可以窥见《霓裳》“散序”之大概。今日本乐曲有所谓“清海波”者，据云即《霓裳》“散序”之遗音，未知然否也。乐天又叙写《霓裳》“中序”云：

中序擘骣初入拍，秋竹竿裂春冰拆。

自注云：

中序始有拍，亦名拍序。

又叙写“中后十二遍”云：

繁音急节十二遍，跳珠撼玉何铿铮。

自注云：

《霓裳》“破”凡十二遍而终。

寅恪案：他本有作“霓裳曲”者。但《全唐诗》第十六函作“《霓裳》‘破’凡十二遍而终”，是。盖全曲共十八遍，非十二遍。《白氏长庆集》五六《卧听法曲霓裳》诗所谓：

宛转柔声入破时。

者是也。至乐天于：

渔阳鼙鼓动地来，惊破霓裳羽衣曲。

句中特取一“破”字者，盖“破”字不仅含有破散或破坏之意，且又为乐舞术语，用之更觉浑成耳。又《霓裳羽衣》“入破时”，本奏以缓歌柔声之丝竹，今以惊天动地急迫之鼙鼓与之对举，相映成趣，乃愈见造语之妙矣。

乐天又述“终曲”云：

翔鸾舞了却收翅，唳鹤曲终长引声。

自注云：

凡曲将毕，皆声拍促速。唯霓裳之末，长引一声也。

据上所引，可以约略窥见此曲之大概矣。

又，《国史补》上“王维画品妙绝”条(《旧唐书》一九〇下《文苑传下》、《新唐书》二〇二《文艺传中·王维传》俱有相同之纪载）有“霓裳羽衣曲第三叠第一拍”之语，与乐天在元和年间为翰林学士时所亲见亲闻者不合。《国史补》作者李肇，为乐天同时人，且曾为翰林学士（见《翰苑群书·重修承旨学士壁记》附录“翰林学士题名”及《新唐书》五八《艺文志·史部·杂史类》)，何以有此误？岂肇未尝亲见此舞耶？或虽亲见此舞，录此条时曾未注意耶？殊不可解，姑记此疑，以俟详考。

又，乐天平生颇以《长恨歌》之描写《霓裳羽衣舞曲》自诩，即如此诗云：

我爱霓裳君合知，发于歌咏形于诗。君不见我歌云，惊破霓裳羽衣曲。

自注云：

《长恨歌》云。

是也。

《歌》云：

> 九重城阙烟尘生，千乘万骑西南行。翠华摇摇行复止，西出都门百余里。六军不发无奈何，宛转蛾眉马前死。

寅恪案：唐人类以玄宗避羯胡入蜀为南幸。《元和郡县志》二“关内道京兆府兴平县”条云：

> 马嵬故城在县西北二十三里。

又：

> 兴平县东至府九十里。

即此诗所谓“千乘万骑西南行”“西出都门百余里”者也。

岑建功《旧唐书校勘记》三二（卷五一《玄宗杨贵妃传》）“既而四军不散”条略云：

> 《御览》一四一作“六军”。按张氏宗泰云：“以《新书·兵志》考之，大抵以左右龙武、左右羽林军合成四军。及至德二载，始置左右神武军。是至德以前有四军无六军明矣。白居易《长恨歌传》曰‘六军徘徊’，《歌》曰‘六军不发无奈何’，盖诗人沿天子六军旧说，未考盛唐之制耳。”此作“四军”，是。因附辨于此。

寅恪案：张氏说是也。不仅诗人有此误，即唐李繁《邺侯家传》（《玉海》一三八《兵制》）云：

> 〔玄宗〕后以左右神武军与龙武羽林备六军之数。

又云：

> 玄宗幸蜀，六军扈从者千人而已。

宋史家司马君实之《通鉴》二一八《唐纪》云：

〔至德元载〕（即天宝十五载，司马君实用后元，于此等处殊不便）〔六月壬辰〕（即初十日）既夕，命龙武大将军陈玄礼整比六军。

亦俱不免于六军建置之年月有所疏误。考《旧唐书》九《玄宗纪下》云：

〔天宝十五载〕六月壬寅〔即二十日〕，次散关，分部下为六军。颍王璬先行，寿王瑁等分统六军，前后左右相次。

是天宝十五载六月二十日以后，似亦可云六军。而在此以前即唐玄宗与杨贵妃在马嵬顿时，自以作四军为是。但《旧唐书》一〇《肃宗纪》亦云：

〔天宝十五载六月〕丁酉，至马嵬顿。六军不进。

是李唐本朝实录尚且若此，则诗人沿袭天子六军旧说，未考盛唐之制，又何足病哉？

又《刘梦得文集》八《马嵬行》云：

贵人饮金屑，倏忽蕣英暮。平生服杏丹，颜色真如故。

寅恪案：《旧唐书》五一《后妃传上·玄宗杨贵妃传》（参《新唐书》七六《后妃传上·玄宗杨贵妃传》及《通鉴》二一八《唐纪·肃宗纪》“至德元载五月”条）云：

帝不获已，与妃诏，遂缢死于佛室。

《太真外传》下云：

上入行宫，抚妃子出于厅门，至马道北墙口而别之，使〔高〕力士赐死。妃泣涕鸣咽，语不胜情，乃曰：“愿大家好住。妾

> 诚负国恩，死无恨矣。”乞容礼佛。帝曰：“愿妃子善地受生。”力士遂缢于佛堂之梨树下。

寅恪所见记载，几皆言贵妃缢死马嵬，独梦得此诗谓其吞金自尽。疑刘诗“贵人饮金屑”之语，乃得自“里中儿”，故有此异说耳。（检沈涛《瑟榭丛谈》下云：“杨贵妃缢死马嵬，传记无异说。刘梦得诗‘贵人饮金屑’，乃用《晋书·贾后传》‘赵王伦矫遣尚书刘宏等赍金屑酒赐后死’故事，以喻当日贵妃赐死情事耳。或遂疑贵妃实服金屑，误矣。”寅恪以为沈说固可通，但吾国昔时贵显者，致死之方法多种兼用，吞金不过其一。杨妃缢死前，或曾吞金，是以里中儿传得此说，亦未可知。故不必认为仅用古典已也。又《杜工部集》一《哀江头》云：“明眸皓齿今何在，血污游魂归不得。”盖安禄山进兵长安，少陵潜伏避祸，传闻杨妃为兵士所杀害，实非真知亲见者可比，本不得据为典要。至张耒《张右史文集》八《读中兴颂碑（七古）》首句云“玉环妖血无人扫”，夫杨妃缢死，或吞金死，皆无流血满地之可能。文潜所云当即出于少陵诗句，但未免过于夸大耳。）据今日病理家理论，吞金绝不能致死。《红楼梦》记尤二姐吞金自尽事，亦与今日科学不合也。所可注意者，乐史谓妃缢死于梨树之下，恐是受香山“梨花一枝春带雨”句之影响。果尔，则殊可笑矣。至刘诗“平生服杏丹，颜色真如故”之语，据葛洪《神仙传》六《董奉传》（可参《三国志》四九《吴志四·士燮传》裴《注》引葛洪《神仙传》）略云：

> 杜燮为交州刺史，（寅恪案：“杜”当作“士”。）得毒病死。死已三日，奉时在彼，乃往与药三丸，内在口中，以水灌之，

使人举其头，摇而消之。须臾手足似动，颜色渐还，燮遂活。〔奉〕后还豫章庐山下居，居山不种田，日为人治病，亦不取钱，重病愈者，使栽杏五株，轻者一株。如此数年，计得十余万株，郁然成林。

然则稚川之《传》，乃梦得诗此二句之注脚也。

《歌》云：

峨嵋山下少人行，旌旗无光日色薄。

《梦溪笔谈》二三“讥谑附谬误”类云：

白乐天“峨嵋山下少人行，旌旗无光日色薄”，峨嵋山在嘉州，与幸蜀路并无交涉。

寅恪案：《元氏长庆集》一七《东川诗·好时节（绝句）》云：

身骑骢马峨嵋下，面带霜威卓氏前。虚度东川好时节，酒楼元被蜀儿眠。

按：微之以元和四年三月以监察御史使东川，按故东川节度使严砺罪状（详见《旧唐书》一六六《元稹传》、《白氏长庆集》六一《元稹墓志铭》、《元氏长庆集》一七及三七等）。考东川所领州，屡有变易，至元和四年时为梓、遂、绵、剑、龙、普、陵、泸、荣、资、简、昌、合、渝十四州。是年又割资、简二州隶西川（见《新唐书》六八《方镇表·东川表》及《元和郡县图志》三三“东川节度使”条）。微之固无缘骑马经过峨嵋山下也。夫微之亲到东川，尚复如此，何况乐天之泛用典故乎？故此亦不足为乐天深病。

《歌》云：

蜀江水碧蜀山青，圣主朝朝暮暮情。行宫见月伤心色，夜雨闻铃肠断声。

寅恪案：段安节《乐府杂录》（据《守山阁丛书》本。又可参《教坊记》“曲名”条）云：

雨霖铃

雨淋铃者，因唐明皇驾回至骆谷，闻雨淋銮铃，因令张野狐撰为曲名。（依《御览》补。）

《全唐诗》第十九函张祜二《雨霖铃（七绝）》云：

雨霖铃夜却归秦，犹见（“见”，一作“是”）张徽一曲新。长说上皇和泪教，月明南内更无人。

郑处诲《明皇杂录·补遗》（据守山阁本。又可参《杨太真外传》下）略云：

明皇既幸蜀，西南行。初入斜谷，属霖雨涉旬，于栈道雨中闻铃音与山相应。上既悼念贵妃，采其声为《雨霖铃》曲，以寄恨焉。时梨园子弟善吹觱篥者，张野狐为第一。此人从至蜀，上因以其曲授野狐。洎至德中，车驾复幸华清宫。上于望京楼中命野狐奏《雨霖铃》曲。未半，上四顾凄凉，不觉流涕。左右感动，与之歔欷。其曲今传于法部。

若依乐天诗意，玄宗夜雨闻铃，制曲寄恨，其事在天宝十五载赴蜀途中，与郑书合，而与张诗及段书之以此事属之至德二载由蜀返长安途中者殊不相同。但据《旧唐书》九《玄宗纪下》略云：

〔至德二载〕九月郭子仪收复两京。十月肃宗遣中使啖廷瑶入蜀奉迎。丁卯上皇发蜀都。十一月丙申次凤翔郡。十二月丙午肃宗具法驾至咸阳望贤驿迎奉。丁未至京师。

是玄宗由蜀返长安，其行程全部在冬季，与制曲本事之气候情状不相符应。故乐天取此事属之赴蜀途中者，实较合史实。非仅以“见月”“闻铃”两事相对为文也。

《歌》云：

天旋日转回龙驭，到此踌躇不能去。马嵬坡下泥土中，不见玉颜空死处。

高彦休《阙史》上“郑相国〔畋〕题马嵬诗”条云：

肃宗回马杨妃死，云雨虽亡日月新。终是圣明天子事，景阳宫井又何人。

吴曾《能改斋漫录》八“马嵬诗”条载台文此诗，“肃宗”作“明皇”，“圣明”作“圣朝”。计有功《唐诗纪事》五六亦载此诗，唯改“肃”字为“玄”字（又“圣明”作“圣朝”），今通行坊本选录台文此诗，则并改“虽亡”为“难忘”，此后人逐渐改易，尚留痕迹者也。但台文所谓“肃宗回马”者，据《旧唐书》一〇《肃宗纪》略云：

于是玄宗赐贵妃自尽。车驾将发，留上（肃宗）在后宣谕百姓。众泣而言曰：“请从太子收复长安。”玄宗闻之，令〔高〕力士口宣曰：“汝好去。”上（肃宗）回至渭北，时从上惟广平、建宁二王，及四军（寅恪案：此言四军，可与《旧唐书》五一《后妃传·杨贵妃传》参证）将士才二千人，自奉天而北。

盖肃宗回马及杨贵妃死，乃启唐室中兴之二大事，自宜大书特书，此所谓史笔卓识也。“云雨”指杨贵妃而言，谓贵妃虽死而日月重光，王室再造。其意义本至明显平易。今世俗习诵之本易作：

玄宗回马杨妃死，云雨难忘日月新。

固亦甚妙而可通，但此种改易，必受《长恨歌》此节及玄宗难忘杨妃令方士寻觅一节之暗示所致，殊与台文元诗之本旨绝异，斯则不得不为之辨正者也。又，李义山《马嵬（七律）》首二句“海外徒闻更九州，他生未卜此生休”实为绝唱，然必系受《长恨歌》“忽闻海上有仙山”一节之暗示无疑，否则义山虽才思过人，恐亦不能构想及此。故寅恪尝谓此诗乃《长恨歌》最佳之缩本也。

又刘梦得《马嵬行》末句云：

指环照骨明，首饰敌连城。将入咸阳市，犹得贾胡惊。

寅恪案：《西京杂记》一云：

〔高祖〕戚妃以百炼金为彄环，照见指骨。上恶之，以赐侍儿鸣玉、耀光等各四枚。

盖戚妃与杨妃身份适合，梦得用典精切，于此可见。由是推之，贵妃死后，疑有盗墓之举，刘氏不欲显言之，但其意非指杨妃托身逃遁也。昔友人言，日本有杨贵妃墓，曾见其照片。日本受中国文化甚深，白乐天诗尤具重大影响。《长恨歌》既有“忽闻海上有仙山”之句，日本以蓬莱三岛之仙山自命，此与彼国熊野有徐福墓者正复相似，自可不必深究也。

《歌》云：

夕殿萤飞思悄然，孤灯挑尽未成眠。

邵博《闻见后录》一九云：

白乐天《长恨歌》有“夕殿萤飞思悄然，孤灯挑尽未成眠”之句，宁有兴庆宫中夜不烧蜡油，明皇帝自挑灯者乎？书生之见可笑耳。

寅恪案：《南史》三七《沈庆之传》附沈攸之传云：

富贵拟于王者，夜中诸厢廊然烛达旦。

欧阳修《归田录》一（参考《宋史》二八一《寇准传》及陆游“烛泪成堆又一时”之句）云：

邓州花蜡烛名著天下，虽京师不能造。相传云是寇莱公烛法。公尝知邓州，而自少年富贵，不点油灯。尤好夜宴剧饮，虽寝室亦然烛达旦。每罢官去后，人至官舍，见溷厕间烛泪在地，往往成堆。杜祁公为人清俭，在官未尝然官烛。油灯一炷，荧然欲灭，与客相对，清谈而已。

夫富贵人烧蜡烛而不点油灯，自昔已然。北宋时又有寇平仲一段故事，宜乎邵氏以此笑乐天也。考乐天之作《长恨歌》在其任翰林学士以前，宫禁夜间情状自有所未悉，固不必为之讳辨。唯《白氏长庆集》一四《禁中夜作书与元九》云：

心绪万端书两纸，欲封重读意迟迟。五声钟漏初鸣后，一点窗灯欲灭时。

此诗实作于元和五年乐天适任翰林学士之时，而禁中乃点油灯，殆文学侍从之臣止宿之室，亦稍从朴俭耶？（参刘文典先生《群书斠补》。）至上皇夜起，独自挑灯，则玄宗虽幽禁极凄凉之景境，谅或不至于是。文人描写，每易过情，斯固无足怪也。

《歌》云：

上穷碧落下黄泉，两处茫茫皆不见。

寅恪案：《太平广记》二五一《诙谐类》“张祜”条（参孟棨《本事诗·嘲戏类》）云：

〔张祜〕曰：“祜亦尝记得舍人目莲变。”白曰：“何也？”曰：“‘上穷碧落下黄泉，两处茫茫皆不见’，非目莲变何邪？”（出《摭言》。）

此虽一时文人戏谑之语，无关典据，以其涉及此诗，因并附录之，借供好事者之谈助，且可取与敦煌发见之目连变文写本印证也。

《歌》云：

中有一人字太真，雪肤花貌参差是。

《杨太真外传》上云：

〔开元〕二十八年十月，玄宗幸温泉宫，使高力士取杨氏女于寿邸，度为女道士，号太真，住内太真宫。

寅恪案：此有二问题，即长安禁中是否实有太真宫，及“太真”二字本由何得名是也。考《唐会要》一九“仪坤庙”条略云：

先天元年十月六日，祔昭成、肃明二皇后于仪坤庙〔庙在亲仁里〕。

开元四年十一月十六日，昭成皇后祔于太庙。至八月九日敕，肃明皇后依前仪坤庙安置。于是迁昭成皇后神主祔于睿宗之室，惟留肃明皇后神主于仪坤庙。八月二日敕，仪坤庙隶入太庙，不宜顿置官属。至二十一年正月六日，迁祔肃明皇后神主于太庙，其仪坤庙为肃明观。

又同书五〇“观”条云：

咸宜观，亲仁坊，本是睿宗藩国地。开元初置昭成、肃明皇后庙，号仪坤。后昭成迁入太庙。开元四年八月九日敕，肃明皇后〔依〕前于仪坤庙安置。二十一年五月六日肃明皇后祔入太庙，遂为道士观。宝历元年（据宋敏求《长安志》八引，应作宝应元年）五月，以咸宜公主入道，与太真观换名焉。

太真观，道德坊，本隋秦王浩宅。

夫长安城中于宫禁之外，实有祀昭成太后之太真宫，可无论矣。而禁中亦或有别祀昭成窦后之处，与后来帝王于宫中别建祠庙以祠其先世者相类（梁武帝亦于宫内起至敬殿以祀其亲。见《广弘明集》二九上梁武帝《孝思赋序》及《梁书》三《高祖纪下》，《南史》七《梁本纪中》《武帝下》），即所谓内太真宫。否则杨妃入宫，无从以窦后忌辰追福为词，且无因以“太真”为号。恐未可以传世唐代宫殿图本中无太真宫之名，而遽疑之也。

又据《旧唐书》七、《新唐书》五《睿宗纪》，睿宗之谥为“大圣真皇帝”。肃明、昭成皆睿宗之后妃，玄宗之嫡母、生母俱号太后，故世俗之称祀两太后处为太真宫者，殆以此故，不仅“真”字在道家与“仙”字同义也。

《歌》云：

风吹仙袂飘飖举，犹似霓裳羽衣舞。

寅恪案：《旧唐书》五一《玄宗杨贵妃传》云：

太真姿质丰艳，善歌舞，通音律。

则杨妃亲舞霓裳亦是可能之事。歌中所咏或亦有事实之依据，非纯属词人回映前文之妙笔也。

又《杨太真外传》上云：

上又宴诸王于木兰殿。时木兰花发，皇情不悦。妃醉中舞《霓裳羽衣》一曲，天颜大悦。

寅恪案：太真亲舞霓裳，未知果有其事否？但乐天《新乐府·胡旋舞篇》云：

天宝季年时欲变，臣妾人人学圆转。中有太真外禄山，二人最道能胡旋。

疑有所本。胡旋舞虽与霓裳羽衣舞不同，然俱由中亚传入中国，同出一源，乃当时最流行之舞蹈。太真既善胡旋舞，则其亲自独舞霓裳，亦为极可能之事。所谓“尽日君王看不足”者，殆以此故欤？

《歌》云：

临别殷勤重寄词，词中有誓两心知。七月七日长生殿，夜半无人私语时。在天愿为比翼鸟，在地愿为连理枝。天长地久有时尽，此恨绵绵无绝期。

寅恪案：此节有二问题，一时间，二空间。关于时间之问题，则前论温汤疗疾之本旨时已略言之矣。夫温泉祛寒去风之旨既明，则玄宗临幸温汤必在冬季春初寒冷之时节。今详检《两唐书·玄宗纪》，无一次于夏日炎暑时幸骊山，而其驻跸温泉，常在冬季春初，可以证明者也（参刘文典先生《群书斠补》）。夫君举必书，唐代史实，武宗以前大抵完具。若玄宗果有夏季临幸骊山之事，断不致漏而不书。然则决无如《长恨歌传》所云天宝十载七月七日玄宗与杨妃在华清宫之理，可以无疑矣。此时间之问题也。若以空间之问题言，则《旧唐书》九《玄宗纪下》略云：

> 天宝元年冬十月丁酉，幸温泉宫。辛丑，新成长生殿，名曰“集灵台”，以祀天神。

《唐会要》三〇“华清宫”条云：

> 天宝元年十月造长生殿，名为“集灵台”，以祀神。

《唐诗纪事》六二(《全唐诗》第二十一函）郑嵎《津阳门诗》注云：

> 飞霜殿即寝殿，而白傅《长恨歌》以长生殿为寝殿，殊误矣。

又云：

> 有长生殿，乃斋殿也。有事于朝元阁，即御长生殿以沐浴也。

据此，则李三郎与杨玉环乃于祀神沐浴之斋宫，夜半曲叙儿女私情。揆之事理，岂不可笑？推其所以致误之由，盖因唐代寝殿习称长生殿，如《通鉴》二〇七“长安四年太后寝疾居长生院”条胡梅磵《注》云：

> 长生院即长生殿。明年五王诛二张，进至太后所寝长生殿，同此处也。盖唐寝殿皆谓之长生殿。此武后寝疾之长生殿，洛阳宫寝殿也。肃宗大渐，越王系授甲长生殿，长安大明宫之寝殿也。白居易《长恨歌》所谓“七月七日长生殿，夜半无人私语时”，华清宫之长生殿也。

寅恪案：唐代宫中长生殿虽为寝殿，独华清宫之长生殿为祀神之斋宫。神道清严，不可阑入儿女猥琐。乐天未入翰林，犹不谙国家典故，习于世俗，未及详察，遂致失言。胡氏史学颛家，亦混杂征引，转以为证，疏矣。

复次，涵芬楼本《说郛》三二范正敏《遁斋闲览》论杜牧“一骑红尘妃子笑，无人知是荔枝来”句云：

据《唐纪》，明皇常以十月幸华清，至春即还宫，未尝六月在骊山也。荔枝盛暑方熟，失事实。

但程大昌《考古编》驳之云：

说者谓明皇帝以十月幸华清，涉春即回，是荔枝熟时，未尝在骊山。然咸通中有袁郊作《甘泽谣》，载许云封所得《荔枝香曲》曰，天宝十四载六月一日是贵妃诞辰，命小部音声奏乐长生殿，进新曲，未有名。会南海献荔枝，因名《荔枝香》。《开天遗事》：“帝与妃每至七月七日夜在华清游宴。”而白香山《长恨歌》亦言“七月七日长生殿，夜半无人私语时”，则知牧之乃当时传信语也。世人但见唐史所载，遽以传闻而疑传信，大不可也。

寅恪案：据唐代可信之第一等资料，时间、空间皆不容明皇与贵妃有夏日同在骊山之事实。杜牧、袁郊之说，皆承讹因俗而来，何可信从？而乐天《长恨歌》“七月七日长生殿”之句，更不可据为典要。欧阳永叔博学通识，乃于《新唐书》二二《礼乐志一》云：

帝幸骊山。杨贵妃生日，命小部张乐长生殿。因奏新乐，未有名。会南方进荔枝，因名曰《荔枝香》。

是亦采《甘泽谣》之谬说，殊为可惜。故特征引而略辨之如此，庶几世之治文史者不致为所惑焉。又《全唐诗》第十函顾况《宿昭应（七绝）》云：

武帝祈灵太乙坛，新丰树色绕千官。那知今夜长生殿，独闭空山月影寒。

似比之乐天诗语病较少，故附写于此，以供参读。

翁方纲《石州诗话》二云：

白公之为《长恨歌》《霓裳羽衣曲》诸篇，自是不得不然，不但不蹈杜公、韩公之辙也。是乃浏漓顿挫，独出冠时，所以为豪杰耳。始悟后之欲复古者，真强作解事。

寅恪案：覃溪之论，虽未解当时文章体制，不知《长恨歌》乃唐代“驳杂无实”“文备众体”之小说中之歌诗部分，尚未免未达一间，但较赵宋以来尊杜抑白强作解事之批评，犹胜一筹。因附录于此。

论《长恨歌》既竟，兹于《长恨歌传》略缀一言。今所传陈氏《传》文凡二本，其一即载于《白氏长庆集》一二《长恨歌》前之通行本。他一为《文苑英华》七九四附录《丽情集》中别本。而“丽情集”本与通行本差异颇多，其文句往往溢出于通行本之外。所最可注意者，通行本《传》末虽有“意者不但感其事，亦欲惩尤物，窒乱阶，垂于将来也”一节小说体中不可少之议论文字，但据与此《传》及《歌》极有关系之作品，如《莺莺传》者观之，终觉分量较少。至“丽情集”本《传》文，则论议殊繁于通行本，如：

嘻！女德无极者也。死生大别者也。故圣人节其欲，制其情，防人之乱者也。生惑其志，死溺其情，又如之何？

又如通行本只有“如汉武帝李夫人”一语，而“丽情集”本则于叙贵妃死后别有：

叔向母云“其（“其”当作“甚”）美必甚恶”，《李延年歌》

曰“倾国复倾城”，此之谓也。

皆是其例。而观“丽情”本详及李夫人故事，亦可旁证鄙说“汉皇重色思倾国”一句，实暗启此《歌》下半段故事之非妄。又取两本《传》文读之，即觉通行本之文较佳于“丽情”本。颇疑“丽情”本为陈氏原文，通行本乃经乐天所删易。议论逐渐减少，此亦文章体裁演进之迹象。其后卒至有如《连昌宫词》一种，包括议论于诗中之文体，而为微之天才之所表现者也。寅恪尝以为《搜神后记》中之《桃花源记》乃《渊明集》中《桃花源记》之初本（见《清华学报》第十一卷第一期拙著《〈桃花源记〉旁证》），此《传》或亦其比欤？倘承当世博识通人并垂教正，则幸甚矣。

综括论之，《长恨歌》为具备众体体裁之唐代小说中歌诗部分，与《长恨歌传》为不可分离独立之作品。故必须合并读之，赏之，评之。明皇与杨妃之关系，虽为唐世文人公开共同习作诗文之题目，而增入汉武帝李夫人故事，乃白、陈之所特创。诗句传文之佳胜，实职是之故。此论《长恨歌》者不可不知也。

抑更有可论者，即白香山何以得由盩厔尉召入翰林为学士一重公案是也。《旧唐书》一六六《白居易传》云：

居易文辞富艳，尤精于诗笔。自雠校至结绶畿甸，所著歌诗数十百篇，皆意存讽赋，箴时之病，补政之缺。而士君子多之，而往往流闻禁中。章武皇帝纳谏思理，渴闻谠言，〔元和〕二年十一月，召入翰林为学士。

《资治通鉴》二三七《唐纪·宪宗纪》“元和二年十一月”条云：

盩厔尉集贤校理白居易作乐府及诗百余篇，规讽时事，流闻禁中。上见而悦之，召入翰林为学士。

《通鉴》记此事本于《旧书》，而所谓乐府及诗百余篇，胡《注》无释，未知何所确指。考唐之德、宪二宗，皆好诗篇，孟棨《本事诗·情感类》“韩翊（寅恪案：“翊”当作“翃”，下同）少负才名”条略云：

李相勉镇夷门，又署为幕吏。韩翊殊不得意，多辞疾在家，唯末职韦巡官者与韩独善。一日，夜将半，韦扣门急，韩出见之，贺曰：“员外除驾部郎中，知制诰。”韩大愕然曰：“必无此事，定误矣。”韦就座曰：“留邸状报制诰阙人，中书两进名，御笔不点出。又请之，且求圣旨所与。德宗批曰：‘与韩翊。’时有与翊同姓名者，为江淮刺史，又具二人同进。御笔复批曰：‘春城无处不飞花，寒食东风御柳斜。日暮汉宫传蜡烛，青烟散入五侯家。’又批曰：‘与此韩翊。’”韦又贺曰：“此非员外诗也？”韩曰：“是也，是知不误矣。”时建中初也。

及下《附论（丁）元和体诗》所引《唐语林》二《文学类》“文宗欲置诗学士”条李珏之语。据此可知唐代好诗之主皆喜观览当时文士作品。但帝王深居九重，与通常人民隔绝，非经由宦寺之手，必无从得见此等当时新作品。《白氏长庆集》一《宿紫阁山北村》诗有“主人慎勿语，中尉正承恩”等句，同书二八《与元九书》云“闻《宿紫阁村》诗，则握军要者切齿矣”。依日本花房英树《〈白氏文集〉之批判的研究》第三部“作品与篇目索引综合作品表”，《宿紫阁山北村》诗作于元和五年，而元和元年十一月至五年九月之神策中尉，即所谓“握军要者”，乃吐突承璀，则《宿紫阁山北村》诗宪宗是否得见，殊不可知。以常情论，神策中尉似不应采进此诗也。由是言之，《长恨歌》之所以为宪宗所深赏，并阉寺视为与彼类无涉之作品，可以推知。今试释《长恨歌》内容有二特点：一为杨玉环虽极承宠爱，而终不得立为皇后；二为此诗描述神仙之韵事风情，为当时诗人所不能及。第一点详见下引第五章《新乐府·李夫人篇》所引《旧唐书·宪宗懿安皇后郭氏传》；第二点详见《新乐府·海茫茫篇》所引《杜阳杂编》。兹不多赘。又第三章《连昌宫词》引新旧《唐书》谓元微之由宦者崔潭峻采进《连昌宫词》，穆宗乃大悦，遂召入翰林。《连昌宫词》有二特点，即销兵、望幸两事，最可迎合穆宗及宦寺之心意。呜呼，微之与乐天，邪正区别，当时及后世固有定品，岂知俱借《连昌宫词》《长恨歌》两诗中有合于人主及宦寺之心意而得为翰林学士耶？乐天之由盩厔尉得召入为翰林学士一重公案，至今似尚无道及者，遂发其覆，附论之于此，以俟通人之教正。

第二章　琵琶引

《唐摭言》一五“杂记”条云：

> 白乐天去世，大中皇帝以诗吊之曰：“缀玉联珠六十年，谁教冥路作诗仙。浮云不系名居易，造化无为字乐天。童子解吟《长恨》曲，胡儿能唱《琵琶》篇。文章已满行人耳，一度思卿一怆然。”

寅恪案：此诗是否真为宣宗所作，姑不置论。然乐天之《长恨歌》《琵琶引》两诗相提并论，其来已久，据此可知也。故兹笺证《长恨歌》讫，乃次及《琵琶引》焉。

寅恪于论《长恨歌》篇时，曾标举文人之关系一目。其大旨以为乐天当日之文雄诗杰，各出其作品互事观摩，各竭其才智竞求超胜。故今世之治文学史者，必就同一性质题目之作品，考定其作成之年代，于同中求异，异中见同，为一比较分析之研究，而后文学演化之迹象，与夫文人才学之高下，始得明了。否则模糊影响，任意批评，恐终不能有真知灼见也。今请仍以比较之研究论乐天之《琵琶引》。

张戒《岁寒堂诗话》上云：

> 《长恨歌》，元和元年〔乐天〕尉盩厔时作，是时年三十五。谪江州，十一年作《琵琶行》。二诗工拙，远不侔矣。如《琵琶行》，虽未免于烦悉，然其语意甚当，后来作者未易超越也。

寅恪案：乐天于长庆末年所作《编集拙诗成一十五卷因题卷末戏赠元九李二十（七律）》（《白氏长庆集》一六）中，自述其平生得意之诗，首举《长恨歌》而不及《琵琶引》。若据以谓乐天不自以《琵琶引》为佳，固属不可。然乐天心中绝不以《长恨歌》为拙，而《琵琶引》为较工，则断断可知。此张氏《琵琶引》工于《长恨歌》之论，不可依据者也。然张氏谓《琵琶引》“语意甚当，后来作者未易超越”，其言甚允。盖乐天之作此诗，亦已依其同时才士即元微之，所作同一性质题目之诗，即《琵琶歌》，加以改进。今取两诗比较分析，其因袭变革之词句及意旨固历历可睹也。后来作者能否超越，所不敢知，而乐天当日实已超越微之所作，要为无可疑者。至乐天诗中疑滞之字句不易解释，或莫知适从者，亦可因比较研究而取决一是。斯又此种研究方法之副收获品矣。兹先考定微之作品年代，然后诠论乐天之诗。《元氏长庆集》二六《琵琶歌》（原注云：寄管儿兼诲铁山）云：

去年御史留东台，公私蹙促颜不开。今春制狱正撩乱，昼夜推囚心似灰。

寅恪案：《旧唐书》一四《宪宗纪上》（参同书一六六《元稹传》）云：

〔元和五年二月〕东台监察御史元稹摄河南尹房式于台，擅令停务。贬江陵府士曹参军。

同书一六六《元稹传》略云：

〔元和〕四年，奉使东蜀。使还，令分务东台。

微之此诗既有去年东台及今春制狱之句，明《琵琶歌》作于元和五年也。又依《白氏长庆集》一二《琵琶引序》云：

元和十年，予左迁九江郡司马。明年秋，送客湓浦口。

是乐天《琵琶引》作于元和十一年。元作先而白作后，此乐天所以得见元作，而就同一性质题目加以改进也。

以作诗意旨言之，两诗虽同赞琵琶之绝艺，且同为居贬谪闲散之地所作，然元诗云：

> 我为含凄叹奇绝，许作长歌始终说。艺奇思寡尘事多，许来寒暑又经过。如今左降在闲处，始为管儿歌此歌。歌此歌，寄管儿，管儿管儿忧尔衰。尔衰之后继者谁？继之无乃在铁山，铁山已近曹穆间。性灵甚好功犹浅，急处未得臻幽闲。努力铁山勤学取，莫遣后来无所祖。

则微之盛赞管儿之绝艺，复勉铁山以精进，似以一题而兼二旨。虽二旨亦可相关，但终不免有一间之隔。故不及乐天之一题一意之明白晓畅也。此点当于研究两家所作新题乐府时详论之。又微之诗中所说，不过久许管儿作一诗，以事冗未暇，及谪官得闲，乃偿宿诺，其旨似嫌庸浅。而白诗云：

> 我闻琵琶已叹息，又闻此语重唧唧。同是天涯沦落人，相逢何必曾相识。

则既专为此长安故倡女感今伤昔而作，又连绾已身迁谪失路之怀。直将混合作此诗之人与此诗所咏之人二者为一体。真可谓能所双亡，主宾俱化，专一而更专一，感慨复加感慨。岂微之浮泛之作，所能企及者乎？《琵琶引序》云：

> 予出官二年，恬然自安。感斯人言，是夕始觉有迁谪意。因为长句，歌以赠之。

是乐天此诗自抒其迁谪之怀，乃有真实情感之作，与微之之仅践宿诺偿文债者大有不同。其工拙之殊绝，复何足怪哉？

复次，乐天晚岁之诗友刘梦得亦有《泰娘歌》一篇（《刘梦得文集》九），其《引》略云：

> 泰娘本韦尚书〔夏卿〕家主讴者。初，尚书为吴郡，得之。命乐工诲之琵琶，使之歌舞。无几何，尽得其术。居一二岁，携之以归京师。京师多新声善工，于是又损（捐）去故技，以新声度曲，而泰娘名字往往见称于贵游之间。元和初，尚书薨于东京，泰娘出居民间。久之，为蕲州刺史张愻所得。其后愻坐事，谪居武陵郡（朗州）。卒，泰娘无所归。地荒且远，无有能知其容与艺者。雒客闻之，为歌其事。

则泰娘事颇与乐天所咏者相类，而诗云：

> 朱弦已绝为知音，云鬓未秋私自惜。举目风烟非旧时，梦寻归路多参差。

乃以遗妾比逐臣，其意境尤与白诗“同是天涯沦落人，相逢何必曾相识”之句近似。唯刘诗多述泰娘遭遇之经过，虽甚称其绝艺，而不详写琵琶之音调。此则与元之《琵琶歌》、白之《琵琶引》不同者。且刘诗特以简练胜，亦可据见也。刘诗固为佳作，读《琵琶引》者不可不参读。所成为问题者，乃乐天于作《琵琶引》以前，曾见梦得《泰娘歌》与否耳。考梦得此诗为任朗州司马时，（刘梦得于永贞元年十一月已卯贬朗州司马。至元和十年二月召至京师。三月，以为连州刺史。）即元和十年二月以前所作。而梦得于元和十年春，曾与柳子厚、元微之诸逐客，同由贬所召至长安。时乐天为左赞善大夫，亦在京师（参《旧唐书》一六〇、《新唐书》一六八《刘禹锡传》，《通鉴》二三九《唐纪·宪宗纪》“元和十年二月王叔文之党坐谪官者十年不量移”条及下《连昌宫词章》），固有得见此诗之可能。唯刘、白二公晚岁虽至亲密，而此时却未见有交际往复之迹象，且二诗之遣词亦绝不相似。然则二公之借题自咏，止可视为各别发展、互不相谋者。盖二公以谪吏逐臣，咏离妇遗妾，其事既相近，宜乎于造意感慨有所冥会也。是知白之《琵琶引》与刘之《泰娘歌》，其关系殆非如其与元之《琵琶歌》实有密切联系者可比矣。

又李公垂《悲善才》一诗(《全唐诗》第十八函李绅一)，亦与元白二公之《琵琶歌》《琵琶引》性质类似。其诗中叙述国事己身变迁之故，抚今追昔，不胜惆怅。取与微之所作相较，自为优越。但若与乐天之作参互并读，则李诗未能人我双亡，其意境似嫌稍逊。又考公垂此诗有：

> 南谯寂寞三春晚。(南谯即滁州之旧称。可参《通典》一八一《州郡典·古扬州上·滁州》“永阳郡”条。)

之句，当是任滁州刺史时所作。公垂于元和十五年闰正月，自山南幕召为右拾遗充翰林学士（参《新唐书》一八一《李绅传》及“翰苑题名”)。其年冬，乐天亦自忠州召还，拜司门员外郎，转主客郎中，知制诰。二公同在长安者，约历二年之久。此后公垂于长庆四年二月流贬端州，至宝历元年四月量移江州长史（参《旧唐书》一七上《敬宗纪》及一五九《韦处厚传》等)。复迁滁州刺史，于大和四年二月转寿州刺史（参《全唐诗》第十八函李绅一《转寿春守（七律)》)。则《悲善才》一诗作成之时间，远在《琵琶引》以后。且其间李公垂似已因缘窥见乐天之诗，而所作犹未能超越。然后知乐天所谓“苦教短李伏歌行”及“李二十常自负歌行，近见吾《乐府五十首》，默然心伏”者（参《长恨歌章》）之非虚语，而元和时代同时诗人，如白乐天之心伏刘梦得（见《附论（戊）白乐天与刘梦得之诗》）及李公垂之心伏白乐天，皆文雄诗杰，历尽甘苦，深通彼己之所致。后之读者所涉至浅，既不能解，乃妄为品第，何其谬耶！古今读此诗者众矣，虽所得浅深各有不同，而于诗中所叙情事，多无疑及之者。唯南宋之洪迈，博学通识之君子也。其人读乐天诗至熟，观所著《容斋随笔》论白诗诸条，可以为证。其涉及此诗而致疑于实无其事，乐天借词以抒其天涯沦落之感者，凡二条。兹移写于下，并附鄙见以辨释之。

《容斋三笔》六“白公夜闻歌者”条云：

白乐天《琵琶行》，盖在寻阳江上为商人妇所作。而商乃买茶于浮梁，妇对客奏曲，乐天移船，夜登其舟与饮，了无顾忌。岂非以其为长安故倡女，不以为嫌耶？集中又有一篇题云《夜闻歌者》，（寅恪案：在《白氏长庆集》一〇。）时自京城谪寻阳，宿于鄂州，又在《琵琶行》之前。其词曰：“夜泊鹦鹉洲，秋江月澄澈。邻船有歌者，发调堪悲绝。歌罢继以泣，泣声通复咽。寻声见其人，有妇颜如雪。独依帆樯立，娉婷十七八。夜泪似真珠，双双堕明月。借问谁家妇，歌泣何凄切。一问一沾襟，低眉终不说。”陈鸿《长恨歌传》云：“乐天深于诗、多于情者也。”故所遇必寄之吟咏，非有意于渔色。然鄂州所见亦一女子独处，夫不在焉。瓜田李下之疑，唐人不议也。今诗人罕谈此章，聊复表出。

又《容斋五笔》七“《琵琶行》《海棠诗》”条云：

> 白乐天《琵琶行》一篇，读者但羡其风致，敬其词章，至形于乐府，咏歌之不足，遂以谓真为长安故倡所作。予窃疑之。唐世法网虽于此为宽，然乐天尝居禁密，且谪宦未久，必不肯乘夜入独处妇人船中，相从饮酒，至于极丝弹之乐，中夕方去。岂不虞商人者它日议其后乎？乐天之意，直欲摅写天涯沦落之恨尔。东坡谪黄州，赋《定惠院海棠诗》，有“陋邦何处得此花，无乃好事移西蜀。天涯流落俱可念，为饮一尊歌此曲”之句，其意亦尔也。或谓殊无一话一言与之相似，是不然，此真能用乐天之意者，何必效常人章摹句写而后已哉。

寅恪案：容斋之论有两点可商。一为文字叙述问题，一为唐代风俗问题。洪氏谓“乐天夜登其舟与饮，了无顾忌”及“乘夜入独处妇人船中，相从饮酒，至于极丝弹之乐，中夕方去”，然诗云：

> 移船相近邀相见，添酒回灯重开宴。千呼万唤始出来，犹抱琵琶半遮面。

则“移船相近邀相见”之“船”，乃“主人下马客在船”之“船”，非“去来江口守空船”之“船”。盖江州司马移其客之船，以就浮梁茶商外妇之船，而邀此长安故倡从其所乘之船出来，进入江州司马所送客之船中，故能添酒重宴。否则江口茶商外妇之空船中，恐无如此预设之盛筵也。且乐天诗中亦未言及其何时从商妇船中出去，洪氏何故臆加“中夕方去”之语？盖其意以为乐天贤者，既夜入商妇船中，若不中夕出去，岂非此夕径留止于其中耶？读此诗而作此解，未免可惊可笑。此文字叙述问题也。夫此诗所叙情事，既不如洪氏之诠解，则洪氏抵触法禁之疑问可以消释，即本无其事之假设，亦为赘剩矣。然容斋所论礼法问题，实涉及吾国社会风俗古今不同之大限，故不能不置一言。考吾国社会风习，如关于男女礼法等问题，唐宋两代实有不同。此可取今日日本为例，盖日本往日虽曾效则中国无所不至，如其近世之于德国及最近之于美国者然。但其所受影响最深者，多为华夏唐代之文化。故其社会风俗，与中国今日社会风气经受宋以后文化之影响者，自有差别。斯事显浅易见，不待详论也。惟其关于乐天此诗者有二事可以注意：一即此茶商之娶此长安故倡，特不过一寻常之外妇。其关系本在可离可合之间，以今日通行语言之，直“同居”而已。

元微之于《莺莺传》极夸其自身始乱终弃之事，而不以为惭疚，其友朋亦视其为当然，而不非议。此即唐代当时士大夫风习，极轻贱社会阶级低下之女子，视其去留离合所关至小之证。是知乐天之于此故倡，茶商之于此外妇，皆当日社会舆论所视为无足重轻、不必顾忌者也。此点已于拙著《读〈莺莺传〉》文中论及之矣。二即唐代自高宗、武则天以后，由文词科举进身之新兴阶级，大抵放荡而不拘守礼法，与山东旧日士族甚异。寅恪于拙著《唐代政治史述论稿·中篇》论党派分野时已言之。乐天亦此新兴阶级之一人，其所为如此，固不足怪也。其详当别于论乐天之先世时更述之。

《序》云：

凡六百一十二言。

卢校本作“六百一十六言”。注云：

“二”讹。

寅恪案：卢抱经之勘校甚是。唯诸本皆作“六百一十二言”，故为标出之。

诗云：

间关莺语花底滑，幽咽泉流冰下难。

寅恪案：汪本及《全唐诗》本俱作“幽咽泉流水下滩”，而于“水”字下注云“一作‘冰’”，“滩”字下注云“一作‘难’”。卢校本作“水下难”，于“难”字下注“滩”字。那波本作“冰下滩”。

段玉裁《经韵楼集》八《与阮芸台书》云：

白乐天“间关莺语花底滑，幽咽泉流水下滩”，“泉流水下滩”不成语，且何以与上句属对？昔年曾谓当作“泉流冰下难”，故下文接以“冰泉冷涩”。“难”与“滑”对，“难”者，滑之反也。“莺语花底”“泉流冰下”，形容“涩”“滑”二境，可谓工绝。

其说甚是。今请更申证其义。

一与本集互证。《白氏长庆集》六四《筝》云：

霜佩锵还委，冰泉咽复通。

正与《琵琶引》此句章法、文字、意义均同也。

二与与此诗有关之微之诗互证。《元氏长庆集》二六《琵琶歌》中词句与乐天此诗同者多矣。如“霓裳羽衣偏宛转”“六幺散序多笼撚”“断弦砉騞层冰裂”诸句，皆是其例。唯其中：

冰泉呜咽流莺涩（可参《元氏长庆集》一七《赠李十二牡丹花片因以饯行（七绝）》“莺涩余声絮堕风”之句）。

一句实为乐天“间关莺语花底滑，幽咽泉流冰下难”二句演变扩充之所从来。取元诗以校白句，段氏之说其正确可以无疑。然则读乐天《琵琶引》，不可不并读微之《琵琶歌》，其故不仅在两诗意旨之因革可借以窥见，且其字句之校勘亦可取决一是也。

又微之诗作“流莺涩”，而乐天诗作“间关莺语花底滑”者，盖白公既扩一而成二句，若仍作“涩”，未免两句同说一端，殊嫌重复。白诗以“滑”与“难”反对为文，自较元作更精进矣。

又《元氏长庆集》二六《何满子歌》（原注云：张湖南座为唐有熊作）略云：

> 我来湖外拜君侯，正值灰飞仲春琯。缠绵叠破最殷勤，整顿衣裳颇闲散。冰含远溜咽还通，莺泥晚花啼渐懒。

又同集一八《卢头陀诗序》云：

> 元和九年，张中丞领潭之岁，予拜张公于潭。

《旧唐书》一五《宪宗纪下》云：

> 〔元和八年冬十月己巳〕以苏州刺史张正甫为湖南观察使。

据此，微之《何满子歌》作于元和九年春，而乐天《琵琶引》作于元和十一年秋，是乐天必已见及微之此诗。然则其扩《琵琶歌》“冰泉呜咽流莺涩”之一句为《琵琶引》“间关莺语花底滑，幽咽泉流冰下难”之二句，盖亦受微之诗影响。而乐天《筝》诗之“冰泉咽复通”乃作于大和七年。在其后，不必论矣。

复次，《元氏长庆集》二四《新题乐府·五弦弹》云：

> 风入春松正凌乱，莺含晓舌怜娇妙。呜呜暗溜咽冰泉，杀杀霜刀涩寒鞘。

《白氏长庆集》二《秦中吟·五弦》云：

> 大声粗若散，飒飒风和雨。小声细欲绝，切切鬼神语。

同集三《新乐府·五弦弹》云：

> 第五弦声最掩抑，陇水冻咽流不得。（李公垂《悲善才》“寒泉注射陇水开”句，可与此参证。）五弦并奏君试听，凄凄切切复铮铮。铁击珊瑚一两曲，冰写玉盘千万声。杀声入耳肤血惨，寒气中人肌骨酸。曲终声尽欲半日，四座相对愁无言。座中有一远方士，唧唧咨咨声不已。

寅恪案：元白《新乐府》此两篇皆作于元和四年（见《新乐府章》），白氏《秦中吟》亦是乐天于任谏官即左拾遗时所作（见《白氏长庆集》一《伤唐衢二首》之二），俱在乐天作《琵琶引》以前，亦可供乐天《琵琶引》中摹写琵琶音调一节之参考者也。

诗云：

> 此时无声胜有声。

《唐诗别裁》八选录此诗，并论此句云：

> 诸本“此时无声胜有声”，既无声矣，下二句如何接出？宋本“无声复有声”，谓住而又弹也。古本可贵如此。

寅恪案：诗中“此时无声胜有声”句上有“冰泉冷涩弦疑绝，疑绝不通声暂歇”之语。夫既曰“声暂歇”，即是“无声”也。声暂歇之后，忽起“银瓶乍破”“铁骑突出”之声，何为不可接出？沈氏之疑滞，诚所不解。且遍考今存《白集》诸善本，未见有作“此时无声复有声”者，不知沈氏所见是何古本，深可疑也。

诗云：

> 自言本是京城女，家在虾蟆陵下住。

《国史补》下略云：

旧说董仲舒墓，门人过，皆下马，故谓之“下马陵”。后人语讹为“虾蟆陵”，皆讹谬所习。亦曰坊中语也。

寅恪案：乐天此节所咏乃长安故倡自述之言，宜其用坊中语也。又同书同卷略云：

酒〔之名品,〕则有京城之西市腔虾蟆陵郎官清、阿婆清。

此长安故倡，其幼年家居虾蟆陵，似本为酒家女。又自汉以来，旅居华夏之中亚胡人，颇以善酿著称，而吾国中古杰出之乐工亦多为西域胡种。则此长安故倡既居名酒之产区，复具琵琶之绝艺，岂即所谓“酒家胡”者耶?

又，《乐府杂录》上“琵琶”条略云：“贞元中有王芬、曹保保，其子善才、其孙曹纲皆袭所艺，次有裴兴奴，与纲同时。曹纲善运拨，若风雨，而不事叩弦。兴奴长于拢捻，不拨，稍软。时人谓曹纲有右手，兴奴有左手。”故后世剧曲中或以裴兴奴当此长安故倡女。裴固西域胡姓，“奴”字亦可为女子之名，如元微之《连昌宫词》中之“念奴”是。但男子亦可以“奴”字为名，如白乐天之幼弟“金刚奴”是。然则裴兴奴不必是女子也。剧曲家之说，未知所本，恐不可据。俟考。

诗云：

妆成每被秋娘妒。

寅恪案：《元氏长庆集》一七《赠吕三校书》（寅恪案：《元氏长庆集》一六、《全唐诗》第十五函元稹一六《酬哥舒大少府寄同年科第》诗自注俱作“吕二炅”。复证以下引乐天诗题，则“三”当为“二”之误）云：

竞添钱贯定秋娘。

《白氏长庆集》一四《和元九与吕二同宿话旧感赠》云：

闻道秋娘犹且在，至今时复问微之。

又韦縠《才调集》一载乐天《江南喜逢萧九彻因话长安旧游戏赠五十韵》云：

多情推阿软，巧语许秋娘。

即此《琵琶引》中之秋娘，盖当时长安负盛名之倡女也。乐天天涯沦落，感念昔游，遂取以入诗耳。而坊本释此诗，乃以杜秋娘当之，妄谬极矣。（杜秋娘始末，可参杜牧《樊川集》一《杜秋娘诗（并序）》。）

诗云：

商人重利轻别离，前月浮梁买茶去。

寅恪案：据《元和郡县图志》二八“江西观察使饶州浮梁县”条云：

每岁出茶七百万驮，税十五余万贯。

《国史补》下略云：

风俗贵茶，茶之名品益众，而浮梁之商货不在焉。

则知此商人所以往浮梁之故。盖浮梁之茶，虽非名品，而其产量极丰也。

诗之结语云：

江州司马青衫湿。

寅恪案：此句为世人习诵，已为一口头语矣。然一考唐代文献，则不免致疑。《元和郡县图志》二八“江西观察使江州”条云：

江州，上。（寅恪案：《新唐书》四一《地理志》云“江州浔阳郡，上”，与此同。《旧唐书》四〇《地理志》云“江州，中”，与此异。据《白氏长庆集》二六《江州司马厅记》云“上州司马，秩五品”，知元和时江州实为上州。《旧志》所记盖旧制也。）

盖江州乃上州也。《唐六典》三〇“上州”条(《旧唐书》四二《职官志》、《新唐书》四九下《百官志》同）云：

上州，司马一人，从五品下。

《旧唐书》四五《舆服志》（参《唐会要》三一《章服品第目》、《新唐书》二四《舆服志》）略云：

上元元年，八月，又制文武三品已上服紫，四品服深绯，五品服浅绯，六品服深绿，七品服浅绿，八品服深青，九品服浅青。

《唐六典》四“礼部郎中员外郎”条略云：

亲王、三品已上、二王后服用紫，五品已上服用朱，七品已上服用绿，九品已上服用青，流外庶人服用黄。

然则乐天此时适任江州上州司马之职，何以不著绯而著青衫耶？钱竹汀《十驾斋养新录》一〇“唐人服色视散官”条云：

《野客丛书》〔二七〕云，唐制服色不视职事官，而视阶官之品。至朝散大夫方换五品服色，衣银绯。（寅恪案：此说甚是。可参《尚书故实》“公自言四世祖河东公为中书令著绯”条及《唐会要》三一《内外官章服目》。）

唐制服色既视阶官之品，考《白氏长庆集》二三《祭匡山文》云：

维元和十二年岁次丁酉二月辛酉朔二十一日，将仕郎守江州司马白居易。

是元和十二年乐天之散官为将仕郎，而据《旧唐书》四二《职官志》（《通典》四〇《职官典》同）云：

从第九品下阶将仕郎。（文散官。）

是将仕郎为最低级之文散官。乐天于元和十一年秋作此诗时，其散官之品亦必为将仕郎无疑，盖无从更低于此品也。《唐会要》三一《内外官章服目》云：

开元八年二月二十日敕，都督、刺史品卑者，借绯及鱼袋，永为常式。

乐天此时止为州佐，固唯应依将仕郎之阶品著青衫也。

抑更有可论者，唐代文人自珍惜其作品，不令其遗佚，莫甚于白乐天。《白香山集》六一《苏州南禅院白氏文集记》略云：

有文集七帙，合六十七卷，凡三千四百八十七首。其《集》家藏之外，别录三本，一本置于东都圣善寺钵塔院律库中，一本置于庐山东林寺经藏中，一本置于苏州南禅院千佛堂内，愿以今生世俗文字放言绮语之因，转为将来世世赞佛乘转法轮之缘也。开成四年二月二日乐天记。

可以为证。朱彝尊《曝书亭集》三六《重刊〈白香山诗集〉序》云：

诗家好名，未有甚于唐白傅者，既属其友元微之排缵《长庆集》矣，而又自编《后集》，为之序，后为之记。既以《集》

本付其从子外孙，而又分贮于东林、南禅、圣善、香山诸寺，比之于杜元凯岘山碑尤汲汲焉。

《旧唐书》一六六《白居易传》略云：

〔元和〕十年七月，盗杀宰相武元衡，居易首上疏论其冤，急请捕贼，以雪国耻。宰相以宫官（寅恪案：时乐天任太子左赞善大夫职事。）非谏职，不当先谏官言事，奏贬为江表刺史。诏出，中书舍人王涯上疏论之，言居易所犯状迹不宜治郡，追诏授江州司马。

旧史之说，寅恪甚以为可疑。盖此《疏》乃关系乐天出处之重要文字，乐天既珍惜己身文字如上所引，则今流传之《白氏文集》中不见此《疏》，已甚可怪。且宫官何以不能先谏官言事，唐代似尚未发现此例。然则乐天此《疏》必为宰相所憎恶，及与当时政府主要政策即用兵淮蔡一端有关，可以推知。若所揣测不误，此《疏》当是乐天故意删去，不使流传于世耳。至《白香山集》二七《与杨虞卿书》所言贬江州之理由，乃旧史所根据者。然即如《与杨虞卿书》所言，亦应载其原《疏》，何以删去不存耶？又《琵琶引》述琵琶女之不得已而嫁作商人妇，实由“弟走从军阿姨死”，此弟之从军应是与用兵淮蔡有关。据是而言，两人之流落天涯皆是用兵淮蔡之结果。约略计此琵琶女嫁作商人妇之时间，与乐天贬谪江州之时间相合，或相距甚近也。若此解释不误，则“同是天涯沦落人”一句，其所感恨甚深，其心情之痛苦，尤可想见。洪容斋取《琵琶引》与苏东坡《定惠院海棠诗》为同类，谓不过寻常摅写天涯沦落之恨者，则不仅不符事实，而所见尤肤浅矣。

第三章　连昌宫词

元微之《连昌宫词》实深受白乐天、陈鸿《长恨歌》及《传》之影响，合并融化唐代小说之史才、诗笔、议论为一体而成。其篇首一句及篇末结语二句，乃是开宗明义及综括全诗之议论。又与白香山《新乐府序》(《白氏长庆集》三）所谓“首句标其目，卒章显其志”者有密切关系。乐天所谓“每被老元偷格律”(《白氏长庆集》一六《编集拙诗成一十五卷因题卷末戏赠元九李二十》诗）殆指此类欤？至于读此诗必与乐天《长恨歌》详悉比较，又不俟论也。总而言之，《连昌宫词》者，微之取乐天《长恨歌》之题材，依香山新乐府之体制改进创造而成之新作品也。

凡论《连昌宫词》者，有一先决问题，即此诗为作者经过行宫感时抚事之作，抑但为作者闭门伏案依题悬拟之作。若属前者，则微之一生可以作此诗之年月共计有五，悉条列于下，论其可否。

第一说　讨淮蔡时作

洪迈《容斋随笔》一五、《容斋诗话》四“连昌宫词”条云：

> 其末章及官军讨淮西乞“庙谟休用兵”之语，盖元和十一二年间所作，殊得风人之旨，非《长恨〔歌〕》比云。

寅恪案：容斋以《连昌宫词》作于元和十一二年间，未知是否仅依诗中词旨论断，抑或更别有典据。若仅依词旨论断，则为读者普通印象，无论何人，皆具同感。匪特容斋一人如是也。《元氏长庆集》二四《连昌宫词》(《全唐诗》第十五函元稹二四）云：

今皇神圣丞相明，诏书才下吴蜀平。官军又取淮西贼，此贼亦除天下宁。

诗中所言皆宪宗时事。“今皇”明指宪宗，故此诗之作必在宪宗之世。据读者普通印象论，此四句似谓“宪宗既平蜀之刘辟、吴之李锜，今又讨淮西之吴元济，若复除之，则天下宁矣”，后二句为希望语气。故此诗之作应在方讨淮蔡而尚未竟功之时。洪氏此诗作于元和十一二年间之说，殆即依此立论。考宪宗讨淮蔡，前后共历三年之久，自元和九年冬起，至十二年冬止。即《资治通鉴》自卷二三九《唐纪·宪宗纪》所载：

元和九年冬十月甲子，以严绶为申光蔡招抚使，督诸道兵讨吴元济。

至卷二四〇《唐纪·宪宗纪》所载：

元和十二年冬十月甲戌，〔李〕愬以槛车送吴元济诣京师。己卯，淮西行营奏获吴元济。十一月〔丙戌朔〕上御兴安门受俘，遂以吴元济献庙社，斩于独柳之下。

是也（参阅《旧唐书》一五、《新唐书》七《宪宗纪》等）。其实即此数年中真与此诗之著作有关者，止元和十年、十一年及十二年，而九年不能在内，以诗中有：

又有墙头千叶桃，风动落花红蔌蔌。

写实之句，为暮春景物，不能属于其他节候。元和九年之暮春尚未出兵讨淮蔡，故不能计入也。《新唐书》三八《地理志》云：

河南道河南府河南郡寿安县。（原注云：西一十九里有连昌宫，显庆三年置。）

寅恪案：寿安约当今河南省宜阳县地。连昌宫所在之地既已确定，《连昌宫词》如为宪宗讨淮蔡而未竟功时所作，则在元和十年、十一年或十二年暮春之时，微之至少必须经过寿安，然后始有赋此诗之可能。兹逐年考之于下：

（甲）元和十年暮春

《旧唐书》一四《宪宗纪》（《通鉴》二三八《唐纪·宪宗纪》元和五年亦纪此事）云：

> 元和五年二月，东台监察御史元稹摄河南尹房式于台，擅令停务，贬江陵府士曹参军。

微之自元和五年贬谪出长安后，至十年春始由唐州还京，复出京至通州。《两唐书·本传》及白香山所为墓志皆纪述简略。今摘录其集中诸诗句及其题目自注等，与十年还京、出京之道途时日有关者，以资参证。

《元氏长庆集》一九载：

> 桐孙诗并序（原注云：此后元和十年诏召入京及通州司马已后诗。）
>
> 元和五年予贬掾江陵。三月二十四日宿曾峰馆，山月晓时，见桐花满地，因有八韵寄白翰林诗。当时草蹙，未暇纪题。及今六年，诏许西归，去时桐树上孙枝已拱矣。予亦白须两茎，而苍然班鬓，感念前事，因题旧诗，仍赋《桐孙诗》一绝。又不知几何年复来商山道中。元和十年正月题。
>
> 去日桐花半桐叶，别来桐树老桐孙。城中过尽无穷事，白发满

头归故园。

西归绝句

五年江上损容颜，今日春风到武关。两纸京书临水读，小桃花树满商山。（原注云：得复言、乐天书。）

只去长安六日期，多应及得杏花时。春明门外谁相待，不梦闲人梦酒卮。

今朝西渡丹河水，心寄丹河无限愁。若到庄前竹园下，殷勤为绕故山流。（原注云：丹淅，庄之东流。）

寒窗风雪拥深炉，彼此相伤指白须。一夜思量十年事，几人强健几人无。（原注云：宿窦十二蓝田宅。）

云覆蓝桥雪满溪，须臾便与碧峰齐。风回面市连天合，冻压花枝着水低。

寒花带雪满山腰，着柳冰珠满碧条。天色渐明回一望，玉尘随马度蓝桥。

留呈梦得子厚致用（原注云：题蓝桥驿。）（诗略。）

寅恪案：以上皆微之由唐州至长安途中所作。

沣西别乐天，博载，樊宗宪、李景信两秀才，侄谷三月三十日相饯送

今朝相送自同游，酒语诗情替别愁。忽到沣西总回去，一身骑马向通州。

寅恪案：以上为微之出长安至通州时所作。

又《元氏长庆集》一二载：

酬乐天东南行诗一百韵并序

元和十年三月二十五日予司马通州。二十九日与乐天于鄠东蒲池村别。十三年予以赦当迁。我病方吟越，君行已过湖。（原注云：元和十年闰六月至通州，染瘴危重。八月，闻乐天司马江州。）

又云：

重喜登贤苑，方看佐伍符。（原注云：九年乐天除太子赞善，予从事唐州也。）

又云：

因教罢飞檄，便许到皇都。（原注云：十年春自唐州诏予，召入京。）

寅恪案：以上诸句为微之追述元和十年春由唐州至长安，又由长安至通州事。

据上引诸诗，知微之于元和十年春由唐州入长安，实取蓝武大道，证以韩退之贬潮州刺史，其出长安途中所赋诗，如《左迁至蓝关示侄孙湘（七律）》及《武关西逢配流吐蕃（七绝）》等（悉见《昌黎集》一〇）与微之此次行程适合，不过有去国还京之别耳。微之此役，西渡丹淅，北经武蓝，距连昌宫所在之寿安殊远，似难迂道经过。即使经过，其时之景物亦与《连昌宫词》所言者不符，自不可能。其《桐孙诗序》虽记“元和十年正月”，绎其文意，乃补题元和五年三月二十四日之旧作者。《本草纲目》三五《桐》下引陶弘景说云：

二月开花，红紫色。《礼》云“三月桐始华”者也。

是正月时桐尚未开花。微之取元和十年正月咏《桐孙诗》附题于元和五年三月咏《桐花诗》后，不可因此误疑商山道中气候不同，花事特早也。《西归绝句》言“小桃花树满商山”，又言“只去长安六日期，多应及得杏花时”，则此商山之“小桃花”必为先杏开花之桃，而与千叶桃之较后开者不同类。考陆游《老学庵笔记》四云：

> 欧阳公、梅宛陵、王文恭（寅恪案：文恭，王珪谥也）《集》皆有《小桃》诗。欧诗云：“雪里花开人未知，摘来相顾共惊疑。便当索酒花前醉，初见今年第一枝。”但谓桃花有一种早开者耳。及游成都，始识所谓小桃者，上元前后即著花，状如垂丝海棠。曾子固《杂识》云“正月二十间天章阁赏小桃”，正谓此也。

是微之元和十年正月间于商山途中所见之小桃花正是此种植物，确无可疑矣。又据微之“题蓝桥驿留呈子厚诸人”七律，证以《柳子厚集》四二所载：

> 诏追赴都二月至灞亭上
>
> 十一年前南渡客，四千里外北归人。诏书许逐阳和至，驿路开花处处新。

之七绝，是微之略前行而子厚后随。子厚于二月达灞亭，即长安近傍。时微之已先到长安。故综合推计之，谓微之元和十年到长安之时，约在正月下旬或二月初旬，谅不甚远于事实也。是年三月末，微之即取道沣鄠，折向西南，（《元和郡县图志》二《关内道》：“京兆府鄠县，东北至府六十五里，丰水出县东南终南山，自发源北流，至县东二十八里，北流入渭。”）由秦至巴赴通州司马之任。

然则微之于元和十年春季正月一小部分或二月之全部分及三月几全部分之时日，悉在长安。夏季自四月至六月之时间，又在由长安至通州之途中。连昌宫墙头之千叶桃花，自开自谢，微之关山远隔，王程有限(《白氏长庆集》一七《夷陵赠微之诗》云“各限王程须去住”，此借用)，亦无从得而赏之咏之。此《连昌宫词》不能作于元和十年暮春之证也。

（乙）元和十一年暮春

（丙）元和十二年暮春

《元氏长庆集》一二《献荥阳公诗五十韵》云：

自伤魂惨沮，何暇思幽玄。(稹病疟二年，求医在此，荥阳公不忍归之瘴乡。)

寅恪案：《旧唐书》一五八《郑余庆传》云：

〔元和〕九年拜检校右仆射兼兴元尹，充山南西道节度观察使。三岁受代，十二年除太子少师。

又《旧唐书》一五《宪宗纪下》云：

〔元和〕九年三月辛酉以太子少傅郑余庆检校右仆射、兴元尹、山南西道节度使。

同书同卷（参吴廷燮《唐方镇年表》四）又云：

〔元和十一年〕冬十月丁巳以刑部尚书权德舆检校吏部尚书兼兴元尹，充山南西道节度使。

又《白氏长庆集》一七《题诗屏风绝句（并序）》云：

〔元和〕十二年冬微之犹滞通州，予亦未离湓上。(诗略。)

据此可知微之自元和十年六月至十二年冬，皆在山南西道区域。兴元为山南西道节度使治所，郑、权俱为当时之文儒大臣，而载之尤负盛名。微之之能久留兴元，要非无因。且通州即在山南西道管内，故微之因病求医，得至其地。若连昌宫所在之寿安县，则隶属河南道。微之非有公务，不能越道境而远游。今既无微之奉使越境之事，此《连昌宫词》不能作于元和十一年或十二年暮春之证也。

第二说　淮蔡平后作

《连昌宫词》既不能作于元和十年、十一年、十二年暮春，即不作于淮蔡用兵之时。元和纪年凡十五岁，宪宗暴崩于十五年正月庚子（见《旧唐书》一五《宪宗纪》等），则仅十三年、十四年暮春与此诗之著作有关。复依前例条辨之于下：

（丁）元和十三年暮春

《白氏长庆集》二六《三游洞序》云：

> 平淮西之明年（即元和十三年）冬，予自江州司马授忠州刺史。微之自通州授虢州长史。又明年（即元和十四年）春祗命之郡，与知退偕行。三月十日参会于夷陵。翌日（即三月十一日）微之反棹送予至下牢戍。又翌日（即三月十二日）将别未忍，引舟上下者久之。

又《白氏长庆集》一七载《七言十七韵诗赠微之序》云：

> 十年三月三日别微之于沣上。十四年三月十一日夜，（《三游洞

序》言“三月十日参会于夷陵”，微不同。）遇微之于峡中，停舟夷陵，三宿而别。

据此，则微之虽于元和十三年冬自通州司马授虢州长史，至十四年春，始下峡赴新任。则十三年暮春仍在山南西道管内，无由得至寿安。此《连昌宫词》不能作于元和十三年暮春之证也。

（戊）元和十四年暮春

《旧唐书》一六六《元稹传》云：

〔元和〕十四年，自虢州长史征还，为膳部员外郎。

《新唐书》一七四《元稹传》云：

〔元和〕末召拜膳部员外郎。

寅恪案：宪宗崩于元和十五年正月。微之于十四年已由虢州长史征还长安，为膳部员外郎，则《连昌宫词》之作，似即在元和十四年暮春，自通州赴虢州就长史新任，便道经过寿安之时。

《元和郡县图志》五云：

河南道河南府寿安县，东北至府七十六里。

同书六云：

河南道虢州，东至东都四百五十里。

是微之未至虢州之前，必先经东都。而东都与寿安，仅七十六里之隔，便道经行，亦颇意中之事。北地通常桃花开放之时，约值旧历清明节时。唐孟棨《本事诗》崔护“人面桃花”之句，为世所习知，其所谓“去年今日”即清明日也。然考是年清明在三月三日，（此系据陈垣先生《中西回史日历》，未知与当时实用之历如何？即使不同，要不过相差一二日，于本文论证之主旨无关也。）微之发夷陵时，已为三月十二或十三日，据《通典》一八三《州郡典一三》云：

夷陵郡南至江陵水路二百三十七里。

江陵郡北至襄阳郡四百四十五里。

又同书一七七《州郡典七》云：

襄阳郡去东京八百五十七里。

今复加计自东京至寿安七十六里，共为一千六百一十五里。纵唐代里度较今略短，又微之行程较前元和十年由唐州至长安、由长安至通州二役为迅速，然亦非四月初不能到寿安，是距清明已一月之久，恐不及见连昌宫墙头千叶桃落红蔌蔌之状矣。且元和十四年二月宪宗平定淄青最为当时一大事，《通鉴》二四一《唐纪·宪宗纪》“元和十四年”条（参阅《旧唐书》一二四、《新唐书》二一三《李正己传》等）云：

元和十四年二月壬戌，田弘正捷奏至。乙丑命户部侍郎杨于陵为淄青宣抚使。己巳李师道首函至。自广德以来，垂六十年，藩镇跋扈，河南北三十余州自除官吏，不供贡赋。至是尽遵朝廷约束。

据此，微之即行色匆匆，所经过之大都邑如洛阳等，似不能不稍作淹留，与当地官吏及平生亲故相见，因从得知平齐消息。《连昌宫词》若适作于是年暮春，则虽不必如刘梦得《平齐行》（《刘梦得文集》一五）之夸大其事，亦不能仅叙至淮西平定而止，绝不道及淄青一字。于此转得一强有力之反证。此《连昌宫词》不能作于十四年暮春之证也。

总而言之，《连昌宫词》若为作者经过行宫感时抚事之作，则其著作之时日，用地理行程以相参校，仅有元和十年暮春及元和十四年暮春二者之可能。而元和十年微之所取之道，即韩退之“云横秦岭家何在，雪拥蓝关马不前”之道也，故不可能。元和十四年其所取之道，即杜子美“即从巴峡穿巫峡，便下襄阳向洛阳”之道也，故似可能。但一考当年节候与花事之关系，又为不可能。二者既皆不可能，则《连昌宫词》非作者经过其地之作，而为依题悬拟之作，据此可以断定也。

《连昌宫词》既为依题悬拟之作，然则作于何时何地乎？考《元氏长庆集》一二《见人咏韩舍人新律诗因有戏赠》略云：

> 喜闻韩古调，兼爱近诗篇。好去老通川。（原注云：自谓。）

是微之在通州司马任内曾有机缘得见韩退之诗之证也。

又考《韩昌黎文集》一〇《和李司勋过连昌宫（七绝）》云：

> 夹道疏槐出老根，高甍巨桷压山原。宫前遗老来相问，今是开元几叶孙？

此为退之和李正封之诗，李氏原作今不可得见。退之作诗之时，为元和十二年冬淮西适平之后。颇疑李氏原诗或韩公和作远道流传，至次年即十三年春间遂为微之所见，因依题悬拟，亦赋一篇。其时微之尚在通州司马任内，未出山南西道之境。观其托诸宫边遗老问对之言，以抒开元、元和今昔盛衰之感，与退之绝句用意遣词尤相符会。否则微之既在通州司马任内，其居距连昌宫绝远，若非见他人作品有所暗示，决无无端忽以连昌宫为题而赋此长诗之理也。据《旧唐书》一六六《元稹传》云：

元稹，河南人，元和元年四月除右拾遗。出为河南县尉。四年奉使东蜀，使还，分务东台。

夫河南虽是郡望，但洛阳则为微之仕宦居游之地。元和五年未贬江陵以前，至少亦当一度经过寿安，连昌宫门内之竹、墙头之桃俱所目见，故依题悬拟，亦能切合。李正封之作，其艺术高下未审如何。若微之此篇之波澜壮阔，决非昌黎短句所可并论，又不待言也。至《唐诗纪事》六二郑嵎《津阳门》诗，虽亦托之旅邸主翁之口，为道承平故实，抒写今昔盛衰之感，然不过填砌旧闻，祝愿颐养而已。才劣而识陋，较之近人王湘绮之《圆明园词》，王观堂之《颐和园词》，或犹有所不逮；以文学意境衡之，诚无足取。其所以至今仍视为叙述明皇太真物语之巨制者，殆由诗中子注搜采故实颇备，可供参考之资耳。

综合此诗末章前后文意言之，“官军又取淮西贼，此贼亦除天下宁”二句为已然语气，而非希望语气。故“年年耕种宫前道，今年不遣子孙耕”二句，意谓今年不依往年之例耕种宫前御道，以待天子临幸。“今年”为淮西始平、天下遂宁之年，文意甚明。是此诗实成于元和十三年暮春。洪氏作于元和十一二年间之说，即以依题悬拟言，犹有未谛也。

《连昌宫词》末章“老翁此意深望幸，努力庙谟休用兵”之语，与后来穆宗、敬宗两朝之政治尤有关系，略征旧史述之于下：

《旧唐书》一七二《萧俛传》（参《旧唐书》一六《穆宗纪》“长庆元年二月乙酉马总奏”条）云：

穆宗乘章武恢复之余，即位之始，两河廓定，四鄙无虞，而俛与段文昌屡献太平之策，以为兵以静乱，时已治矣，不宜黩武，劝穆宗休兵偃武；又以兵不可顿去，请密诏天下军镇有兵处，每百人之中限八人逃死，谓之消兵。帝既荒纵，不能深料，遂诏天下如其策行之。而藩镇之卒合而为盗，伏于山林。明年朱克融、王庭凑复乱河朔，一呼而遣卒皆至。朝廷方征兵诸藩，籍既不充，寻行招募。乌合之徒，动为贼败。由是再失河朔，盖消兵之失也。

《旧唐书》一六六《元稹传》云：

荆南监军崔潭峻甚礼接稹，不以掾吏遇之，常征其诗什讽诵之。长庆初潭峻归朝，（《新唐书》一七四《元稹传》作“长庆初潭峻方亲幸”，较妥。盖《新唐书》一七九《李训传》明言潭峻为元和逆党，即弑宪宗之党，而宪宗于元和十五年正月二十七日被弑，穆宗嗣位。次年，方改元长庆。是潭峻归朝当在长庆以前也。）出稹《连昌宫词》等百余篇奏御。穆宗大悦，问稹安在。对曰：“今为南宫散郎。”即日转祠部郎中，寻知制诰。由是极承恩顾。无何，召入翰林，为中书舍人承旨学士。中人以潭峻之故，争与稹交，而知枢密魏弘简尤与稹相善。穆宗愈深知重。河东节度使裴度三上疏，言稹与弘简为刎颈之交，谋乱朝政，言甚激讦。穆宗顾中外人情，乃罢稹内职，授工部侍郎。上恩顾未衰，长庆二年拜平章事。诏下之日，朝野无不轻笑之。

当宪宗之世，主持用兵者，宰相中有李吉甫、武元衡、裴度诸人，宦官中则有吐突承璀。然宦官亦有朋党，与士大夫相似。其弑宪宗、立穆宗及杀吐突承璀之诸宦官，世号为“元和逆党”。崔潭峻者，此逆党中之一人。故“消兵”之说，为“元和逆党”及长庆初得志于朝之士大夫所主持。此事始末非本文所能详尽。但《连昌宫词》末章之语，同于萧俛、段文昌“消兵”之说，宜其特承穆宗知赏而为裴晋公所甚不能堪。此则读是诗者于知人论世之义不可不留意及之也。

又《白氏长庆集》四五《策林序》略云：

元和初予罢校书郎，与元微之将应制举。揣摩当代之事，构成《策目》七十五门。

四十四　销兵数

若使逃不捕、死不填，则十年之间，十又销其三四矣。故不散弃之，则军情无怨也。不增加之，则其数自销也。

然则“销兵”之说，本为微之少日所揣摩当世之事之一。作《连昌宫词》时，不觉随笔及之。殊不意其竟与己身之荣辱升沉发生如是之关系。此则当日政治之环境实为之也。

又微之赋此诗述玄宗时事托诸宫边野老之口，如“弄权宰相不记名，依稀忆得杨与李”之例，其有与史实不甚符合者，可置不论。然今日流传之本，亦有后人妄加注解者，则不得不亟为删订。如“明年十月东都破，御路犹存禄山过”之句，今《全唐诗》本第十五函元稹二四此句下注云：

天宝十三年禄山破洛阳。

寅恪案：《旧唐书》九、《新唐书》五《玄宗纪》及《通鉴》二一七同记天宝十四载十二月丁酉安禄山陷洛阳，“十月”自是微之误记，至“十三年”之误，更不待言也。（又《元氏长庆集》二四《新题乐府·立部伎》亦有“明年十月燕寇来，九庙千门虏尘涴”之句。）其最可异者，莫如“尔后相传六皇帝，不到离宫门久闭”之句下注云：

肃、代、德、顺、宪、穆。

六字。据诗中文义，谓“今皇”平吴蜀，取淮西，（《连昌宫词》此数句，可与《元氏长庆集》二一《代严绶谕淮西书》参证。）则“今皇”自是指宪宗而言，自玄宗不到离宫之后，顺数至“今皇”即宪宗，只有五帝，何能预计穆宗或加数玄宗而成“六皇帝”？尝遍考诸本，俱作“六”，无作“五”者，可知此误字相传已久。颇疑微之于本朝君主传代之数，似不应讹误至此，而诿为野老记忆不真之言。如《元氏长庆集》五二《沂国公魏博德政碑》所云：

五纪四宗，容受隐忍。

其“四宗”自指肃、代、德、顺四宗而言，所言既无讹舛，以彼例此，则应亦不致误述也。或者此诗经崔潭峻之手进御于穆宗，阉椓小人，未尝学问，习闻当日“消兵”之说，图复先朝巡幸之典，殊有契于“老翁此意深望幸，努力庙谟休用兵”之句，遂断章取义，不顾前后文意，改“五”为“六”，借以兼指穆宗欤？此言出于臆测，别无典据，姑备一说于此，以待他日之推证可也。然其后敬宗欲幸东都，殆亦受宦官之诱惑者，经群臣极谏，并畏藩镇称兵，不得已中止。其事本末见《旧唐书》一七〇、《新唐书》一七三《裴度传》，兹移录《通鉴》原文及胡三省《注》于下，似亦与“望幸”句意关涉，读此诗者可并取以参证焉。

《通鉴》二四三《唐纪》“敬宗宝历二年”条云：

> 上（敬宗）自即位以来，欲幸东都。宰相及朝臣谏者甚众，上皆不听，决意必行。已令度支员外郎卢贞，按视修东都宫阙及道中行宫，（胡《注》：“自长安历华陕至洛，沿道皆有行宫。如寿安之连昌宫是也。”）裴度从容言于上曰：“国家本设两都，以备巡幸。自多难以来，兹事遂废。今宫阙营垒，百司廨舍，率已荒阤。陛下倘欲巡幸，宜命有司岁月间徐加完葺，然后可往。”上曰：“从来言事者，皆言不当往。如卿言，不往亦可。”会朱克融、王庭凑皆请以兵匠助修东都。三月丁亥，敕以修东都烦扰，罢之。（胡《注》：“史言修东都之役非以群臣论谏而罢，特畏幽镇之称兵而罢耳。”）

复有传本讹写应即校改者，如“往来年少说长安，玄武楼成花萼废”之句，《唐诗纪事》本卷二十七作“玄武楼前花萼废”，《全唐诗》本“成”字下亦有“一作‘前’”之注，案《唐六典》七云：

> 兴庆宫在皇城之东南，东距外郭城东垣。（原注云：即今上龙潜旧宅也。开元初，以为离宫。至十四年，又取永嘉、胜业坊之半以置朝。自大明宫东夹罗城复道，经通化门磴潜通焉。）宫之南曰通阳门，通阳之西曰花萼楼。（原注云：楼西即宁王第，故取诗人棠棣之义以名楼焉。）

宋敏求《长安志》六“大明宫”条（参考徐松《唐两京城坊考》一）云：

> 北面一门曰玄武门。（原注云：德宗造门楼，外设两廊，持兵

宿卫，谓之北衙。）

据此，玄武楼在大明宫之北面，兴庆宫远在大明宫之东南，而花萼楼又在兴庆宫之西南隅，则花萼楼准诸地望，决无在玄武楼前之理。昔人讥白香山《长恨歌》“峨嵋山下少人行，旌旗无光日色薄”之句为误，以峨嵋山在唐代嘉州境内，明皇由长安至成都不经过其下也（见《梦溪笔谈》二三《讥谑附谬误类》及《诗人玉屑》一一）。殊不知微之使东川，作《好时节绝句》（《元氏长庆集》一七），亦有“身骑骢马峨嵋下，面带霜威卓氏前”之语（并见《长恨歌章》），此皆诗人泛用典故率意牵附之病，不足深责。独此诗说长安今昔之变迁，托诸往来年少之口，乃写实之词，与泛用典故者不同。其于城坊宫苑之方位，岂能颠倒错乱至此？若斯之类，自属后人传写之误。况花萼楼建于玄宗之世，为帝王友爱之美谈。玄武楼造于德宗之时，成神策宿卫之禁域。一成一废，对举并陈，而今昔盛衰之感，不明著一字，即已在其中。若非文学之天才，焉能如是？此微之所以得称“元才子”而无愧者耶？又《五代会要》一八“前代史”条载贾纬之语，谓“自唐高祖至代宗，纪传已具”，则今《旧唐书·玄宗纪》实本之旧文，夫君举必书，巡幸陪都之大典，决无漏载之理。考《旧唐书》玄宗自开元二十四年十月丁丑自东都还西京之后，（《新唐书》五《玄宗纪》及《通鉴》二一四俱作“丁卯”，而《旧唐书》八《玄宗纪》作“丁丑”。当依张宗泰校记改为“丁卯”。）遂未重到洛阳。是后率以冬季十月或十一月幸华清宫，从未东出崤函一步。故《通鉴》二一四“开元二十五年九月”条（参阅《新唐书》五三《食货志》）云：

先是西北边数十州多宿重兵，地租营田皆不能赡，始用和籴之法。有彭果者，因牛仙客献策，请行籴法于关中。戊子敕以岁稔谷贱伤农，命增时价什二三和籴东西畿粟各数百万斛，停今年江淮所运租。自是关中蓄积羡溢，车驾不复幸东都矣。癸巳敕河南、河北租应输含嘉仓者皆留输本州。

《国史补》上略云：

玄宗开元二十四年时在东都，因宫中有怪，明日召宰相欲西幸。裴稷山、张曲江谏。是时李林甫初拜相，窃知上意，乃言："两京陛下东西宫也。臣请宣示有司，即日西幸。"上大悦。自此驾至长安，不复东矣。

虽册寿王妃杨氏在开元二十三年十二月乙亥（见《通鉴》二一四及《考异》并《唐大诏令集》四〇、《全唐文》三八《册寿王杨妃文》），其时玄宗尚在东都，未还西京。然自杨妃于开元二十九年正月二日入道，即入宫之后（详见《长恨歌章》辨《曝书亭集》五五《书〈杨太真外传〉后》），明皇既未有巡幸洛阳之事，则太真更无以皇帝妃嫔之资格从游连昌之理，是太真始终未尝伴侍玄宗一至连昌宫也。诗中"上皇正在望仙楼，太真同凭栏干立"及"寝殿相连端正楼，太真梳洗楼上头"等句，皆傅会华清旧说（乐史《杨太真外传》下云："华清宫有端正楼，即贵妃梳洗之所。"），构成藻饰之词。才人故作狡狯之语，本不可与史家传信之文视同一例，恐读者或竟认为实有其事，特为之辨正如此。

至《元氏长庆集》一七《灯影（七绝）》云：

洛阳昼夜无车马，漫挂红纱满树头。见说平时灯影里，玄宗潜伴太真游。

则亦微之依据世俗传说姑妄听之，姑妄言之。既有“见说”之语，则更不足辨。而《全唐诗》第十九函张祜二《连昌宫（七绝）》所谓“玄宗上马太真去”者，又在微之之后，尤可不论矣。又诗中“百官队仗避岐薛，杨氏诸姨车斗风”之句，《容斋续笔》二“开元五王”条已言其非事实，故兹不再辨。惟洪氏以“杨太真以〔天宝〕三载方入宫”则殊疏舛，殆误会《通鉴》书法所致。寅恪别于《长恨歌章》详论之矣。

更有可论者，诗云：

明年十月东都破，御路犹存禄山过。驱令供顿不敢藏，万姓无声泪潜堕。

寅恪案：《通鉴》二一八《唐纪三十四》“至德元载六月〔安禄山〕遣孙孝哲将兵入长安”条《考异》略云：

《新传》又云〔安〕禄山至〔长安〕，怒，大索三日。按《旧传》〔张〕通儒为西京留守编检诸书，禄山自反后未尝至长安，《新传》误也。

是禄山自反后未尝至长安。连昌宫为长安、洛阳间之行宫，禄山既自反后未尝至长安，则当无缘经过连昌宫前之御路，故此事与杨贵妃之曾在连昌宫之端正楼上梳洗者，同出于假想虚构。宋子京为史学名家，尚有此失，特附论及之，庶读此诗者不至沿袭宋氏之误也。

此诗复有唐代当时术语须略加诠释者，如“贺老琵琶定场屋”之“定”，及《乐府杂录》叙贞元时长安东西两市互斗声乐事中，“西市豪族厚赂庄严寺僧善本，以定东廛之胜”之“定”，其义为

“压”及“压场”之意也。又如“蛇出燕巢盘斗拱”之“斗拱”，即近日营造学者所盛称之“斗拱”。“斗”字义不可通，盖古代工匠用以代“鬭”字之简写，殊非本字。然今知此者鲜矣。

复次，兹有一事可附论于章末者，即微之此诗与唐代久闭之离宫在寒食节时，特命中官于内斫竹之举是也。依微之此诗如“连昌宫中满宫竹”至“小年进食曾因入”一节，“初过寒食一百六，殿舍无烟宫树绿”二句，“明年十月东都破”至“不到离宫门久闭”一节，“去年敕使因斫竹，偶值门开暂相逐”二句，及“自从此后还闭门，夜夜狐狸上门屋”二句等语，综合论之，则知唐代皇帝不临幸之离宫，必将宫门锁闭，而此宫门亦必尚存垣墙，否则虽闭门，亦不能阻禁外人阑入宫内也。《白氏文集》一二《江南遇天宝乐叟》诗云：

> 我自秦来君莫问，骊山渭水如荒村。新丰树老笼明月，长生殿暗锁黄昏。红叶纷纷盖欹瓦，绿苔重重封坏垣。唯有中官作宫使，每年寒食一开门。

则是乐天于元和十年贬江州司马之时，华清宫中之殿宇固甚破败，但其垣墙虽已毁损而尚存在，宫门则长闭，至寒食节始有中官开门于内斫竹也。乐天此诗乃写实之作，与微之之诗出于揣想者本自不同，然微之此诗亦依据唐代离宫一般之情况而言，绝非无中生有之描绘。如其所述久闭之离宫，尚存宫墙，在寒食节时，宫使始开门于内斫竹等事，与乐天所言华清宫之情状并无少异也。故在《连昌宫词》为特性之虚构，《江南遇天宝乐叟》诗乃通性之写实。由是而论，元白两诗可以互相证发也。

至天宝乱后，东都洛阳之上阳宫，则更有详论之必要。请略引史料，考释之于下：

《杜工部集》一五《诸将五首》之三云：

洛阳宫殿化为烽。

若据此语，是唐代洛阳之宫殿已于安史乱时化为烽烬矣。但检仇兆鳌《杜诗详注》一六，此句注引《后汉书·董卓传》并曹植诗“洛阳何寂寞，宫殿尽烧焚”为释。然则仇氏仅举出少陵所用之古典，实无安史焚烧洛阳宫殿之今典。（仇氏所引子建诗乃《文选》二〇曹子建《送应氏诗二首》之一，其诗云：“洛阳何寂寞，宫室尽烧焚。”仇氏改“宫室”为“宫殿”，意虽相同，但改曹诗以合杜句，殊可不必也。）可知子美此句乃诗人感伤之语，不可过于拘泥也。

《白氏长庆集》三《上阳白发人》篇注云：

天宝五载已后，杨贵妃专宠后，宫人无复进幸矣。六宫有美色者，辄置别所，上阳是其一也。贞元中尚存焉。（寅恪案：鄙意以为此篇乃李绅之原唱，而元稹、白居易和之者，白氏之注原出公垂也。详见此稿第五章《新乐府·上阳白发人篇》。）

《新唐书》七七《后妃传下·代宗睿真皇后传》云：

代宗睿真皇后沈氏，吴兴人。开元末，以良家子入东宫。太子（指肃宗）以赐广平王（指代宗），实生德宗。天宝乱，贼囚后东都掖庭。王入洛，复留宫中。时方北讨，未及归长安，而河南为史思明所没，遂失后所在。代宗立，以德宗为皇太子，诏访后在亡，不能得。

《通鉴》二二六《唐纪四十二·德宗纪》“建中二年正月”条云：

初，高力士有养女嫠居东京，颇能言宫中事。女官李真一意其为沈太后，诣使者具言其状。上闻之，惊喜。时沈氏故老已尽，无识太后者。上遣宦官、宫人往验视之，年状颇同。宦官、宫人不审识太后，皆言是。高氏辞称实非太后，验视者益疑之，强迎入上阳宫。上发宫女百余人，赍乘舆服御物，就上阳宫供奉。左右诱谕百方，高氏心动，乃自言是。验视者走马入奏，上大喜。二月辛卯，上以偶日御殿，群臣皆入贺，诏有司草仪奉迎。高氏弟承悦在长安，恐不言久获罪，遽自言本末。上命力士养孙樊景超往覆视。景超见高氏居内殿，以太后自处，左右侍卫甚严。景超谓高氏曰：“姑何自置身俎上?”左右叱景超使下，景超抗声曰：“有诏太后诈伪，左右可下。”左右皆下殿。高氏乃曰：“吾为人所强，非己出也。”以牛车载还其家。

《元氏长庆集》二四《上阳白发人》篇云：

御马南奔胡马蹙，宫女三千合宫弃。宫门一闭不复开，上阳花草青苔地。月夜闲闻洛水声，秋池暗度风荷气。日日长看提象门，终身不见门前事。近年又送数人来，自言兴庆南宫至。

《新唐书》五《玄宗本纪》（参《旧唐书》九《玄宗本纪下》及《通鉴》二二一《唐纪三十七·肃宗纪》“上元元年六月”条）略云：

〔至德二载〕十二月丁未，〔玄宗〕至自蜀郡，居于兴庆宫。上元元年徙居于西内甘露殿。

寅恪案：代宗睿真皇后沈氏，既能于广平王即代宗收复东都之前后，皆留在上阳宫，斯为当日洛阳上阳宫非如少陵所谓“化为烽”之确证。又德宗建中二年高力士女有能以假太后之资格，居于内殿，则上阳宫之正殿尚未被毁或被毁后重加修理之一证也。夫自天宝五载迄贞元之末，历时六十载，倘上阳宫全被焚毁，则此老宫女岂能露宿如此之久？若谓上阳宫虽全被焚毁，后来重加修理，当修理时，将此老宫女搬移他处，迨修理完毕后，再将其迁于原处居住，则杨贵妃死已五十载，尚有何人妒忌，而令此老宫女受终身监禁之苦乎？然则上阳宫虽经安史之乱，仍未全部毁坏，故上阳白发人暂可在其中居住也。至于元微之诗云：“近年又送数人来，自言兴庆南宫至”之“近年”，其界说殊可研究。考微之此诗作于元和四年，则不能上溯至德二载玄宗自蜀郡还长安居于南内至上元元年迁于西内之时间无疑，盖历年将五十载，固不得谓之近年也。

上论洛阳宫至安史乱时迄元和初年实未毁坏并宫墙存在宫门常闭，故亦如其他唐代离宫之通例于寒食节始有中使开门斫竹之事。兹请先考唐代杏花、桃花开放之时间，兼及地域并其他相关之问题，以资说明。

《唐摭言》三“慈恩寺题名游赏赋咏杂纪”条云：

> 进士题名自神龙之后，过关宴后，率皆期集于慈恩塔下题名，故贞元中刘太真侍郎试《慈恩寺望杏园花发》诗。

寅恪案：《登科记考》列刘氏于贞元四年主礼部试，今检《文苑英华》一八八《省试九》载李君何、周弘亮、陈翥、曹著四人应试是科之原作。陈翥《曲江亭望慈恩寺杏园花发》诗云：

> 曲池晴望好，近接梵王家。十亩开金地，千林发杏花。映云犹误雪，照日欲成霞。紫陌传香远，红泉落影斜。园中春尚早，亭上路非赊。芳景堪游处，其如惜物华。（寅恪案：沈亚之《沈下贤集》一并《全唐诗》第八函沈亚之及《全唐诗》第七函陈翥俱收此首。夫陈翥为贞元四年进士，既经徐松考订，可以无疑。《沈下贤集》集首元祐丙寅之《序》称沈氏“元和十年登进士第”，《唐才子传》六《沈亚之传》同，故《全唐诗》及《沈集》所载此诗，实非出自下贤之手。盖宋人编唐人专集时，误收于《沈集》者，《全唐诗》不加详考，以致陈翥、沈亚之两人诗内均列此诗，可谓疏舛矣。）

陈氏“园中春尚早”句，可证杏花开放在早春，大约相当于二月之时间。至于桃花开放之时间，前已略言及，兹为与杏花开放时间比较，故再详引人所习知之人面桃花故事于下。

孟棨《本事诗·情感类》“博陵崔护”条略云：

> 博陵崔护举进士下第。清明日独游都城南，得居人庄，扣门久之，有女子自门隙窥之，开门设床命坐，独倚小桃斜柯伫立。崔以言挑之，不对，崔辞去。来岁清明日，径往寻之。门墙如故，因题诗于左扉曰：“去年今日此门中，人面桃花相映红。人面只今何处去，桃花依旧笑春风。”

然则桃花之开放约在距清明节先后不远之时间，可以无疑。吾国昔时本用阴历，清明节之排列，或在二月，或在三月。若此年有闰月而闰月在此节气之前，则表面视之花开较早，如第五章《牡丹芳篇》论裴度得见牡丹开放始卒之例。若闰月在此节气之后，则表面视之花开较迟。通常言之，杏花开放约在二月，桃花开放约在三月，其与此通例不合者，盖别有其他特别原因，亦可为详究解释也。

其一特别之原因为地域性之关系。地域有高低及南北二种。凡地势较高如山顶或高原空气较平地寒冷，故花开较平地为迟。《白氏文集》四三《游大林寺序》略云：

余与河南元集虚〔等〕凡十七人，自遗爱草堂历东西二林，抵化城，憩峰顶，登香炉峰，宿大林寺。大林穷远，人迹罕到，其僧皆海东人，山高地深，时节绝晚。于时孟夏日，如正二月天，梨桃始华，涧草犹短，人物风候与平地聚落不同，初到恍然若别造一世界者，因口号绝句云："人间四月芳菲尽，山寺桃花始盛开。长恨春归无觅处，不知转入此中来。"时元和十二年四月九日乐天序。

寅恪案：乐天言大林寺"山高地深，时节绝晚"，足证地势高，则时节晚。又考元和十二年有闰五月，闰月又在节气之后，则觉时节较晚，故大林寺之桃花晚开，实兼具二因素。庐山自六朝以来，如惠远、陶潜、白居易、朱熹诸名人，皆居住山南，盖以交通便利，可以供给家属朋友及生徒食用，此乃躬耕传法及讲学适宜之条件。至近岁西人辟山北牯岭之地，借作避暑之用，斯前人所未尝梦见者，而大林寺遗址复于牯岭发现，尤可与乐天此文相印证也。前引韩昌黎《和李正封过连昌宫》诗，有"高甍巨桷压山原"之句，则连昌宫建筑于山上平坦之地。微之作此诗时，虽未身到其地，但亦应知此宫不在平地而在高原，所以三月清明前后，桃花犹可留滞于盛开将落之状态。遂有“更有墙头千叶桃，风动落花红簌簌”二句。

至若地域南北之关系，则北方较寒，故花开较迟；南方较暖，故花开较早。此为一般通例，不待详论。如陆游《剑南诗稿》一七《临安春雨初霁》云：

世味年来薄似纱，谁令骑马客京华？小楼一夜听春雨，深巷明朝卖杏花。矮纸斜行闲作草，晴窗细乳戏分茶。素衣莫起风尘叹，犹及清明可到家。

此诗世人习诵，无须赘释。所可注意者，第七、八二句明言客杭州时犹在清明之前，而杏花已开放可卖也。唯曹寅《楝亭十二种·后村千家诗三·节候门》载杜牧《清明（七绝）》一首云：

清明时节雨纷纷，路上行人欲断魂。借问酒家何处有，牧童遥指杏花村。

此诗收于明代《千家诗》节本，乃三家村课蒙之教科书，数百年来实唐诗最流行之一首。若究其出处，殊为可疑。今冯集梧《杜樊川诗注》既不载此首，其《补遗》亦不收入，冯氏未加说明，不敢臆断。但此诗有“清明时节雨纷纷”及“牧童遥指杏花村”二句，似是在北方所作。考杜牧曾以监察御史分司东都（见《新唐书》一七四《杜佑传》附牧传，并参孟棨《本事诗·高逸类》“杜舍人牧弱冠成名”条），然则牧之此《清明（七绝）》一首，或在此时所作耶？然无佐证。又冯应榴《苏文忠公诗合注》一八载《送蜀人张师厚赴殿试二首》云：

忘归不觉鬓毛斑，好事乡人尚往还。断岭不遮西望眼，送君直过楚王山。

云龙山下试春衣，放鹤亭前送落晖。一色杏花三十里，新郎君去马如飞。

寅恪案：冯氏于此卷卷首“古今体诗四十七首”下引查《注》云：“元丰二年己未正月在徐州任，三月后移知湖州道中作。”此题第一首之楚王山，并第二首之云龙山及放鹤亭皆在徐州，足证此二绝句明是在徐州任内，元丰二年三月之前所作也。宋代汴梁殿试亦在二月杏花开放时节。取东坡此二绝句与上引放翁七律一首相比较，则地域之南北与杏花开放之早晚关系，可以明了矣。

其二特别之原因为某一年气候暂时改变之关系。《白氏文集》一《春雪》诗略云：

元和岁在卯，六年春二月。月晦寒食天，天阴夜飞雪。上林草尽没，曲江冰复结。红干杏花死，绿冻杨枝折。

《旧唐书》一四《宪宗纪上》略云：

元和六年二月丙寅朔。三月乙未朔。闰十二月辛卯朔。

《全唐诗》第五函韩愈五《辛卯年雪（五古）》略云：

元和六年春，寒气不肯归。河南二月末，雪花一尺围。生平未曾见，何暇议是非。

寅恪案：元和六年辛卯二月小尽，其次日为三月乙未朔，适值清明节。是岁有闰十二月，在清明节后，即乐天所谓时节较晚之年，此年东西二都皆有大雪，杏花冻死，故可目此年之气候与其他一般时节不同也。又检窦氏《联珠集》三窦庠《陪留守韩仆射巡内至上阳宫感兴二首》云：

翠辇西归七十春，玉堂珠缀俨埃尘。武皇弓剑埋何处，泣问上阳宫里人。

愁云漠漠草离离，太乙句陈处处疑。薄暮毁垣春雨里，残花犹发万年枝。

寅恪案：《旧唐书》一五五《窦群传》附庠传云：

吏部侍郎韩皋出镇武昌，辟为推官。皋移镇浙西，奏庠为节度副使、殿中侍御史，迁泽州刺史，又为宣歙副使，除奉天令、登州刺史、东都留守判官。

同书一四《宪宗纪上》略云：

〔元和五年十月〕以户部尚书韩皋为东都留守，判东都尚书省事。〔元和八年六月〕以东都留守韩皋检校吏部尚书，兼许州刺史，充忠武军节度使。

故疑胄卿以东都留守判官之资格陪仲文巡内至上阳宫之时间，乃元和六年二月念九日寒食节。依窦氏绝句第一首“翠辇西归七十春”句，盖从天宝元年下推至元和六年适为七十载。其实玄宗自开元二十四年后，即不再幸洛阳，此点窦氏及其他唐代文人固不详悉计算也。若揣测不误，则韩、窦二氏之巡视上阳宫亦循唐代离宫于每年寒食节遣中使斫竹之通例耳。（窦氏绝句第一首第四句或者可与上引元微之元和四年所作《上阳白发人》篇中“近年又送数人来，自言兴庆南宫至”二句互相印证。盖元和四年距元和六年时间甚近，窦氏既于元和六年尚得见上阳宫内之宫人，则此宫人当是不久送来者，与微之诗“近年”之语，亦甚适合也。余详上论微之此诗节。）窦氏绝句第二首第四句之“残花”，当是杏花而非桃花。桃花虽通常在清明前后开放，此年之气候寒冷与往年不同，是以开放时间较迟，此为变例，即乐天诗所谓“红干杏花死”者，宜胄卿以残花目之。复据《全唐诗》第六函李正封《洛阳清明雨霁》诗云：

晓日清明天，夜来嵩少雨。千门尚烟火，九陌无尘土。酒绿河桥春，漏间宫殿午。游人恋芳草，半犯严城鼓。

李氏此诗为何年所作，虽不能考，但唐代洛阳寒食节时亦有春雨连绵之气候也。

其三特别之原因为人事忽有变动，杏桃二花开放之时间表面视之，似与常年不同，按诸实际，并无改易也。

《太平广记》一五四“李顾言”条引温畬《续定命录》略云：

唐监察御史李顾言贞元末应进士举。见〔南〕省东南北街中有一人徐吟诗曰：“放榜只应三月暮，登科又校一年迟。”明年，京师自冬雨雪甚，畿内不稔，停举。贞元二十一年春，德宗皇帝晏驾，（寅恪案：《旧唐书》一三《德宗纪下》云：“贞元二十年正月癸巳帝崩。”）果三月下旬放进士榜。

《权载之文集》九《和九华观见怀贡院八韵》略云：

上巳好风景，仙家足芳菲。地殊兰亭会，人似山阴归。滞兹文墨职，坐与琴觞违。丽曲涤烦虚，幽缄发清机。支颐一吟想，恨不双翻飞。

同书同卷《上巳日贡院考杂文不遂赴九华观祓禊之会以二绝句申赠》云：

三日韶光处处新，九华仙洞七香轮。老夫留滞何由往，珉玉相和正绕身。（原注云：时以沽美玉为诗题。）禊饮寻春兴有余，深情婉婉见双鱼。同心齐体如身到，临水烦君便祓除。

寅恪案：温氏谓贞元二十一年春德宗晏驾，三月下旬放进士榜，与权氏诗题“上巳日贡院考杂文不遂”之语可互相印证。考载之不以进士出身，但三次主礼部试，其以沽美玉为试题，则在贞元二十一年（见徐松《登科记考》一五）。检《旧唐书》一四八《权德舆传》载其卒于元和十三年，是前列两题乃权氏四十八岁时之作品，前一题为答其夫人寄怀之作，故第二题以“申赠”为言，且“深情婉婉见双鱼”句即指其夫人所寄之书并诗也。兹综合上引《唐摭言》《文苑英华》《续定命录》《权载之文集》等材料论之，则知唐代通常放进士榜时正值杏花开放。至若贞元二十一年放进士榜时在三月下旬，乃桃花开放之际，而与常年不同，斯实由此年有人事变动之故所致也。

第四章　艳诗及悼亡诗

附：读《莺莺传》

《元氏长庆集》三〇《叙诗寄乐天书》云：

> 不幸少有伉俪之悲，抚存感往，成数十诗，取潘子悼亡为题。又有以干教化者，近世妇人晕淡眉目，绾约头鬓，衣服修广之度及匹配色泽尤剧怪艳，因为艳诗百余首。词有今古，又两体。

寅恪案：今存《元氏长庆集》为不完残本。其第九卷中《夜闲》至《梦成之》等诗，皆为悼亡诗，韦縠《才调集》第五卷所录微之诗五十七首，虽非为一人而咏，但所谓艳诗者大抵在其中也。微之自编诗集，以悼亡诗与艳诗分归两类。其悼亡诗即为元配韦丛而作。其艳诗则多为其少日之情人所谓崔莺莺者而作。微之以绝代之才华，抒写男女生死离别悲欢之情感。其哀艳缠绵，不仅在唐人诗中不可多见，而影响及于后来之文学者尤巨。如《莺莺传》者，初本微之文集中附庸小说，其后竟演变流传成为戏曲中之大国巨制，即是其例。夫此二妇人与微之之关系，既须先后比较观察之，则微之此两类诗，亦不得不相校并论也。

夫此两类诗本为男女夫妇而作。故于（一）当日社会风习、道德观念，（二）微之本身及其家族在当日社会中所处之地位，（三）当日风习、道德二事影响及于微之之行为者，必先明其梗概，然后始可了解。寅恪前著《读〈莺莺传〉》一文，已论及之。此文即附于后幅，虽可取而并观，然为通晓元氏此两类诗，故不惮重复烦悉之讥，仍为总括序论于此，以供读此两类诗者之参考焉。

纵览史乘，凡士大夫阶级之转移升降，往往与道德标准及社会风习之变迁有关。当其新旧蜕嬗之间际，常呈一纷纭综错之情态，即新道德标准与旧道德标准、新社会风习与旧社会风习并存杂用。各是其是，而互非其非也。斯诚亦事实之无可如何者。虽然，值此道德标准、社会风习纷乱变易之时，此转移升降之士大夫阶级之人，有贤不肖、拙巧之分别，而其贤者、拙者，常感受苦痛，终于消灭而后已。其不肖者、巧者，则多享受欢乐，往往富贵荣显，身泰名遂。其故何也？由于善利用或不善利用此两种以上不同之标准及习俗，以应付此环境而已。譬如市肆之中，新旧不同之度量衡并存杂用，则其巧诈不肖之徒，以长、大、重之度量衡购入，而以短、小、轻之度量衡售出，其贤而拙者之所为适与之相反。于是两者之得失成败，即决定于是矣。

人生时间约可分为两节，一为中岁以前，一为中岁以后。人生本体之施受于外物者，亦可别为情感及事功之二部。若古代之士大夫阶级，关于社会政治者言之，则中岁以前，情感之部为婚姻；中岁以后，事功之部为仕宦。故《白氏长庆集》一四《和梦游春诗一百韵序》略云：

> 微之既到江陵，又以《梦游春七十韵》寄予，且题其序曰："斯言也，不可使不知吾者知，知吾者亦不可使不知。乐天知吾〔者〕也，不敢不使吾子知。"故广足下七十韵为一百韵，重为足下陈梦游之中所以甚感者，叙婚仕之际所以至感者。微之，微之，予斯文也，尤不可使不知吾者知。幸藏之云尔。

夫婚仕之际，岂独微之一人之所至感，实亦与魏晋南北朝以来士大夫阶级之一生得失成败至有关系。而至唐之中叶，即微之、乐天所生值之世，此二者已适在蜕变进行之程途中，其不同之新旧道德标准、社会风习并存杂用，正不肖者用巧得利，而贤者以拙而失败之时也。故欲明乎微之之所以为不肖为巧为得利成功，无不系于此仕、婚之二事。以是欲了解元诗者，依论世知人之旨，固不可不研究微之之仕宦与婚姻问题，而欲明当日士大夫阶级之仕宦与婚姻问题，则不可不知南北朝以来至唐高宗、武则天时，所发生之统治阶级及社会风习之变动。请略述之，以供论证焉。

南北朝之官有清浊之别，如《隋书》二六《百官志》中所述者，即是其例。至于门族与婚姻之关系，其例至多，不须多举。故士大夫之仕宦苟不得为清望官，婚姻苟不结高门第，则其政治地位、社会阶级即因之而低降沦落。兹仅引一二事于下，已足资证明也。

《晋书》八四《杨佺期传》云：

> 自云门户承籍，江表莫比。有以其门第比王珣者犹恚恨。而时人以其晚过江，婚宦失类，每排抑之。恒慷慨切齿，欲因事际，以逞其志。

《南史》三六《江夷传》附敩传云：

> 中书舍人纪僧真幸于〔齐〕武帝，稍历军校，容表有士风。谓帝曰："臣小人，出自本县武吏，邀逢圣时，阶荣至此。为儿婚得荀昭光女，即时无复所须，唯就陛下乞作士大夫。"帝曰："由江敩、谢瀹，我不得措此意。可自诣之。"僧真承旨诣敩，登榻坐定，敩便命左右曰："移吾床让客。"僧真丧气而退，告武帝曰："士大夫故非天子所命。"

据此，可知当时人品地位，实以仕宦、婚姻二事为评定之标准。唐代政治社会虽不尽同于前代，但终不免受此种风习之影响。故婚仕之际仍为士大夫一生成败得失之所关也。

若以仕之一事言之，微之虽云为隋兵部尚书元岩之六世孙，然至其身式微已甚，观其由明经出身一事可证。如康骈《剧谈录》（参《唐语林》六《补遗》）略云：

> 元和中李贺善为歌篇，为韩愈所知，重于缙绅。时元稹年少，以明经擢第，亦工篇什。尝交结于贺，日执贽造门。贺览刺不答。遽入，仆者谓曰："明经及第，何事看李贺？"稹惭恨而退。

裴廷裕《东观奏记》上（参《新唐书》一八二《李珏传》、《唐语林》三《识鉴类》）略云：

> 李珏，赵郡赞皇人。早孤，居淮阴，举明经。李绛为华州刺史，一见谓之曰："日角珠庭，非常人也。当掇进士科。明经碌碌，非子发迹之路。"

《新唐书》一八三《崔彦昭传》（参尉迟偓《中朝故事》）云：

> 彦昭与王凝外昆弟也。凝大中初先显，而彦昭未仕。尝见凝，凝倨不冠带，慢言曰："不若从明经举。"彦昭为憾。

王定保《摭言》一"序进士"条云：

> 其艰难谓之"三十老明经，五十少进士"。

据此得见唐代当日社会风尚之重进士轻明经。微之年十五以明经擢第，而其后复举制科者，乃改正其由明经出身之途径，正如其弃寒族之双文而婚高门之韦氏。于仕于婚，皆不惮改辙，以增高其政治社会之地位者也。

又《元氏长庆集》五九《告赠皇祖祖妣文》云：

> 荫籍脧削，龟绳用稀。我曾我祖，仍世不偶。先尚书盛德大业，屈于郎署。

同集同卷《告赠皇考皇妣文》云：

> 惟积洎稹，幼遭闵凶，积未成童。稹生八岁，蒙骙孩稚，昧然无识，遗有清白，业无樵苏。先夫人备极劳苦，躬亲养育。截长补败，以御寒冻。质价市米，以给哺旦。依倚舅族，分张外姻。(《元氏长庆集》一一《答姨兄胡灵之见寄五十韵序》云：“九岁解赋诗，饮酒至斗余乃醉，时方依倚舅族。”)

案《白氏长庆集》六一《河南元公墓志铭》及《新唐书》七五下《宰相世系表》等，微之曾祖延景，岐州参军。祖悱，南顿丞，即告祭文所谓“我曾我祖，仍世不偶”者。父宽，比部郎中，即告祭文所谓“屈于郎署”者。(后悱复以罪降虢州别驾，累迁舒王府长史。见《元氏长庆集》五八《陆翰妻元氏墓志铭》。)观微之幼年家庭寒苦之情况，其告祭考妣文详述无遗。故微之纵是旧族，亦同化于新兴阶级，即高宗、武后以来所拔起之家门，用进士词科以致身通显，由翰林学士而至宰相者。此种社会阶级重词赋而不重经学，（微之虽以明经举，然当日此科记诵字句而已，不足言通经也。）尚才华而不尚礼法，以故唐代进士科为浮薄放荡之徒所归聚，与倡伎文学殊有关联。观孙棨《北里志》及韩偓《香奁集》，即其例证。宜乎郑覃、李德裕以山东士族礼法家风之立场，欲废其科而斥其人也。夫进士词科之放佚恣肆，不守礼法，固与社会阶级出身有关，然其任诞纵情，毫无顾忌，则《北里志序》略云：

自大中皇帝好儒术，特重科第。故进士自此尤盛，旷古无俦。仆马豪华，宴游崇侈。以同年俊少年为两街探花使，鼓扇轻浮，仍岁滋甚。予频随计吏，久寓京华，时亦偷游其中。俄逢丧乱，銮舆巡蜀，崤崡鲸鲵。向来闻见，不复尽记。聊以编次，为太平遗事云。中和甲辰岁孙棨序。

《香奁集序》略云：

自庚辰辛巳之际，迄辛丑庚子之间，所著歌诗不啻千首。其间以绮丽得意，亦数百篇。往往在士大夫之口，或乐工配入声律，粉墙椒壁，斜行小字，窃咏者不可胜记。大盗入关，缃帙都坠。

寅恪案：孙《序》作于中和甲辰，即僖宗中和四年。韩《序》中所谓“庚辰辛巳”，即懿宗咸通元年及二年，“庚子辛丑”即僖宗广明元年及中和元年。然则进士科举者之任诞无忌，乃极于懿、僖之代。微之生世较早，犹不敢公然无所顾忌。盖其时士大夫阶级山东士族，尚保有一部分残余势力。其道德标准与词科进士阶级之新社会风气，并存杂用。而工于投机取巧之才人如微之者，乃能利用之也。明乎此，然后可以论微之与韦丛及莺莺之关系焉。

贞元之时，朝廷政治方面，则以藩镇暂能维持均势，德宗方以文治粉饰其苟安之局。民间社会方面，则久经乱离，略得一喘息之会，故亦趋于嬉娱游乐。因此上下相应，成为一种崇尚文词、矜诩风流之风气。《国史补》下云：

长安风俗，自贞元侈于游宴。

又杜牧之《感怀诗》(《樊川集》一）所谓：

至于贞元末，风流恣绮靡。

者，正是微之少年所遭遇之时代也。微之幼时，依其姊婿陆翰，居于凤翔西北边境荒残之地（见《元氏长庆集》三〇《诲侄等书》，又《白氏长庆集》四《新乐府·西凉伎》云“平时安西万里疆，今日边防在凤翔”之句)。虽驻屯军将奢僭恬嬉，要之，其一般习俗仍是朴俭。与中州之名都大邑相较，实有不侔。蒲州为当日之中都河中府，去长安三百二十四里，洛阳五百五十里（见《旧唐书》三九及《新唐书》三九《地理志》等)，为东西两京交通所常经繁盛殷阗之都会也。微之以甫逾弱冠之岁，出游其地，其所闻见与昔迥殊，自不能不被诱惑。其所撰《莺莺传》所云：

内秉坚孤，非礼不可入，以是年二十二，未尝近女色。(寅恪案：通行本《莺莺传》皆作年“二十三”。兹依王性之《微之年谱》改作“二十二”。)

者，凤翔之诱惑力不及河中，因得以自持。而以守礼夸诩，欺人之言也。及其遭遇双文以后之沉溺声色，见其前之坚贞亦不可信。何以言之？姑不必论其始乱终弃之非多情者所为，即于韦丛，其《三遣悲怀》诗之三云：

唯将终夜常开眼，报答平生未展眉。

所谓“常开眼”者，自比鳏鱼，即自誓终鳏之义。其后娶继配裴淑，已违一时情感之语，亦可不论。唯韦氏亡后未久、裴氏未娶以前，已纳妾安氏。《元氏长庆集》五八《葬安氏志》云：

始辛卯岁，予友致用悯予愁，为予卜姓而授之。

考成之卒于元和四年七月九日（见《昌黎集》二四《监察御史元君妻京兆韦氏夫人墓志铭》），所谓“辛卯岁”者，即元和六年。是韦氏亡后不过二年，微之已纳妾矣。夫唐世士大夫之不可一日无妾媵之侍，乃关于时代之习俗，自不可以今日之标准为苛刻之评论。但微之本人与韦氏情感之关系，决不似其自言之永久笃挚，则可以推知。然则其于韦氏亦如其于双文，两者俱受一时情感之激动，言行必不能始终相符则无疑也。又微之自言眷念双文之意，形之于诗者，如《才调集》五《杂思》之四云：

取次花丛懒回顾，半缘修道半缘君。

及白乐天转述其友之事，如《全唐诗》第十六函白居易一五《和梦游春诗一百韵》云：

存诚期有感，誓志贞无黩。京洛八九春，未曾花里宿。

似微之真能“内秉坚孤，非礼不可入”者，其实唐代德、宪之世，山东旧族之势力尚在，士大夫社会礼法之观念仍存，词科进士放荡风流之行动，犹未为一般舆论所容许，如后来懿、僖之时者，故微之在凤翔之未近女色，乃地为之，而其在京、洛之不宿花丛，则时为之。是其自夸守礼多情之语，亦不可信也。抑更推言之，微之之贬江陵，实由忤触权贵阉宦。及其沦谪既久，忽尔变节，乃竟干谀近幸，致身通显，则其仕宦，亦与婚姻同一无节操之守，唯窥时趋势，以取利自肥耳。兹节录旧史，以资证明。《旧唐书》一六六《元稹传》（《新唐书》一七四《元稹传》略同）略云：

〔元和〕四年，奉使东蜀，劾奏故剑南东川节度使严砺违制擅赋。稹虽举职，而执政有与砺厚者恶之。使还，令分务东台。

河南尹房式为不法事，稹欲追摄，擅令停务。既飞表闻奏，罚式一月俸，仍召稹还京。宿敷水驿，内官刘士元后至，争厅。士元怒，排其户。稹袜而走厅后。士元追之，复以棰击稹，伤面。执政以稹少年后辈，务作威福，贬为江陵府士曹参军。荆南监军崔潭峻甚礼接稹，不以掾吏遇之。长庆初，潭峻归朝，(《新唐书》"归朝"作"方亲幸"，是。）出稹《连昌宫词》等百余篇奏御，穆宗大悦，由是极承恩顾。中人以潭峻之故，争与稹交，而知枢密魏弘简尤与稹相善。穆宗愈深知重。河东节度使裴度三上疏，言稹与弘简为刎颈之交，谋乱朝政，言甚激讦。穆宗顾中外人情，乃罢稹内职，授工部侍郎。上恩顾未衰，长庆二年拜平章事，诏下之日，朝野无不轻笑之。出稹为同州刺史，改授浙东观察使。〔大和〕三年九月，入为尚书左丞。振举纲纪，出郎官颇乖公议者七人。然以稹素无检操，人情不厌服。会宰相王播仓卒而卒，稹大为路岐经营相位。四年正月〔拜〕武昌军节度使，卒于镇。

故观微之一生仕宦之始末，适与其婚姻之关系正复符同。南北朝、唐代之社会，以仕、婚二事衡量人物。其是非虽可不置论，但今日吾侪取此二事以评定当日士大夫之操守品格，则贤不肖巧拙分别，固极了然也。

虽然，微之绝世之才士也，人品虽不足取，而文采有足多者焉。关于《莺莺传》，寅恪已别撰一文专论其事，故此从略，惟取艳诗及悼亡诸作略诠论之如下。所以先艳诗而后悼亡诸作者，以双文、成之二女与微之本人关系之先后为次序，而更以涉于裴柔之者附焉。至《梦游春》一诗，乃兼涉双文、成之者，故首论之。

《元氏长庆集》五六《唐故工部员外郎杜君墓系铭（并序）》略云：

> 至若铺陈终始，排比声韵，大或千言，次犹数百。词气豪迈而风调清深，属对律切而脱弃凡近，则李〔白〕尚不能历其藩翰，况堂奥乎？

取此与微之《上令孤楚启》（见《旧唐书》一六六《元稹传》）所谓"思深语近，韵律调新。属对无差，而风情宛然"及乐天"或为千言或五百言律诗以相投寄"者相参校，则知元白《梦游春》诗，实非寻常游戏之偶作，乃心仪浣花草堂之巨制，而为元和体之上乘，且可视作此类诗最佳之代表者也（见《附论（丁）〈元和体诗〉篇》）。

微之《梦游春》诗传诵已逾千载，其间自不免有所讹误。兹举一例言之，如"娇娃睡犹怒"之"娇娃"二字，甚难通解。据《尔雅·释畜》云："短喙，猲獢。"《全唐诗》第十五函元稹二七《春晓》云：

> 半欲天明半未明，醉闻花气睡闻莺。狌儿（寅恪案：今所见《才调集》诸本俱作"娃儿"。殷元勋、宋邦绥《笺注》本引《述异记》云"美女曰娃"，殊可笑也。）撼起钟声动，二十年前晓寺情。

及《杨太真外传》下（参《酉阳杂俎前集》一《忠志类》"天宝末交趾贡龙脑"条及《开元天宝遗事》下）略云：

> 昔上夏日与亲王棋，贵妃立于局前观之。上数枰子将输，贵妃

放康国猧子上局乱之。上大悦。

然则“猧儿”及“猧子”，“娇娃”即“獢猧”之讹。此种短喙小犬，乃今俗称“哈叭狗”者，原为闺阁中玩品。按之《梦游春》诗中所言情事，实相符合。又“娇娃睡犹怒”句，与上“鹦鹉饥乱鸣”句为对文，即以能言丽羽之慧禽与善怒短喙之小犬相映成趣。故“娇娃”为“獢猧”之讹写明矣。否则女娃何故睡时犹发怒耶？更有可注意者，双文所服之“夹缬”（详见下文）及所玩之猧儿，在玄宗时为宫禁珍贵希有之物品，非民间所能窥见。今则社会地位如双文者，在贞元间亦得畜用之。唐代文化之流布，与时代先后及社会阶层之关系，于此可见一斑矣。其余详见论乐天《新乐府·牡丹芳篇》，兹不多及。

《梦游春诗》（《才调集》五）中所述莺莺之妆束，如：

丛梳百叶髻，（原注云：时势头。）金蹙重台履。（原注云：踏殿样。）纰软钿头裙，（原注云：瑟瑟色。）玲珑合欢袴。（原注云：夹缬名。）鲜妍脂粉薄，暗淡衣裳故。

而《全唐诗》第十六函白居易一五《乐天和之》云：

风流薄梳洗，时世宽妆束。袖软异文绫，裾轻单丝縠。裙腰银线压，梳掌金筐蹙。带缬紫葡萄，绔花红石竹。

及《才调集》一白居易诗《江南喜逢萧九彻因话长安旧游戏赠五十韵》，其中摹写贞元间京师妇人妆饰诸句云：

时世高梳髻，风流淡作妆。戴花红石竹，帔晕紫槟榔。鬓动县蝉翼，钗垂小凤行。拂胸轻粉絮，暖手小香囊。

乃有时代性及写实性者，非同后人艳体诗之泛描，斯即前引微之

《叙诗寄乐天书》所谓：

近世妇人晕淡眉目，绾约头鬟，衣服修广之度及匹配色泽，尤剧怪艳。

者。又《白氏长庆集》二《和答诗序》云：

顷在科试间，常与足下同笔砚。每下笔时，辄相顾语。患其意太切而理太周。故理太周则辞繁，意太切则言激。然与足下为文，所长在于此，所病亦在于此。足下来《序》，果有辞犯文繁之说。今仆所和者犹前病也。待与足下相见日，各引所作，稍删其繁而晦其义焉。

夫长于用繁琐之词描写某一时代人物妆饰，正是小说能手。后世小说凡叙一重要人物出现时，必详述其服妆，亦犹斯义也。原注所云实贞元年间之时世妆。足见微之观察精密，记忆确切。若取与白香山《新乐府·上阳人》中所写之“天宝末年时世妆”之“小头鞋履窄衣裳，青黛点眉眉细长”者，固自不侔。即《时世妆》中所写“元和妆梳”之“腮不施朱面无粉，乌膏注唇唇似泥。双眉画作八字低”“圆鬟无鬓椎髻样，斜红不晕赭面状”者，亦仍有别。然则即此元白数句诗，亦可作社会风俗史料读也。

又“时势头”者，《才调集》五微之《有所教》诗云：

人人总解争时势，都大须看各自宜。

则“时势”者，即今日时髦之义，乃当日习用之语。但“时势头”则专指贞元末流行之一种时式头样也。

又“重台履”者，取义于重台花瓣，此处则专指莲花而言。如李德裕《会昌一品集别集》一有《重台芙蓉赋》，芙蓉即莲花也。

《国史补》下“苏州进藕”条云：

近多重台荷花，荷花上复生一花。

故取作履样之名，与潘妃步步生莲花之典相关，更为适合也。

又《唐语林》四《贤媛篇》引《因话录》云：

玄宗柳婕妤有才学，上甚重之。婕妤妹适赵氏，性巧慧，因使工镂板为杂花，象之而为夹结。因婕妤生日，献王皇后一匹。上见而赏之，因敕宫中依样制之。当时甚秘，后渐出，遍于天下，乃为至贱所服。

寅恪案：双文在贞元时，亦服夹缬袴。可征此种著品已流行一世，虽贱者亦得服之矣。

又《梦游春诗》中先后述双文、成之二女事，微之既云：

觉来八九年，不向花回顾。

及：

近作梦仙诗，（此指《才调集》五《全唐诗》第十五函元稹二七《梦昔时》诗言。）亦知劳肺腑。一梦何足云，良时事婚娶。

及：

虽云觉梦殊，同是终难驻。

而乐天亦云：

心惊睡易觉，梦断魂难续。

是俱以双文之因缘为梦幻不真，殊无足道。其所谓“存诚”“誓志”，亦徒虚言耳。故乐天和句云：

韦门女清贵，裴氏甥贤淑。

及：

刘阮心渐忘，潘杨意方睦。

乃真实语也。微之所以弃双文而娶成之，及乐天、公垂诸人之所以不以其事为非，正当时社会舆论道德之所容许，已于拙著《读〈莺莺传〉》详论之。兹所欲言者，则微之当日贞元、元和间社会，其进士词科之人，犹不敢如后来咸通、广明之放荡无忌，尽决藩篱。此所以“不向花回顾”及“未曾花里宿”者也。但微之因当时社会一部分尚沿袭北朝以来重门第婚姻之旧风，故亦利用之，而乐于去旧就新，名实兼得。然则微之乘此社会不同之道德标准及习俗并存杂用之时，自私自利。综其一生行迹，巧宦固不待言，而巧婚尤为可恶也。岂其多情哉？实多诈而已矣。

复次，其最言之无忌惮，且为与双文关系之实录者，莫如《才调集》五所录之《古决绝词》（参《全唐诗》第十五函元稹二七），其一云：

春风撩乱百劳语，况是此时抛去时。握手苦相问，竟不言后期。君情既决绝，妾意亦参差。借如死生别，安得长苦悲。

据此，双文非负微之，微之实先负之，而微之所以敢言之无忌惮者，当时社会不以弃绝此类妇人如双文者为非，所谓“一梦何足云”者也。

其二云：

矧桃李之当春，竞众人而攀折。我自顾悠悠而若云，（《云溪友议》下“艳阳词”条，引微之赠裴氏诗云：“嫁得浮云婿，相随即是家。”微之一生对于男女关系之观念，无论何人，终不改易其悠悠若云之意也。噫！）又安能保君皑皑（《全唐诗》作

“皑皑”）之如雪。

又云：

幸它人之(《全唐诗》“之”字下多“既”字）不我先，又安能后(《全唐诗》作“使”）它人之(《全唐诗》“之”字下多“终”字）不我夺。已焉哉，织女别黄姑。一年一度暂相见，彼此隔河何事无。

呜呼，微之之薄情多疑，无待论矣。然读者于此诗，可以决定莺莺在当日社会上之地位，微之之所以敢始乱而终弃之者，可以了然矣。

其三云：

一去又一年，一年何可彻。有此迢递期，不如死生别。天公隔是妒相怜，何不便教相决绝。

观于此诗，则知微之所以弃双文，盖筹之熟思之精矣。然此可以知微之之为忍人，及至有心计之人也。其后来巧宦热中，位至将相，以富贵终其身，岂偶然哉？

复次，微之《梦游春》自传之诗，与近日研究《红楼梦》之“微言大义”派所言者，有可参证者焉。昔王静安先生论《红楼梦》，其释“秉风情，擅月貌，便是败家的根本”，意谓风情、月貌为天性所赋，而终不能不败家者，乃人性与社会之冲突。其旨与西土亚历斯多德之论悲剧，及卢梭之第雄论文暗合。其实微之之为人，乃合甄贾宝玉于一人。其婚姻则同于贾，而仕宦则符于甄。观《梦游春》诗自述其仕宦云：

宠荣非不早，邅回亦云屡。直气在膏肓，氛氲日沉痼。不言意不快，快意言多忤。忤诚人所贼，性亦天之付。乍可沉为香，不能浮作瓠。

是亦谓己之生性与社会冲突，终致邅回而不自悔。推类而言，以仕例婚，则委弃寒女，缔姻高门。虽缱绻故欢，形诸吟咏，然卒不能不始乱终弃者，社会环境实有以助成之，是亦人性与社会之冲突也。惟微之于仕则言性与人忤，而于婚则不语及者。盖弃寒女婚高门，乃当时社会道德舆论之所容许，而视为当然之事，遂不见其性与人之冲突故也。吾国小说之言男女爱情、生死离合，与社会之关系，要不出微之此诗范围，因并附论之于此，或者可供好事者之研讨耶？

《才调集》五所录微之艳诗中如《恨妆成》云：

晓日穿隙明，开帷理妆点。傅粉贵重重，施朱怜冉冉。柔鬟背额垂，丛鬓随钗敛。凝翠晕蛾眉，轻红拂花脸。满头行小梳，当面施圆靥。最恨落花时，妆成犹披掩。

《离思六首》之二云：

自爱残妆晓镜中，镮钗慢篸绿丝丛。须臾日射燕脂颊，一朵红酥旋欲融。

及其三云：

红罗著压逐时新，吉了花纱嫩曲尘。第一莫嫌材地弱，些些纰慢最宜人。

又《有所教》云：

莫画长眉画短眉，斜红伤竖莫伤垂。（寅恪案：此两句乃当日时势妆，即《时世妆》之教条也。）人人总解争时势，都大须看各自宜。

皆微之描写其所谓：

近世妇人晕淡眉目，绾约头鬟。衣服修广之度及匹配色泽，尤剧怪艳。

者也。至《恨妆成》所谓“轻红拂花脸”及《有所教》所谓“斜红伤竖莫伤垂”者，与元和时世妆之“斜红不晕赭面（赭面即吐蕃。见《新乐府章·时世妆篇》）状”者不同，而《有所教》所谓“短眉”，复较天宝宫人之细画长眉者有异矣。“人人总解争时势”者，人人虽争为入时之化妆，然非有双文之姿态，则不相宜也。然则微之能言个性适宜之旨，亦美术化妆之能手、言情小说之名家。“元才子”之称，足以当之无愧也。

复次，乐天《和梦游春》诗结句云：

法句与心王，期君日三复。

自注云：

微之常以《法句》及《心王头陀经》相示，故申言以卒其志也。

寅恪案：《白氏长庆集》二《和答诗·思归乐》云：

心付头陀经。

即此诗自注所谓《心王头陀经》者也。寅恪少读乐天此诗，遍检佛藏，不见所谓《心王头陀经》者，颇以为恨。近岁始见伦敦博物院藏斯坦因号二四七四《佛为心王菩萨说投陀经》卷上，五阴山室寺惠辨禅师注残本(《大正续藏》二八八六号)，乃一至浅俗之书，为中土所伪造者。至于《法句经》，亦非吾国古来相传旧译之本，乃别是一书，即伦敦博物院藏斯坦因号二〇二一《佛说法句经》（又中村不折藏敦煌写本，《大正续藏》二九〇一号），及巴黎国民图书馆藏伯希和号二三二五《法句经疏》（《大正续藏》二九〇二号），此书亦是浅俗伪造之经。夫元白二公自许禅梵之学，叮咛反复于此二经。今日得见此二书，其浅陋鄙俚如此，则二公之佛学造诣可以推知矣。

吾国文学，自来以礼法顾忌之故，不敢多言男女间关系，而于正式男女关系如夫妇者，尤少涉及。盖闺房燕昵之情意、家庭米盐之琐屑，大抵不列载于篇章，惟以笼统之词，概括言之而已。此后来沈三白《浮生六记》之《闺房记乐》，所以为例外创作，然其时代已距今较近矣。

微之天才也。文笔极详繁切至之能事，既能于非正式男女间关系如与莺莺之因缘，详尽言之于会真诗传，则亦可推之于正式男女间关系如韦氏者，抒其情，写其事，缠绵哀感，遂成古今悼亡诗一体之绝唱，实由其特具写小说之繁详天才所致，殊非偶然也。

关于莺莺氏族问题，下附《读〈莺莺传〉》已略论及，谓唐代女子颇有以“九九”为名者，引《才调集》五《代九九》之诗为例证，兹复检《才调集》五、《全唐诗》第十五函元稹二七有《曹十九舞绿钿》一诗，颇疑曹十九之“十”乃“九”之讹。若所揣测者不误，则《北梦琐言》五“中书蕃人事”条云：

> 唐自大中至咸通，白中令入拜相，次毕相諴、曹相确、罗相劭，权使相也，继升岩廊。崔相慎猷曰：“可以归矣，近日中书尽是蕃人。”盖以毕、白、曹、罗为蕃姓也。

据是，此女姓曹名九九，殆亦出于中亚种族。考吾国自汉以来之史籍所载述，中亚胡人善于酿酒，如《晋书》一二二《吕光传》略云：

〔吕〕光入其城（龟兹），大飨将士。胡人奢侈，厚于养生，家有蒲桃酒，或至千斛，经十年不败，士卒沦没酒藏者相继矣。

又胡姬姝丽，如《玉台新咏》一辛延年《羽林郎诗》云：

昔有霍家姝，（丁福保编《全汉三国晋南北朝诗》注云：古时士之美者曰姝，如《干旄》之诗称“彼姝者子”，是。后世选本改“姝”为“奴”，非是。）姓冯名子都。依倚将军势，调笑酒家胡。胡姬年十五，春日独当垆。长裾连理带，广袖合欢襦。头上蓝田玉，耳后大秦珠。两鬟何窕窕，一世良所无。

然则自汉至唐，吾国产名酒之地多是中亚胡族聚居区域。第二章《琵琶引》论琵琶女所居之长安虾蟆陵，乃产郎官清名酒之地。此女之又善弹琵琶，故疑此女当是辛延年诗所谓“酒家胡”之类。若所揣测者不误，则《水经注》四“河水又南过蒲坂县西”条略云：

〔河东〕郡多流杂，谓之徙民。民有姓刘名堕者，宿擅工酿，采挹河流，酝成芳酎，排于桑落之辰，故酒得其名矣。

《庾子山集》五《就蒲州刺史乞酒》诗云：

蒲城桑叶落，灞岸菊花秋。愿持河朔饮，分劝东陵侯。

及《国史补》下“叙酒名著者”条略云：

酒〔云名品〕则有河东之乾和蒲萄。

则莺莺所居之蒲州，唐代以前已是中亚胡族聚居之地，可以证明。中亚胡族，肤色白皙，特异于汉族。今观《才调集》五元稹《离思六首》之六“寻常百种花齐发，偏摘梨花与白人”，则莺莺之肤色白皙可证。由是而言，就莺莺所居之地域及姓名并善音乐等条件观之，似有辛延年诗所谓“酒家胡”之嫌疑也。兹姑妄言之，读者倘亦姑妄听之耶?

或谓杨贵妃原出隋代河中观王雄之族，观王家庭妾媵中殊有就地娶中亚酒家胡之可能。果尔，则《长恨歌》中“尽日君王看不足”之《霓裳羽衣舞》，即本自中亚流行之婆罗门舞。又“梨花一枝春带雨”之“梨花”即“偏摘梨花与白人”之“梨花”。此歌两句皆有着落，不同泛语。斯说未有确据，不得视为定论，聊记于此，以资谈助云耳。

论艳体诗竟，请论悼亡诗。

今本《元氏长庆集》九第一首《夜闲》题下注云：

此后并悼亡。

考程大昌《演繁露》六云：

《元稹集》一三《听庾及之弹乌夜啼引》云云。

程氏所见《元集》卷帙，虽与今本次第不同，然实与宋建本符合（详见涵芬楼影印明本后所附校文）。

南宋乾道四年洪适重刊北宋宣和六年刘麟编辑之六十卷本《跋》云：

今之所编，又律吕乖次。惜矣，旧规之不能存也。

《新唐书》六〇《艺文志·别集类》所著《元氏长庆集》一百

卷，又小集十卷，传至宋代，亡佚已多。故韦縠《才调集》五所收微之诗，俱在六十卷本外也。今日本内阁文库所藏《元氏长庆集》仅有残叶，不知如何，亦未能取校。但详绎今本第九卷内诸诗所言节候景物，似亦与微之当日所赋之年月先后颇相符合，谅此卷诸作犹存旧规。此点殊为重要，盖与解释疑滞有关故也。

如此卷第一首《夜闲》云：

秋月满床明。

第二首《感小株夜合》云：

不分秋同尽，深嗟小便衰。伤心落残叶，犹识合昏期。

第三首《醉醒》不涉节候景物，未能有所论断，第四首《追昔游》云：

再来门馆唯相吊，风落秋池红叶多。

皆秋季景物也。《昌黎集》二四《监察御史元君妻京兆韦氏夫人墓志铭》云：

〔夫人〕以元和四年七月九日卒。

知此数诗，皆韦氏新逝后，即元和四年秋季所作也。

又第五首《空屋题》（原注云：十月十四日夜）云：

朝从空屋里，骑马入空台。尽日推闲事，还归空屋来。月明穿暗隙，灯烬落残灰。更想咸阳道，魂车昨夜回。

《白氏长庆集》一四《感元九悼亡诗因为代答三首》之二《答骑马入空台》云：

君入空台去，朝往暮还来。我入泉台去，泉门无复开。鳏夫仍系职，稚女未胜哀。寂寞咸阳道，家人覆墓回。

昌黎《韦氏墓志》云：

其年（元和四年）十月十三日葬咸阳，从先舅姑兆。

故微之于元和四年十月十四日夜赋诗云：

更想咸阳道，魂车昨夜回。

也。白乐天《代答诗》云：

鳏夫仍系职。

又云：

家人覆墓回。

微之《琵琶歌》（《元氏长庆集》二六）云：

去年御史留东台，公私蹙促颜不开。

可知韦氏之葬于咸阳，微之尚在洛阳，为职务羁绊，未能躬往，仅遣家人营葬也。

其第六首为《初寒夜寄（卢）子蒙》。其第七首《城外回谢子蒙见谕》有句云：

寒烟半床影，烬火满庭灰。

第八首《谕子蒙》及第九、第十、第十一《三遣悲怀》三首，俱无专言季候景物之句，不易推定其作成之时日。而第十二首《旅眠》云：

夜眠兼客坐，同在火炉床。

及第十三首《除夜》云：

忆昔岁除夜，见君花烛前。今宵祝文上，重叠叙新年。闲处低声哭，空堂背月眠。伤心小男女，撩乱火堆边。

则皆微之于元和四年所作之悼亡诗也。

其第十四首《感梦》云：

行吟坐叹知何极，影绝魂销动隔年。今夜商山馆中梦，分明同在后堂前。

案：《元氏长庆集》一九《桐孙诗序》略云：

元和五年予贬掾江陵，三月二十四日宿曾峰馆。山月晓时，见桐花满地，因有八韵寄白翰林诗。及今六年，诏许西归，感念前事，因题旧诗，仍赋《桐孙诗》一绝。又不知几何年，复来商山道中。元和十年正月题。

故此诗为元和五年三月贬江陵道中所作。

其第十五首《合衣寝》，第十六首《竹簟》，第十七首《听庾及之弹乌夜啼引》，第十八首《梦井》，第十九首、第二十首、第二十一首《江陵三梦三首》，第二十二首《张旧蚊帱》，第二十三首《独夜伤怀赠呈张侍御》，疑皆微之在江陵所作。其第二十四至第三十一《六年春遣怀八首》，则元和六年在江陵所作。其第三十二首《答友封见赠》，疑亦此时所作。至第三十三首《梦成之》云：

烛暗船风独梦惊，梦君频问向南行。觉来不语到明坐，一夜洞庭湖水声。

则疑是元和九年春之作。何以言之？《元氏长庆集》一八《卢头陀诗序》云：

元和九年张中丞（正甫）领潭之岁，予拜张公于潭。

同集二六《何满子歌》云：

我来湖外拜君侯，正值灰飞仲春琯。

盖微之于役潭州，故有“船风”、“南行”及“洞庭湖水”之语也。

以上所列《元氏长庆集》第九卷悼亡诗中有关韦氏之作，共三十三首。就其年月先后之可考知者言之，似其排编之次第与作成之先后均甚相符，此可注意者也。夫微之悼亡诗中其最为世所传诵者，莫若《三遣悲怀》之七律三首。寅恪昔年读其第一首“今日俸钱过十万”之句，而不得其解，因妄有考辨。由今观之，所言实多谬误（见一九三五年《清华学报》拙著《元微之〈遣悲怀诗〉之原题及其次序》）。然今日亦未能别具胜解。故守“不知为不知”之训，姑阙疑以俟再考。

复次，取微之悼亡诗中所写之成之，与其艳体诗中所写之双文相比较，则知成之为治家之贤妇，而双文乃绝艺之才女，其《莺莺传》云：

崔氏甚工刀札，善属文。求索再三，终不可见。往往张生自以文挑，亦不甚睹览。

虽《传》中所载双文之一书二诗，或不免经微之之修改，但以辞旨观之，必出女子之手，微之不能尽为代作，故所言却可信也。其于成之，则《元氏长庆集》六《六年春遣怀八首》之二云：

检得旧书三四纸，高低阔狭粗成行。

可知成之非工刀札善属文者。故《白氏长庆集》六一《河南元公墓志铭》亦止云：

前夫人韦氏懿淑有闻。

而已。即善于谀墓之韩退之，其《昌黎集》二四《成之墓志铭》，但夸韦氏姻族门第之盛，而不及其长于文艺，成之为人，从可知矣。又《元氏长庆集》九《听庾及之弹乌夜啼引》云：

四五年前作拾遗，谏书不密丞相知。谪官诏下吏驱遣，身作囚拘妻在远。归来相见泪如珠，唯说闲宵长拜乌。今君到舍是乌力，妆点乌盘邀女巫。

夫拜乌迷信，固当时风俗，但成之如此，实不能免世俗妇女之讥。观《元氏长庆集》一《大觜乌》诗，极论巫假乌以惑人之害，则微之本亦深鄙痛恶此迷信。其不言韦氏之才识，以默证法推之，韦氏殆一寻常妇女，非双文之高才绝艳可比，自无疑义也。唯其如是，凡微之关于韦氏悼亡之诗，皆只述其安贫治家之事，而不旁涉其他。专就贫贱夫妻实写，而无溢美之词，所以情文并佳，遂成千古之名著。非微之之天才卓越，善于属文，断难臻此也。若更取其继配裴氏以较韦氏，则裴氏稍知文墨，如《元氏长庆集》一二《酬乐天东南行诗一百韵序》云：

通之人莫知言诗者，唯妻淑在旁，知状。

盖语外之意，裴柔之亦可与言诗也。而范摅《云溪友议》下“艳阳词”条亦载微之于出镇武昌时曾与柔之相为赠答，亦是一证。至范氏又以为韦、裴二夫人俱有才思，则未可尽信。

又乐天于《微之墓志铭》虽亦云：

今夫人河东裴氏，贤明有礼，有辅佐君子之劳，封河东郡君。

而《元氏长庆集》二二《初除浙东妻有阻色因以四韵晓之》云：

嫁时五月归巴地，今日双旌上越州。兴庆首行千命妇，（自注云：“予在中书日，妻以郡君朝太后于兴庆宫，猥为班首。”）会稽旁带六诸侯。海楼翡翠闲相逐，镜水鸳鸯暖共游。我有主恩羞未报，君于此外更何求。

案：微之此诗，词虽美而情可鄙，夫不乐去近甸而就遐藩，固亦人情之恒态，何足深责？而裴氏之渴慕虚荣，似不及韦氏之能安守贫贱，自可据此推知。然则微之为成之所作悼亡诸诗，所以特为佳作者，直以韦氏之不好虚荣，微之之尚未富贵。贫贱夫妻，关系纯洁，因能措意遣词，悉为真实之故。夫唯真实，遂造诣独绝欤？

附：读《莺莺传》

《太平广记》四八八《杂传记类》载有元稹《莺莺传》，即世称为《会真记》者也。《会真记》之名由于传中张生所赋及元稹所续之《会真诗》。其实“会真”一名词，亦当时习用之语。今《道藏》夜字号有唐元和十年进士洪州施肩吾（字希圣）《西山群仙会真记》五卷，李竦所编。（又有《会真集》五卷，超然子王志昌撰。）姚鼐以为书中引海蟾子刘操，而操乃辽燕山人，故其书当是金元间道流依托为之者（见所撰《四库书目提要》）。鄙意则谓其书本非肩吾自编，其中杂有后人依托之处，固不足怪，但其书实无甚可观，因亦不欲多论。兹所欲言者，仅为“会真”之名究是何义一端而已。庄子称关尹、老聃为博大真人(《天下篇》语)，后来因有“真诰”“真经”诸名。故“真”字即与“仙”字同义，而“会真”即遇仙或游仙之谓也。又六朝人已侈谈仙女杜兰香、萼绿华之世缘，流传至于唐代，仙（女性）之一名，遂多用作妖艳妇人，或风流放诞之女道士之代称，亦竟有以之目倡伎者。其例证不遑悉举，即就《全唐诗》一八所收施肩吾诗言之，如《及第后夜访月仙子》云：

自喜寻幽夜，新当及第年。还将天上桂，来访月中仙。

及《赠仙子》云：

欲令雪貌带红芳，更取金瓶泻玉浆。凤管鹤声来未足，懒眠秋月忆萧郎。

即是一例。而唐代进士贡举与倡伎之密切关系，观孙棨《北里志》及韩偓《香奁集》之类，又可证知。（致尧《自序》中“大盗入关”之语，实指黄巢破长安而言，非谓朱全忠也。震钧所编之《年谱》殊误，寅恪别有辨证，兹不赘论。）然则仙（女性）字在唐人美文学中之涵义及“会真”二字之界说既得确定，于是《莺莺传》中之莺莺究为当时社会中何等人物，及微之所以敢作此文自叙之主旨，与夫后人所持解释之妄谬，皆可因以一一考实辨明矣。

赵德麟《侯鲭录》五载王性之《辨传奇莺莺事》略云：

清源庄季裕为仆言，友人杨阜公尝得微之所作姨母《郑氏墓志》云：其既丧夫，遭军乱，微之为保护其家备至。则所谓传奇者，盖微之自叙，特假他姓以自避耳。仆退而考微之《长庆集》，不见所谓《郑氏志》文。岂仆家所收未完，或别有他本尔？又微之作《陆氏姊志》云：予外祖父授睦州刺史郑济。白乐天作微之母《郑夫人志》，亦言郑济女。而唐《崔氏谱》：永宁尉鹏亦娶郑济女。则莺莺者，乃崔鹏之女，于微之为中表。正传奇所谓郑氏为异派之从母者也。可验决为微之无疑。然必更以张生者，岂元与张受命姓氏本同所自出耶？（原注云：“张姓出黄帝之后，元姓亦然。后为拓拔氏，后魏有国，改号元氏。”）

寅恪案：《莺莺传》为微之自叙之作，其所谓张生即微之之化名，此固无可疑。然微之之所以更为张姓，则殊不易解。《新唐书》一二五《张说传》云：

（武）后尝问，诸儒言氏族皆本炎黄之裔，则上古乃无百姓乎？

武后之语颇为幽默。夫后世氏族之托始于黄帝者亦多矣。元氏之易为张氏，若仅以同出黄帝之故，则可改之姓甚众，不知微之何以必有取于张氏也。故王性之说之不可通，无俟详辨。鄙意微之文中男女主人之姓氏，皆仍用前人著述之旧贯。此为会真之事，故袭取微之以前最流行之“会真”类小说，即张文成《游仙窟》中男女主人之旧称。如后来剧曲中王魁、梅香，小说张千、李万之比。此本古今文学中之常例也。夫《游仙窟》之作者张文成，自谓奉使河源，于积石山窟得遇崔十娘等。其故事之演成，实取材于博望侯旧事，故文成不可改易其真姓。且《游仙窟》之书，乃直述本身事实之作。如：

下官答曰，前被宾贡，已入甲科。后属搜扬，又蒙高第。奉敕授关内道小县尉。（寅恪案：即指宁州襄乐尉而言。）

等语，即是其例。但崔十娘等则非真姓，而其所以假托为崔者，盖由崔氏为北朝隋唐之第一高门。故崔娘之称，实与其他文学作品所谓萧娘者相同。不过一属江左高门，一是山东甲族。南北之地域虽殊，其为社会上贵妇人之泛称，则无少异也。又杨巨源咏元微之“会真”事诗（《全唐诗》第十二函杨巨源《崔娘诗》，当即从《莺莺传》录出）云：

清润潘郎玉不如，中庭蕙草雪消初。风流才子多春思，肠断萧娘一纸书。

杨《诗》之所谓萧娘，即指元《传》之崔女，两者俱是使用典故也。倘泥执元《传》之崔姓，而穿凿搜寻一崔姓之妇人以实之，则与拘持杨诗之萧姓，以为真是兰陵之贵女者，岂非同一可笑之事耶？（莺莺虽非真名，然其真名为复字，则可断言。鄙意唐代女子颇有以“九九”为名者。如《才调集》五及《全唐诗》第十五函元稹二七诗中有《代九九》一题，即是其例。“九九”二字之古音与莺鸟鸣声相近，又为复字，故微之取之，以暗指其情人，自是可能之事。惜未得确证，姑妄言之，附识于此，以博通人之一笑也。）

又观于微之自叙此段因缘之别一诗，即《才调集》五《梦游春》云：

> 昔岁梦游春，梦游何所遇。梦入深洞中，果遂平生趣。清泠浅漫流，画舫兰篙渡。过尽万株桃，盘旋竹林路。

及白乐天和此诗(《白氏长庆集》一四）云：

> 昔君梦游春，梦游仙山曲。恍若有所遇，似惬平生欲。因寻昌蒲水，渐入桃花谷。

则似与张文成所写《游仙窟》之窟及其《桃李涧》之桃亦有冥会之处。盖微之袭用文成旧本以作《传》文，固乐天之所谂知者也，然则世人搜求崔氏家谱以求合，伪造《郑氏墓志》以证妄，不仅痴人说梦为可怜，抑且好事欺人为可恶矣。

夫莺莺虽不姓崔，或者真如《传》文所言乃郑氏之所出，而微之异派从母之女耶？据《白氏长庆集》二五《唐河南元府君夫人荥阳郑氏（则微之之母）墓志铭》略云：

> 夫人父讳济，睦州刺史，夫人睦州次女也。其出范阳卢氏。天下有五甲姓，荥阳郑氏居其一。郑之勋德、官爵有国史在，郑之源流、婚媾有家牒在。

夫谀墓之文纵有溢美，而微之母氏出于士族，自应可信。然微之《梦游春》诗叙其与莺莺一段因缘有：

> 我到看花时，但作怀仙句。（此指《才调集》五、《全唐诗》第十五函元稹二七《杂忆五首》诗言。）浮生转经历，道性尤

坚固。近作梦仙诗，（寅恪案：此指《才调集》五、《全唐诗》第十五函元稹二七《梦昔时》诗言。所谓仙者，其定义必如上文所言乃妖冶之妇人，非高门之庄女可知也。）亦知劳肺腑。一梦何足云，良时事婚娶。

之语，白乐天和此诗，其《序》亦云：

重为足下陈梦游之中所以甚感者，叙婚仕之际所以至感者。

其诗复略云：

心惊睡易觉，梦断魂难续。鸾歌不重闻，凤兆从兹卜。韦门女清贵，裴氏甥贤淑。

又《韩昌黎集》二四《监察御史元君妻京兆韦氏夫人（即微之元配）墓志铭》略云：

仆射〔韦夏卿〕娶裴氏皋女，皋父宰相耀卿。夫人于仆射为季女，爱之，选婿得今御史河南元稹。铭曰：诗歌硕人，爰叙宗亲。女子之事，有以荣身。夫人之先，累公累卿。有赫外祖，相我唐明。

据元白之诗意，俱以一梦取譬于莺莺之因缘，而视为不足道。复观昌黎之《志》文，盛夸韦氏姻族之显赫，益可见韦丛与莺莺之差别，在社会地位、门第高下而已。然则莺莺所出必非高门，实无可疑也。唐世倡伎往往谬托高门，如《太平广记》四八七《杂传记类》蒋防所撰《霍小玉传》略云：

大历中，陇西李生名益，以进士擢第。其明年拔萃，俟试于天官。夏六月至长安，每自矜风调，思得佳偶，博求名妓，久而未谐。长安有媒鲍十一娘至曰，有一仙人，（寅恪案：此即唐

> 代社会之所谓仙人也。）谪在下界。生问其名居，鲍具说曰：“故霍王小女，字小玉，王甚爱之。母曰净持，即王之宠婢也。王之初薨，诸弟兄以其出自贱庶，不甚收录。因分与资财，遣居于外，易姓为郑氏。”

及范摅《云溪友议》上“舞娥异”条（参《唐语林》四《豪爽类》）略云：

> 李八座翱，潭州席上有舞柘枝者，匪疾而颜色忧悴。诘其事，乃故苏台韦中丞爱姬所生之女也。（原注：“夏卿之胤，正卿之侄。”寅恪案：微之妻父韦夏卿事迹可参《吕和叔文集》六《韦公神道碑》，而《两唐书·韦夏卿本传》俱不甚详也。考韦夏卿卒于元和元年，李翱之为湖南观察使在大和七八年，相去二十八九年，即使此人真为夏卿之遗腹女，其年当近三十矣。岂唐代亦多如是之老大舞女耶？可发一笑。）亚相〔李翱〕曰：“吾与韦族其姻旧矣。”遂于宾榻中选士而嫁之也。

皆是其例。盖当日之人姑妄言之，亦姑妄听之，并非郑重视之，以为实有其事也。

若莺莺果出高门甲族，则微之无事更婚韦氏。惟其非名家之女，舍之而别娶，乃可见谅于时人。盖唐代社会承南北朝之旧俗，通以二事评量人品之高下。此二事，一曰婚，二曰宦。凡婚而不娶名家女，与仕而不由清望官，俱为社会所不齿。此类例证甚众，且为治史者所习知，故兹不具论。但明乎此，则微之所以作《莺莺传》，直叙其自身始乱终弃之事迹，绝不为之少惭，或略讳者，即职是故也。其友人杨巨源、李绅、白居易亦知之，而不以为非者，舍弃寒女，而别婚高门，当日社会所公认之正当行为也。否则微之为极热中巧宦之人，值其初具羽毛，欲以直声升朝之际，岂肯作此贻人口实之文，广为流播，以自阻其进取之路哉？

抑更有可论者，近人据《新唐书》二〇三《崔元翰传》略云：

> 崔元翰名鹏，以字行，举进士，博学宏辞、贤良方正，皆异等。义成李勉表为幕府，马燧更表为太原掌书记，召拜礼部员外郎。窦参秉政，引知制诰，罢为比部郎中，时已七十余。卒。

王性之据《崔氏谱》云“永宁尉鹏亦娶郑济女”，则莺莺者乃崔鹏女，于微之为中表。应推得一结论，谓莺莺即崔元翰女。检宋子京作《新唐书·崔元翰传》，实采用《权载之文集》三三《唐尚书比部郎中博陵崔元翰文集序》（参姚铉《唐文粹》九二及《全唐文》四八九）。其文云：

> 考某，以经明历卫州汲县尉、虢州湖城主簿。亲没，遂不复仕。〔元翰〕洎博学宏词，直言极谏，凡三登甲科，名动天下。初自典校秘书，连辟汧公北平王司徒府管奏记之职，历太常寺协律郎、大理评事，锡以命服登朝，为太常博士、礼部员外郎。贞元七年春，转职方员外郎，知制诰。八年冬，罢为比部郎中。十一年夏，寝疾不起。

夫权氏《崔元翰集序》载元翰父良佐及元翰本人所历官职极为详尽。《崔氏谱》谓崔鹏为永宁尉，与权氏所载元翰父及元翰本身所历官职皆不符合。故莺莺之非良佐或元翰之女可知。至元翰之所以改其初名鹏，而以字行者，乃特避其族人中之同名耳。又《新唐书》七二下《宰相世系表》有清河崔鹏之名，今《全唐文》八〇四有崔鹏之文一篇，但此崔鹏为懿宗咸通时人，实与王性之所谓永宁尉崔鹏者绝无关系。由是言之，《新唐书·崔元翰传》采用权德舆《崔元翰文集序》，不但可以证明莺莺非元翰之女，亦可推知《崔氏谱》之永宁尉崔鹏实与莺莺绝无关涉也。

复次，此《传》之文词亦有可略言者，即唐代贞元、元和时小说之创造，实与古文运动有密切关系是也。其关于韩退之者，已别有论证，兹不重及。其实当时致力古文，而思有所变革者，并不限于昌黎一派。元白二公亦当日主张复古之健者。不过宗尚稍不同，影响亦因之有别，后来遂湮没不显耳。

《旧唐书》一六六《元稹白居易合传》论略云：

> 史臣曰，国初开文馆，高宗礼茂才。虞、许擅价于前，苏、李驰声于后。或位升台鼎，学际天人，润色之文，咸布编集。然而向古者伤于太僻，徇华者或至不经，龌龊者局于宫商，放纵者流于郑卫。若品调律度，扬榷古今，贤不肖皆赏其文，未如元白之盛也。昔建安才子，始定霸于曹、刘；永明辞宗，先让功于沈、谢。元和主盟，微之乐天而已。臣观元之制策、白之奏议，极文章之壸奥，尽治乱之根荄。
>
> 赞曰：文章新体，建安永明。沈谢既往，元白挺生。

寅恪案：《旧唐书》之议论，乃代表通常意见。观于韩愈，虽受裴度之知赏，而退之之文转不能满晋公之意（见《唐文粹》八四裴度《寄李翱书》）。及《旧唐书》一六〇《韩愈传》，于其为文，颇有贬词者，其故可推知矣。是以在当时一般人心目中，元和一代文章正宗，应推元白，而非韩柳，与欧宋重修《唐书》时，其评价迥不相同也。

又《元氏长庆集》四〇《制诰序》云：

> 元和十五年，余始以祠部郎中知制诰，初约束不暇。及后累月，辄以古道干丞相，丞相信然之。又明年，召入禁林，专掌内命。上好文，一日从容议及此。上曰："通事舍人不知书便其宜，宣赞之外无不可。自是司言之臣皆得追用古道，不从中覆。"然而余所宣行者，文不能自足其意，率皆浅近，无以变例，追而序之，盖所以表明天子之复古，而张后来者之趣向耳。

《全唐诗》第十六函白居易二三（汪立名本《白香山诗后集》六）《微之整集旧诗及文笔为百轴以七言长句酬乐天乐天次韵酬之余思未尽加为六韵》诗云：

> 制从长庆词高古。

自注云：

> 微之长庆初知制诰，文格高古。始变俗体，继者效之也。

寅恪案：今《白氏长庆集》中书制诰有"旧体""新体"之分别。其所谓"新体"，即微之所主张，而乐天所从同之复古改良公式文字新体也。

《唐摭言》五"切磋"条略云：

> 韩文公著《毛颖传》，好博簺之戏。张水部以书劝之曰："比见执事多尚驳杂无实之说，使人陈之于前以为欢。此有累于令德。"

《毛颖传》者，昌黎摹拟《史记》之文，盖以古文试作小说，而未能甚成功者也。微之《莺莺传》，则似摹拟《左传》，亦以古文试作小说，而真能成功者也。盖《莺莺传》乃自叙之文，有真情实事；《毛颖传》则纯为游戏之笔，其感人之程度本应有别。夫小说宜详，韩作过简。《毛颖传》之不及《莺莺传》，此亦为一主因。观《昌黎集》中尚别有一篇以古文作小说而成功之绝妙文字，即《石鼎联句诗序》(《昌黎集》二一)。朱子《韩文考异》六论此篇云：

> 今按，方本简严，诸本重复。然简严者似于事理有所未尽，而重复者乃能见其曲折之详。

《白氏长庆集》二《和答诗序》云：

> 顷者在科试间常与足下（微之）同笔砚。每下笔时，辄相顾语，患其意太切而理太周。故理太周则辞繁，意太切则言激。然与足下为文，所长在于此，所病亦在于此。足下来《序》果有词犯文繁之说。今仆所和者犹前病也。待与足下相见日，各引所作，稍删其繁而晦其义焉。

据此，微之之文繁，则作小说正用其所长，宜其优出退之之上也。

唐代古文运动巨子，虽以古文试作小说而能成功，然公式文字，六朝以降，本以骈体为正宗。西魏北周之时，曾一度复古，旋即废除。在昌黎平生著作中，《平淮西碑》文(《昌黎集》三〇）乃一篇极意写成之古文体公式文字，诚可称勇敢之改革，然此文终遭废弃。夫段墨卿之改作(《唐文粹》五九)，其文学价值较原作如何及韩文所以磨易之故，乃属于别种问题，兹不必论。唯就改革当时公式文字一端言，则昌黎失败，而微之成功，可无疑也。至于北宋继昌黎古文运动之欧阳永叔为翰林学士，亦不能变公式文之骈体。司马君实竟以不能为四六文辞知内制之命。然则朝廷公式文体之变革，其难若是。微之于此，信乎卓尔不群矣。

复次，《莺莺传》中张生忍情之说一节，今人视之既最为可厌，亦不能解其真意所在。夫微之善于为文者也，何为著此一段迂矫议论耶？考赵彦卫《云麓漫钞》八云：

> 唐之举人先借当世显人，以姓名达之主司，然后以所业投献，逾数日又投，谓之温卷。如《幽怪录》传奇等皆是也。盖此等文备众体，可以见史才、诗笔、议论。

据此，小说之文宜备众体。《莺莺传》中忍情之说，即所谓议论；《会真》等诗，即所谓诗笔；叙述离合悲欢，即所谓史才。皆当日小说文中不得不备具者也。

至于《传》中所载诸事迹经王性之考证者外，其他若普救寺，寅恪取道宣《续高僧传》二九《兴福篇·唐蒲州普救寺释道积传》，又浑瑊及杜确事，取《旧唐书》一三《德宗纪》“贞元十五年十二月庚午”及“丁酉”诸条参校之，信为实录。然则此《传》亦是贞元朝之良史料，不仅为唐代小说之杰作已也。

第五章　新乐府

元白《集》中俱有新乐府之作，而乐天所作尤胜于元，洵唐代诗中之巨制，吾国文学史上之盛业也。以作品言，乐天之成就造诣，不独非微之所及，且为微之后来所仿效（见《白氏长庆集》一六《编集拙诗成一十五卷因题卷末戏赠元九李二十》诗自注）。但以创造此体诗之理论言，则见于《元氏长庆集》者，似尚较乐天自言者为详。故兹先略述两氏共同之理论，然后再比较其作品焉。

《元氏长庆集》二三《乐府古题序》略云：

况自风雅，至于乐流，莫非讽兴当时之事，以贻后代之人。沿袭古题，唱和重复，于文或有短长，于义咸为赘剩，尚不如寓意古题，刺美见事，犹有诗人引古以讽之义焉。曹、刘、沈、鲍之徒时得如此，亦复稀少。近代唯诗人杜甫《悲陈陶》《哀江头》《兵车》《丽人》等，凡所歌行，率皆即事名篇，无复依傍。予少时，（寅恪案：此《序》题下题“丁酉”二字，知是元和十二年微之年三十九时所作。其和李绅《乐府新题》诗，作于元和四年，是时微之实已三十一岁，不得云“少时”。此乃属文之际率尔而言，未可拘泥也。）与友人乐天、李公垂辈，谓是为当，遂不复拟赋古题。

同集三〇《叙诗寄乐天书》略云：

又久之，得杜甫诗数百首，爱其浩荡津涯，处处臻到。始病沈宋之不存寄兴，而讶子昂之未暇旁备矣。

又同集五六《唐故工部员外郎杜君墓系铭（并序）》云：

诗人以来未有如子美者。

《白氏长庆集》二八《与元九书》略云：

又诗之豪者，世称李杜。李之作，才矣，奇矣，人不逮矣。索其风雅比兴，十无一焉。杜诗最多，可传者千余首。然撮其《新安吏》《石壕吏》《潼关吏》《塞芦子》《留花门》之章，“朱门酒肉臭，路有冻死骨”之句，亦不过三四首。

寅恪案：元白二公俱推崇少陵之诗，则新乐府之体实为摹拟杜公乐府之作品，自可无疑也。

《白氏长庆集》四五《策林序》略云：

元和初，予罢校书郎，与元微之将应制举，闭户累月，揣摩当代之事，构成策目七十五门。及微之首登科，予次焉。

其第六十八目《议文章（碑碣词赋）》略云：

古之为文者，上以纽王教、系国风，下以存炯戒、通讽谕。故惩劝善恶之柄，执于文士褒贬之际焉；补察得失之端，操于诗人美刺之间焉。今褒贬之文无核实，则惩劝之道缺矣；美刺之诗不稽政，则补察之义废矣。虽雕章镂句，将焉用之？伏维陛下诏主文之司，谕养文之旨，但辞赋合炯戒讽谕者，虽质虽野，采而奖之。碑诔有虚美愧辞者，虽华虽丽，禁而绝之。

第六十九目《采诗以补察时政》略云：

臣闻圣王酌人之言，补己之过，所以立理本，导化源也。将在乎选观风之使，建采诗之官，俾乎歌咏之声，讽刺之兴，日采于下，岁献于上者也。所谓“言之者无罪，闻之者足以自诫”。

寅恪案：元白二公作《新乐府》在元和四年，距构《策林》之时甚近。故其作新乐府之理论，与前数年揣摩之思想至有关系。观于《策林》中《议文章》及《采诗》二目所言，知二公于采诗观风之意，盖蕴之胸中久矣。然则二公《新乐府》之作，乃以古昔采诗观风之传统理论为抽象之鹄的，而以唐代杜甫即事命题之乐府，如《兵车行》者，为其具体之模楷，固可推见也。

虽然，微之之作似尚无摹拟《诗经》之迹象。至于乐天之《新乐府》，据其《总序》云：

> 首句标其目，卒章显其志，《诗三百》之义也。其辞质而径，欲见之者易谕也；其言直而切，欲闻之者深诫也；其事核而实，使采之者传信也；其体顺而肆，可以播于乐章歌曲也。总而言之，为君为臣为民为物为事而作，不为文而作也。

则已标明取法于《诗三百篇》矣。是以乐天《新乐府五十首》有总序，即摹《毛诗》之《大序》。每篇有一序，即仿《毛诗》之《小序》。又取每篇首句为其题目，即效《关雎》为篇名之例。（微之之作乃和李公垂者。微之每篇首句尚与诗题不同，疑李氏原作当亦不异微之。）全体结构，无异古经。质而言之，乃一部唐代《诗经》，诚韩昌黎所谓“作唐一经”者。不过昌黎志在《春秋》，而乐天体拟《三百》；韩书未成，而白诗特就耳。乐天元和之初撰《策林》时，即具采诗匡主之志。不数年间，遂作此五十篇之诗。语云“有志者事竟成”，乐天亦足以自豪矣。此外，尚有可论者，严震《白氏讽谏》本及日本嘉承（相当中国北宋元祐时）重钞建永（相当庆历时）本，于“首句标其目”之下有“《古诗十九首》之例也”一句，铃木虎雄《业间录校勘记》云：

> 有者是也。

寅恪案：《毛诗·大序》：“《关雎》，后妃之德也。”孔颖达《正义》云：

《关雎》旧解云：三百二十一篇皆作者自为名。

旧说之是非，别为一问题，兹可不置论。唯据其说，则《诗经》篇名，皆作者自取首句为题。乐天实取义于此。故《新乐府》序文中“诗三百之义也”一语，乃兼括前文“首句标其目”而言。铃木之说殊未谛。夫乐天作诗之意，直上拟《三百篇》，陈义甚高。其非以《古诗十九首》为楷则，而自同于陈子昂、李太白之所为，固甚明也。

复次，关于《新乐府》之句律，李公垂之原作不可见，未知如何。恐与微之之作无所差异，即以七字之句为其常则是也。至乐天之作，则多以重叠两三字句，后接以七字句，或三字句后接以七字句。此实深可注意。考三三七之体，虽古乐府中已不乏其例，即如杜工部《兵车行》，亦复如是。但乐天《新乐府》多用此体，必别有其故。盖乐天之作，虽于微之原作有所改进，然于此似不致特异其体也。寅恪初时颇疑其与当时民间流行歌谣之体制有关，然苦无确据，不敢妄说。后见敦煌发见之变文俗曲殊多三三七句之体，始得其解。关于敦煌发见之变文俗曲，详见《敦煌掇琐》及《鸣沙余韵》诸书所载，兹不备引。然则乐天之作《新乐府》，乃用毛诗、乐府古诗及杜少陵诗之体制，改进当时民间流行之歌谣，实与贞元、元和时代古文运动巨子如韩昌黎、元微之之流，以《太史公书》《左氏春秋》之文体试作《毛颖传》《石鼎联句诗序》《莺莺传》等小说传奇者，其所持之旨意及所用之方法适相符同。其差异之点，仅为一在文备众体小说之范围，一在纯粹诗歌之领域耳。由是言之，乐天之作《新乐府》，实扩充当时之古文运动而推及之于诗歌，斯本为自然之发展。唯以唐代古诗前有陈子昂、李太白之复古诗体，故白氏《新乐府》之创造性质，乃不为世人所注意。实则乐天之作，乃以改良当日民间口头流行之俗曲为职志。与陈、李辈之改革齐梁以来士大夫纸上摹写之诗句为标榜者，大相悬殊。其价值及影响，或更较为高远也。此为吾国中古文学史上一大问题，即“古文运动”本由以“古文”试作小说而成功之一事。寅恪曾于《韩愈与唐代小说》一文中论证之。而白乐天之《新乐府》，亦是以乐府古诗之体，改良当时民俗传诵之文学，正同于以“古文”试作小说之旨意及方法。此点似尚未见有言及之者，兹特略发其凡于此，俟他日详论之，以求教于通识君子焉。

关于元白二公作品之比较，又有可得而论者，即元氏诸篇所咏，似有繁复与庞杂之病，而白氏每篇则各具事旨，不杂亦不复是也。请先举数例以明之。

《元氏长庆集》二四《上阳白发人》，本愍宫人之幽闭，而其篇末乃云：

> 此辈贱嫔何足言，帝子天孙古称贵。诸王在阁四十年，七（“七”当作“十”。见《旧唐书》一〇七《玄宗诸子传》，《新唐书》八二《十一宗诸子传》。）宅六宫门户闭。随炀枝条袭封邑，肃宗血胤无官位。王无妃媵主无婿，阳亢阴淫结灾累。何如决壅顺众流，女遣从夫男作吏。

可与同集三二《献事表》所陈十事中：

> 二曰任诸王以固磐石。三曰出宫人以消水旱。四曰嫁诸女以遂人伦。

参证。此为微之前任拾遗时之言论，于作此诗时不觉连类及之，本不足异，亦非疵累。但乐天《上阳白发人》之作，则截去微之诗末题外之意，似更切径而少支蔓。或者乐天复受“随炀枝条袭封邑”句之暗示，别成《二王后》一篇，亦未可知也。又如《元氏长庆集》二四《法曲》云：

汉祖过沛亦有歌，秦王破阵非无作。作之宗庙见艰难，作之军旅传糟粕。

又云：

胡音胡骑与胡妆，五十年来竞纷泊。

乐天所作，则析此诗所言者为三题，即《七德舞》《法曲》《时世妆》三首。一题各言一事，意旨专而一，词语明白，鄙意似胜微之所作。盖《新乐府》之作，其本旨在备风谣之采择，自以简单晓畅为尚。若微之之诗，一题数意，端绪繁杂。例若《元氏长庆集》二四《阴山道》既云：

费财为马不独生，耗帛伤工有他盗。

之以回鹘马价缣为非矣，其诗后段忽因丝织品遂至旁及豪贵之逾制，如言：

挑纹变缬力倍费，弃旧从新人所好。越縠撩绫织一端，十匹素缣功未到。豪家富贵逾常制，令族亲班无雅操。从骑爱奴丝布衫，臂鹰小儿云锦韬。群臣利己要逢僭，天子深衷空闵悼。

不免稍近支蔓。而乐天《新乐府》则于《阴山道》题下仿《毛诗·小序》云：

疾贪虏也。

全诗只斥回鹘之贪黠，而又别为《缭绫》一题，其《小序》云：

念女工之劳也。

全诗之中，痛惜劳工，深斥奢靡。其意既专，故其言能尽；其言能尽，则其感人也深。此殆乐天所谓“苦教短李伏歌行”，遂使“每被老元偷格律”者耶？

以上所列为元诗中之一篇杂有数意者，至于一意而复见于两篇者，则如《秦王破阵乐》既已咏之于《法曲》云：

汉祖过沛亦有歌，秦王破阵非无作。作之宗庙见艰难，作之军旅传糟粕。

复又见于《立部伎》中，而有：

太宗庙乐传子孙，取类群凶阵初破。

之句，即其例也。

至乐天之作，则《白氏长庆集》一《伤唐衢二首》之二云：

遂作《秦中吟》，一吟悲一事。

寅恪案：一吟咏一事，虽为乐天《秦中吟十首》之通则，实则《新乐府五十篇》亦无一篇不然。其每篇之篇题，即此篇所咏之事。每篇下之小序，即此篇所持之旨也。每篇唯咏一事、持一旨，而不杂以他事及他旨，此之谓不杂。此篇所咏之事、所持之旨，又不复杂入他篇，此之谓不复。若就其非和微之篇题言之，此特点尤极显明。如红线毯与缭绫者，俱为外州精织进贡之品，宜其诗中所持之旨相同矣。但《红线毯》篇之《小序》云：

忧农桑之费也。

篇中痛斥宣州刺史之加样进贡，而《缭绫》篇之《小序》则云：

念女工之劳也。

篇中深悯越溪寒女之费工耗力，是绝不牵混也。又如《李夫人》《井底引银瓶》《古冢狐》三篇，所咏者皆为男女关系之事，而《李夫人》以：

鉴嬖惑也。

为旨，自是陈谏于君上之词；《井底引银瓶》以：

止淫奔也。

为旨，则力劝痴小女子勿为男子所诱；《古冢狐》则以：

戒艳色也。

为旨，乃深戒民间男子勿为女子所惑者，是又各有区别也。又如《紫毫笔》所指斥者，乃起居郎与侍御史之失职，《秦吉了》所致讥者，乃言官之不言。虽俱为讥斥朝官之尸位，而其针对之人事，又不相侔也。即此所举，亦足概见其余矣。至其和微之诸篇则稍有别。盖微之之作，既有繁复与庞杂之病，乐天酬和其意，若欲全行避免，殆不甚可能。如微之于《华原磬》《西凉伎》《法曲》《立部伎》《胡旋女》《缚戎人》六篇中俱涉及天宝末年禄山之反，而乐天于《法曲》《华原磬》《胡旋女》《西凉伎》等篇中亦均及其事，是其证也。然乐天大抵仍持每篇一旨之通则，如《法曲》篇云：

苟能审音与政通。

《华原磬》云：

始知乐与时政通。

是其遣词颇相同矣。但《法曲》之主旨在正华声、废胡音，《华原磬》之主旨在崇古器、贱今乐，则截然二事也。又如《华原磬》《五弦弹》二篇，俱有慨于雅乐之不兴矣。但《立部伎》言太常三卿之失职，以刺雅乐之陵替；《五弦弹》写赵璧五弦之精妙，以慨郑声之风靡，则自不同之方面立论也。又如《华原磬》《立部伎》二篇，并于当日之司乐者有所讥刺矣。但《立部伎》所讥者乃清职之乐卿，《华原磬》所讥者乃愚贱之乐工，则又为各别之针对也。他若唐代之《立部伎》，其包括之范围极广，举凡破阵乐、太平乐皆在其内，而乐天则以破阵乐既已咏之于《七德舞》一篇，太平乐又有《西凉伎》一篇专言其事，故《立部伎》篇中所述者，唯限于散乐，即自昔相传之百戏一类。此皆足征其经营结构实具苦心也。

又微之所作，其语句之取材于经史者，如《立部伎》之用《小戴·乐记》《史记·乐书》，乃《蛮子朝》之用《春秋》定八年《公羊传疏》之例，而有：

终象由文士宪左。

及：

云蛮通好辔长駷。

等句之类，颇嫌硬涩未融。（“辔长駷”之“辔”字，似即由《公羊传》定八年《注》之“衔”字而来。）乐天作中固无斯类，即微之晚作，亦少见此种聱牙之语。然则白诗即元诗亦李诗之改进作品，是乃比较研究所获之结论，非漫为轩轾之说也。

至于《新乐府》诗题之次序，李公垂原作今不可见，无从得知。微之之作与乐天之作，同一题目，而次序不同。微之诗以《上阳白发人》为首。上阳宫在洛阳，微之元和四年以监察御史分务东台，此诗本和公垂之作，疑是时李氏亦在东都，故于此有所感发。若果如是，则微之诗题之次序亦即公垂之次序。惟观微之所作，排列诸题目似无系统意义之可言，而乐天之五十首则殊不然。当日乐天组织其全部结构时，心目中之次序今日自不易推知。但就尚可见者言之，则自《七德舞》至《海漫漫》四篇，乃言玄宗以前即唐创业后至玄宗时之事。自《立部伎》至《新丰折臂翁》五篇，乃言玄宗时事。自《太行路》至《缚戎人》诸篇，乃言德宗时事。(《司天台》一篇，如鄙意所论，似指杜佑而言，而杜佑实亦为贞元之宰相也。）自此以下三十篇，则大率为元和时事。（其《百炼镜》《两朱阁》《八骏图》《卖炭翁》虽似为例外，但乐天之意，或以其切于时政，而献谏于宪宗者。）其以时代为划分，颇为明显也。五十首之中，以《七德舞》以下四篇为一组冠其首者，此四篇皆所以陈述祖宗垂诫子孙之意，即《新乐府总序》所谓“为君而作”，尚不仅以其时代较前也。其以《鸦九剑》《采诗官》二篇居末者，《鸦九剑》乃总括前此四十八篇之作，《采诗官》乃标明其于乐府诗所寄之理想，皆所以结束全作，而与首篇收首尾回环救应之效者也。其全部组织如是之严，用意如是之密，求之于古今文学中，洵不多见。是知白氏《新乐府》之为文学伟制，而能孤行广播于古今中外之故，亦在于是也。

元白二公作《新乐府》之年月，必在李公垂原作后，自无可疑。微之诗未著撰作年月，但其《西凉伎》云：

开远门前万里堠，今来蹙到行原州。去京五百而近何其逼，天子县内半没为荒陬。

寅恪案：《旧唐书》一四《宪宗纪》云：

元和三年十二月庚戌，以临泾县为行原州，命镇将郝玼为刺史。自玼镇临泾，西戎不敢犯塞。

《新唐书》三七《地理志》云：

原州。广德元年没吐蕃，置行原州于灵台之百里城。贞元十九年徙治平凉。元和三年又徙治临泾。

是行原州凡三徙治所。其第二次之治所为平凉县，属旧原州，据《旧唐书》三八《地理志》，原州中都督府在京师西北八百里。与元诗"去京五百而近"之语不合，必非所指。至行原州第一次之治所为灵台县之百里城，第三次之治所为临泾县，则皆属泾州。据《旧唐书》三八《地理志》，泾州在京师西北四百九十三里，与元诗"去京五百而近"之语适合。然微之诗断无远指第一次即广德元年所徙之灵台而言之理，是其所指必是元和三年十二月即第三次所徙之临泾无疑。然则微之《新乐府》作成之年月，亦在元和三年十二月以后，与乐天所作同为元和四年矣。此微之作诗年岁之可考者也。乐天《新乐府》虽题为：

元和四年为左拾遗时作。

似其作成之年岁无他问题。然详绎之，恐五十首诗亦非悉在元和四年所作。见下文《海漫漫》及《杏为梁》两诗笺证，兹不于此述之。盖白氏《新乐府》之体，以一诗表一意、述一事。五十之数，殊不为少，自宜稍积时日，多有感触，以渐补成其全数。其非一时所成，极有可能也。今严震刊《白氏讽谏》本《新乐府序》末有：

> 元和壬辰冬长至日左拾遗兼翰林学士白居易序。

一行。初视之殊觉不合，以元和壬辰即元和七年，是年乐天以母忧退居渭上。乐天于前二年即元和五年已除京兆府户曹参军。其所署官衔左拾遗，自有可议。且兼翰林学士之言，似更与唐人题衔惯例不类（见《历史语言研究所集刊》第九本四五八页岑仲勉先生《论〈白氏长庆集〉源流并评东洋本〈白集〉》）。但据《白氏长庆集》五三《诗解（五律）》云：

> 旧句时时改，无妨悦性情。

可知乐天亦时改其旧作。或者此《新乐府》虽创作于元和四年，至于七年犹有改定之处，其"元和壬辰冬长至日"数字，乃改定后随笔所记之时日耶？否则后人传写，亦无无端增入此数字之理也。姑识于此，以待详考，并于后论《海漫漫》《杏为梁》诸篇中申其疑义焉。

关于篇章之数目，白氏之作为五十首，自无问题。元氏之作，则郭茂倩《乐府诗集》九六卷《新乐府上》载微之《新乐府》共十三篇，其言云：

> 元稹序曰，李公垂作《乐府新题》二十篇，稹取其病时之尤急者，列而和之，盖十五而已。今所得才十二篇，又得《八骏图》一篇，总十三篇。

寅恪案：今《元氏长庆集》二四载《新乐府》共十二篇，序文亦作"十二"，适相符合，无可疑者。郭氏所见本，其"十二"之"二"，殆误作"五"，因谓其未全。又见乐天所作中有《八骏图》

一题，而《元氏长庆集》三亦有《八骏图》一诗，遂取之以补数。殊不知微之《八骏图》诗乃五言古诗，与微之《新乐府》之悉为七言体者迥异，断不合混为一类。观于《元氏长庆集》三〇《叙诗寄乐天书》云：

> 至是元和七年矣，有诗八百余首，色类相从，共成十体，凡二十卷。

又同集五六《唐故工部员外郎杜君墓系铭（并序）》云：

> 予尝欲件析其文，体别相附，与来者为之准，特病懒未就。

则微之编辑自作之诗，必分别体裁，无以五七言相混淆之理。《白氏长庆集》之编辑，其旨亦同微之，然则郭氏编入之误，不待详辨也。

七 德 舞

元微之《乐府新题·法曲》云：

> 秦王破阵非无作，作之宗庙见艰难。

又《立部伎》云：

> 太宗庙乐传子孙，取类群凶阵初破。

白乐天则取其意别为一篇，即此篇是也。此篇专陈祖宗王业之艰难以示其子孙。易言之，即铺陈太宗创业之功绩，以献谏于当日之宪宗，所谓“采诗”“讽谏”“为君”诸义，实在于是。斯乐天所以取此篇为其《新乐府五十首》之冠也。

凡诠释诗句，要在确能举出作者所依据以构思之古书，并须说明其所以依据此书，而不依据他书之故。若仅泛泛标举，则纵能指出最初之出处或同时之史事，其实无当于第一义谛也。故兹于论述乐天此篇之主旨后，即进而推求其构思时所依据之原书，并先说明其所以取用此书之故焉。类书之作，本为便利属文，乐天尤喜编纂类书，如《策林》之类。盖其初原为供一己之使用，其后乃兼利他人也。唐世应进士制科之举子，固须玩习类书，以为决科射策之需，而文学侍从之臣，亦必翻检类书，以供起草代言之用。观《元氏长庆集》二二《酬乐天余思不尽加为六韵之作》诗“白朴流传用转新”句自注云：

乐天于翰林中书取书诏批答词等撰为程式，禁中号曰“白朴”。每有新入学士求访，宝重过于《六典》也。

则知唐世翰林与《六典》之关系。《六典》一书究否施行，自来成为问题。详拙著《隋唐制度渊源略论稿·职官章》，兹不多论。要之其书乃以唐代现行令式分配编纂，合于古代礼经，即《周官》之形式，实是便于官吏公文一种最有权威之类书。他不必旁引，即如乐天《新乐府·道州民》篇述阳城奏语云：

城云臣按六典书。任土贡有不贡无。

是其证也。夫《六典》为法令之类书，宜翰林学士所不可须臾离者，但现行法令类书之外，供翻检者，仍须有本朝掌故之类书。唐代祖宗功德之盛，莫过于太宗，而《太宗实录》四十卷部帙繁重，且系编年之体，故事迹不易检查。斯《太宗实录》之分类节要本，即吴兢《贞观政要》一书所以成为古今之要籍也。此书之实质为一掌故之类书，必与《六典》同为翰林学士所宝重而玩习，固无疑义，则乐天作《七德舞》时即先取此书寻扯材料以构成其骨干，乃极自然之理也。

何以知其曾取用《贞观政要》耶？诗云：

> 太宗十八举义兵，白旄黄钺定两京。擒充戮窦四海清，二十有四功业成。二十有九即帝位，三十有五致太平。

今世流行之戈直注本《贞观政要》第三十九篇《论灾祥篇》第三章云：

> 太宗曰，吾之理国良无〔齐〕景公之过。但朕年十八便为经纶王业，北翦刘武周，西平薛举，东擒窦建德、王世充，二十四而天下定，二十九而居大位，四夷降伏，海内乂安，自谓古来英雄拨乱之主无见及者。

同书第四十篇《论慎终篇》第三章略云：

> 太宗又曰，但朕年十八便举兵，年二十四定天下，年二十九升为天子，此则武胜于古也。

寅恪案："太宗十八举义兵"句，盖据《论慎终篇》中之语改写而成。"擒充戮窦四海清，二十有四功业成，二十有九即帝位"三句叙写次序，全与《论灾祥篇》中之语相同。"三十有五致太平"者，《论灾祥篇》第三章于"二十九居大位"下，又以"四夷降服海内乂安"为言，而此篇之第一章略云：

> 贞观六年，太宗谓侍臣曰：如朕本心，但使天下太平，家给人足，虽无祥瑞，亦可比德于尧舜。若百姓不足，夷狄内侵，纵有芝草遍街衢，凤凰巢苑囿，亦何异于桀纣？

“天下太平”上虽有“但使”一词，似为假设之语气，但察其内容，则疑是已然之辞旨。太宗以武德九年即位，其年二十有九。次年改元贞观，至贞观六年适为三十五岁。故乐天此句殆即由此章暗示而来。《贞观政要》“灾祥”“慎终”两篇，先后连续，而具有太宗述其创业践极年岁之纪载，宜乐天注意及此，而取以入诗也。至太宗举义兵之岁，其年是否十八，乃别一问题，于此不详论。又诗云：

亡卒遗骸散帛收，饥人卖子分金赎。魏征梦见子夜泣，张谨哀闻辰日哭。怨女三千放出宫，死囚四百来归狱。剪须烧药赐功臣，李勣呜咽思杀身。含血吮创抚战士，思摩奋呼乞效死。

寅恪案：“怨女三千放出宫”，此今戈本《政要》第二十篇《论仁恻篇》第一章事也。“饥人卖子分金赎”，此《论仁恻篇》第二章事也。“张谨哀闻辰日哭”，此《论仁恻篇》第三章事也。“亡卒遗骸散帛收”及“含血吮创抚战士，思摩奋呼乞效死”，此《论仁恻篇》第四章事也。今戈本《政要·论仁恻篇》唯此四章，而俱为乐天此篇所采用。此篇所举太宗盛德之故实唯此八事，而五出《政要·论仁恻篇》，则其构思时必以《政要·论仁恻篇》为主，从可知矣。否则太宗之事迹至多，乐天若未尝依据此书以组成其全诗之骨干，何得若是之巧合耶？

复次，今世流行之《贞观政要》，皆元代戈直注本，其本曾移改吴氏原书之篇章，如第二篇《论政体篇》第十章下注云：

旧本此章附《忠义篇》。今按其言于政体尤切，故附于此。

第四篇《论求谏篇》第七章下注云：

旧本此与上章通为一章。今按不同，分为二章。

第五篇《论纳谏篇》下注云：

直谏另为一类，附此类之后。

其第五章下注云：

旧本此章之首曰“贞观初”，今按《通鉴》，标〔贞观三〕年。

其例甚多，不必一一标举。实则其书中尚有脱漏之章，观杨守敬之《日本访书志》，罗振玉之校补本及影印日本写本，即可知之（高邮王氏亦有一校本）。如乐天此篇“以心感人人心归”句，取《白氏长庆集》四五《策林》第十目《王泽流人心感》中云：

泽流心感而不太平者，未之闻也。

固可相印证，而日本传写本《贞观政要》载有吴兢上《表》，其文中即用《易经·咸卦彖》：

圣人感人心而天下和平。

之语，知乐天此句殆又受此暗示而来，不仅关涉其先时所编之《策林》也。又取罗氏《政要》卷五、卷六二卷之校记观之，其中亦有戈本所详，而日本写本脱略者，则知日本写本亦非无缺。罗氏虽有“欲复唐本之旧，苦未能得其全本”（见罗氏《松翁近稿·贞观政要残卷跋》）之言，其实纵得日本传写《政要》之全本，恐亦不能悉复吴氏原书之旧观。故白氏此篇所咏，其有不见于今日诸本《政要》者，未必全为吴氏原书所不载也。

虽然，若更就现存之史料以参校白氏此篇，则知其中所咏太宗时事，一一皆有所本，而其所本者，似不限《政要》一书，盖乐天依据《政要》以构成此篇之骨干，复于《实录》中寻扯材料以修改其词句、增补其内容而完成此篇也。兹请就已考见者条列于下，其尚有未详者，俟续考焉。

“三十有五致太平”句，如前所论，似受《政要·灾祥篇》第一章及第三章之暗示而成，惟此句下即接以“功成理定何神速”一句，据《小戴·乐记》云：

王者功成作乐，治定制礼。

又知所谓“致太平”者，直接与制礼作乐有关，易言之，即与《七德舞》本身有关也。此篇《小序》下注云：

武德中，天子始作《秦王破阵乐》以歌太宗之功业。贞观初，太宗重制《破阵乐舞图》，诏魏征、虞世南为之歌词，名《七德舞》。

宜其特有此句以咏之也。考《旧唐书》二八《音乐志》（参《唐会要》三三“破阵乐”条，《通典》一四六《乐典》“坐立部伎”条，《新唐书》二一《礼乐志》，《通鉴》一九四《唐纪·太宗纪》“贞观七年正月”条）略云：

贞观元年宴群臣，始奏《秦王破阵》之曲。太宗谓侍臣曰：“朕昔在藩，屡有征讨，世间遂有此乐，岂意今日登于雅乐。然其发扬蹈厉，虽异文容，功业由之，致有今日。所以被于乐章，示不忘本也。”其后令魏征、虞世南、褚亮、李百药改制歌辞，更名《七德之舞》，增舞者至百二十人。被甲执戟，以象战阵之法焉。六年，太宗行幸庆善宫，宴从臣于渭水之滨，赋诗十韵。其宫即太宗降诞之所。于是起居郎吕才以御制诗等于乐府被之管弦，名为《功成庆善乐》之曲。令童儿八佾皆进德冠，紫袴褶，为九功之舞。冬至享宴，及国有大庆，与《七德之舞》偕奏于庭。七年，（《会要》作“七年正月七日”。《旧纪》作“戊子”，则是正月十日。）太宗制《破阵舞图》，左圆右方，先偏后伍，鱼丽鹅鹳，箕张翼舒，交错屈伸，首尾回互，以象战阵之形。命吕才依图教乐工百二十人，被甲执戟而习之，凡为三变，每变为四阵。有来往疾徐击刺之象，以应歌节。（《通典》曰：“和云《秦王破阵乐》。”《新书》曰：“歌者和曰《秦王破阵乐》。”）数日而就，更名《七德之舞》。癸巳，（《会要》作“正月十五日”。）奏《七德》《九功》之舞。观者见其抑扬蹈厉，莫不扼腕踊跃，凛然震竦。武臣列将咸上寿云：“此舞皆是陛下百战百胜之形容。”群臣咸称万岁。

依年推计，贞观七年太宗年三十六岁。此前一年，即贞观六年，太宗年三十五岁。六年，与《七德舞》相连之《九功庆善乐》成。七年正月七日，重制《破阵舞图》成。正月十五日（癸巳）奏之于庭。则重制《七德舞图》，亦在贞观六年。此所云“三十有五致太平”者，盖功成治定，因而制礼作乐也。又岑仲勉先生《唐集质疑》“太宗十八举义兵”条论此事（见《历史语言研究所集刊》第九本六五页）云：

又，《〔册府〕元龟》三五：“〔贞观〕六年，公卿百僚以天下太平，四夷宾服，诣阙请封禅者，首尾相属。”白诗其即取意于是欤？

虽与《七德舞》无关，然当贞观六年即太宗三十有五之岁，群臣既以天下太平为言，似乐天此句亦不能与之无涉也。《册府元龟》

《唐会要》《两唐志》所载，当系采自《太宗实录》。

“速在推心置人腹”句，《政要》中虽无具体语句可以指实，但其《慎终篇》中论及汉光武事云：

> 太宗又曰：“朕观古先拨乱之主，皆年逾四十，惟光武年三十三。但朕年十八便举兵，年二十四定天下，年二十九升为天子，此则武胜于古也。”

考《后汉书》一《光武纪》云：

> 〔铜马〕降者更相语曰：“萧王推赤心置人腹中，安得不投死乎？”

则乐天此句之构成，固可能受《政要》此条之暗示，而牵连思及光武之故实。唯据《册府元龟》九九《帝王部·推诚门》“封同人”条（参《通鉴》一九二《唐纪·高祖纪》“武德九年九月丁未”条）云：

> 封同人为韩州刺史。太宗即位，引诸卫骁兵统将等习射于显德殿。朝臣多有谏者曰：“先王制法，有以兵刃至御所者绞刑。所以防萌杜渐，备不虞也。今引卑碎之人，弯弧纵矢于轩陛之侧，陛下亲在其间，正恐祸出不意，非所为社稷计也。”同人矫乘驿马入朝切谏，帝皆不纳。谓之曰：“我以天下为家，率土之内，尽为臣子，所恨不能将我心遍置天下〔人腹中〕（此三字据《通鉴》补），岂当有相疑之道也？”自是后人人自励。一二年间兵士尽便弓马，皆为锐卒。

知亦本之《实录》也。

“亡卒遗骸散帛收”句，《政要·论仁恻篇》四章虽记贞观十九年太宗征高丽回，次柳城，诏集前后战亡人骸骨设太牢致祭，亲临哭之之事。但乐天于诗句下有注文云：

贞观初诏收天下阵死骸骨，致祭而瘗埋之。寻又散帛以求之也。

考《唐大诏令集》一一四有贞观元年四月《掩暴露骸骨诏》云：

诸色骸骨宜令所在官司收敛埋瘗，称朕意焉。(《旧唐书》二、《新唐书》二、《通鉴》一九二《太宗纪》俱系此事于贞观二年四月己卯。)

颇疑乐天本从《政要》此章以构成其诗句，其后复搜采前后诏收骸骨之事以证释之也。

"饥人卖子分金赎"句，白氏注文与《政要》同，唯坊间汪本作"贞观五年"，误，应依《全唐诗》本作"贞观二年"。以《政要》、新旧《纪》、《通鉴》均系其事于二年〔三月〕故也。

"魏征梦见子夜泣"句，亦见《旧唐书》七一、《新唐书》九七《魏征传》，新旧《传》当亦采自《实录》也。

"张谨哀闻辰日哭"句，白氏注文不著年月。《政要》作"贞观七年"，《通鉴》系张公谨之卒于贞观六年四月辛卯。太宗以次日即壬辰日哭之。《册府元龟》一四一《帝王部·念良臣门》亦作"贞观六年"。《政要》作"贞观七年"，恐有误。

"怨女三千放出宫"句，白氏注文中有：

于是令左丞戴胄、给事中杜正伦，于掖庭宫西门，拣出数千人，尽放归。

之纪载，而《政要》中则未著遣戴胄、杜正伦拣放事。考《旧唐

书》二《太宗纪上》(参《通鉴》一九三《唐纪·太宗纪》“贞观二年九月天少雨”条)略云:

〔贞观二年九月〕丁未,谓侍臣曰:“妇人幽闭深宫,情实可悯。今将出之,任求伉俪。”于是遣尚书左丞戴胄、给事中杜正伦等于掖庭宫西门简出之。(《通鉴》于此下有“前后所出三千余人”一句。)

则白氏注文亦依据《实录》书之者也。

“死囚四百来归狱”句,《旧唐书》三《太宗纪下》云:

〔贞观六年〕十二月辛未,亲录囚徒,归死罪者二百九十人于家,令明年秋末就刑。其后应期毕至,诏悉原之。

《通鉴》一九四《唐纪·太宗纪》“贞观七年九月死囚三百九十人自诣朝堂”条,《考异》云:

四年《实录》云天下断死罪止二十九人。今年《实录》乃有二百九十九人。何顿多如此?事已可疑。又白居易《乐府》云“死囚四百来归狱”,旧《本纪》、《统纪》、《年代记》皆云“二百九十人”。今从《新书·刑法志》。

此种数字之差异,自是传写致讹,至于孰正孰误,恐不可考矣。

“剪须烧药赐功臣,李勣呜咽思杀身”句,乐天自注云:

李勣常疾,医云得龙须烧灰,方可疗之。太宗自剪须烧灰赐之,服讫而愈。勣叩头泣涕而谢。

今戈本《政要·任贤篇》所云:

勣时遇暴疾,验方云须灰可以疗之。太宗自剪须为其和药。勣

> 顿首见血，泣以陈谢。

与《旧唐书》六七《李勣传》(《新唐书》九三《李勣传》、《通鉴》一九七《唐纪·太宗纪》“贞观十七年四月李勣尝得暴疾”条同)所云：

> 勣时遇暴疾，验方云须灰可以疗之。太宗乃自剪须为其和药。勣顿首见血，泣以恳谢。

适相符合，而与乐天注文以“龙须”为言者不同。龙须事殊诡异，颇类小说家言，但《大唐新语》一一《褒锡篇》“高宗初立为太子”条云：

> 勣尝有疾，医诊之曰：“须龙须灰方可。”太宗剪须以疗之，服讫而愈。勣顿首泣谢。

则与乐天注文相符。二者必同出一源，似无可疑。刘氏之书虽为杂史，然其中除《谐谑》一篇稍嫌芜琐外，大都出自国史。刘书、白注此条果出何书，今未敢决言，姑记之以俟考。

“含血吮创抚战士，思摩奋呼乞效死”句及其注文，与《政要·仁恻篇》第四章及《旧唐书》一九九上《高丽传》、《新唐书》二一五上《突厥上·思摩传》，《通鉴》一九七《唐纪·太宗纪》“贞观十九年五月丙申”条并同，谓之出于《政要》或出自《实录》，俱无不可也。

又此诗末“太宗意在陈王业，王业艰难示子孙”二句，即本于太宗谓侍臣“功业由之”“示不忘本”(见上引《旧唐书》二八《音乐志》)等语也。

总之，乐天此篇旨在陈述祖宗创业之艰难，以寓讽谏。其事尊严，故诗中不独于叙写太宗定乱理国之实事，一一采自国史，即如“速在推心置人腹”等词语，亦系本之《实录》。其为竭意经营之作，自无疑也。唯《实录》一书，部帙繁重，且系编年之体，若依之以构思而欲求得条理，洵属非易。此又乐天曾用《贞观政要》，即《实录》之分类节要本以供参考之故也。然则《七德舞》一篇必与《贞观政要》及现存之史籍参证并读，始能得其真解，断可知矣。

又篇中“元和小臣白居易，观舞听歌知乐意”之句，非泛语也。此诗题下注云：

自龙朔以后，诏郊庙享宴皆先奏之。

段安节《乐府杂录·龟兹部》云：

《破阵乐曲》亦属此部，秦王所制。舞人皆衣画甲，执旗旆。外藩镇春冬犒军，亦舞此曲，兼马军引入场，尤甚壮观也。

而微之《新题乐府·法曲篇》亦有：

秦王破阵非无作。作之宗庙见艰难，作之军旅传糟粕。

之句，故乐天即未见之于祭祀郊庙之上，亦可见之于享宴军宾之间。其为亲身经历，因而有所感触启发无疑也。

兹更取此篇与《新乐府总序》相印证，则《七德舞》一篇首句三字与其篇题符同，即《总序》所谓“首句标其目”也。结语“歌七德，舞七德。圣人有作垂无极。岂徒耀神武？岂徒夸圣文？太宗意在陈王业，王业艰难示子孙”一节，说明太宗创作《七德舞》之旨意，亦乐天作此诗以献谏于当日宪宗寓意之所在，即《总序》所谓“卒章显其志”也。此篇词语甚晓畅，结构无曲折，可谓与序文“其辞质而径”“其言直而切”之言相合矣。乐天序《和答诗》，自谓为文所长在意切理周，所短在辞繁言激（见《白氏长庆集》二），观此知非虚语。其晚岁倾倒刘禹锡至极，颇为后人所不解（见《白氏长庆集》五九《与刘苏州书》、六〇《刘白唱和集解》，王士祯《香祖笔记》五、《池北偶谈》一四），其故殆欲借梦得微婉之长，（《白氏长庆集》六九《哭刘尚书梦得二首》之一云：“文章微婉我知丘。”）以补己之短耶？（详见《附论（戊）篇》。）又此篇依据《贞观政要》以构思，取材于《太宗实录》以遣辞，得不谓之“其事核而实”乎？乐天所作，不似微之所作有晦涩生硬之病，实足当“其体顺而肆”之义无愧。而此篇乃以小臣上陈祖宗功业之诗，即序文所谓“为君而作”者。其取此诗冠于五十篇之首，亦即此意。由是言之，乐天《新乐府》结构严密，条理分明。《总序》所列作诗之旨，一一俱能实践，洵非浮诞文士所可及也。

复次，《大唐西域记》五“羯若鞠阇国”条（《大唐大慈恩寺三藏法师传》五同）略云：

> 〔戒日〕王曰：“秦王天子，平定海内，殊方异域慕化称臣，氓庶荷其亭育。”咸歌《秦王破阵乐》，闻其雅颂，于兹久矣。

同书一〇“迦摩缕波国”条略云：

> 拘摩罗王曰：“今印度诸国，多有歌颂摩诃至那国《秦王破阵乐》者，闻之久矣，岂大德之乡国耶？”〔玄奘〕曰：“然。此歌者，美我君之德也。”

寅恪案：印度得闻《秦王破阵乐》，当在贞观十四年平定高昌之后。此乐虽于贞观七年改为《七德舞》，但乐舞中“歌者和曰《秦王破阵乐》”（见《新唐书》二一《礼乐志》），故民间通称仍用旧名，称为《秦王破阵乐》。如《乐府杂录·龟兹部》所载《〔秦王〕破阵乐曲》云云，即是一例。天竺远方，固应不以《七德舞》为称也。

法　曲

乐天此篇篇题，《全唐诗》本作《法曲》，《注》云：

一本“曲”下有“歌”字。

那波道圆本作《法曲歌》，汪立名本作《法曲》。考乐天《新乐府》诸篇篇题例皆不用“歌”“吟”等字。而此篇乃和李元之作，今微之此篇篇题，诸本既皆作“法曲”，则自以无“歌”字者为是也。

乐天以此篇次于《七德舞》之后者，盖《七德舞》所以明太宗创业之艰难，此篇则继述高宗以下祖宗之制定诸乐舞，条理次序极为明晰，较之微之之远从黄帝说起者，实有浮泛亲切之别，此白作胜于元作之又一例证也。

此诗之华夷音声理论与微之相同，恐公垂原作亦复如是，其是非如何，姑不置辨。若以史实言之，则殊不正确。如言：

法曲法曲舞霓裳，政和世理音洋洋。开元之人乐且康。

据《唐会要》三三“诸乐”条云：

天宝十三载七月十日，太乐署供奉曲名及改诸乐名，《婆罗门》改为《霓裳羽衣》。

则知《霓裳羽衣曲》实原本胡乐，又何华声之可言？开元之世治民康与此无涉，固不待言也。又《法曲》者，据《新唐书》二二《礼乐志》云：

> 初隋有《法曲》，其音清而近雅。其器有铙、钹、钟、磬、幢箫、琵琶。

夫琵琶之为胡乐而非华声，不待辨证。而《法曲》有其器，则《法曲》之与胡声有关可知也。然则元白诸公之所谓华夷之分，实不过今古之别，但认输入较早之舶来品，或以外国材料之改装品，为真正之国产土货耳。今世侈谈国医者，其无文化学术史之常识，适与相类，可慨也。

抑更有论者，李公垂此篇之原作既不可见，姑置不论。若微之、乐天皆自称景慕外来天竺之佛陀宗教者，如《白氏长庆集》一四《和梦游春诗序》云：

> 况与足下（微之）外服儒风，内宗梵行者，有日矣。

又此诗结语云：

> 法句与心王，期君日三复。

又乐天自注云：

> 微之常以法句及《心王头陀经》相示，故申言以卒其志也。

等例，可以为证，是与韩退之之力辟佛法者，甚有不同。但何以元白二公忽于兹有此内中国而外夷狄之议论？初视之，颇不可解。细思之，则知其与古文运动有关。盖古文运动之初起，由于萧颖士、李华、独孤及之倡导与梁肃之发扬。此诸公者皆身经天宝之乱离，而流寓于南土，其发思古之情，怀拨乱之旨，乃安史变叛刺激之反应也。唐代当时之人既视安史之变叛为戎狄之乱华，不仅同于地方藩镇之抗拒中央政府，宜乎尊王必先攘夷之理论，成为古文运动之一要点矣。昌黎于此认识最确，故主张一贯。其他古文运动之健者，若元白二公，则于不自觉之中，间接直接受此潮流之震荡，而具有潜伏意识，遂藏于心者发于言耳。古文运动为唐代政治社会上一大事，不独有关于文学。此义当于论唐史时详为考证，兹以轶出本文范围，故不多及，聊识其意于此。

元诗“火凤声沉多咽绝，春莺啭罢长萧索”句，可参阅向达先生《唐代长安与西域文明》，兹不多论。“胡骑与胡妆”句，《乐府诗集》六〇引此诗、钱牧斋校宋本及《全唐诗》本，“胡骑”上皆有“胡音”二字，此诗既论音乐，自以有“胡音”二字为是也。

二王后　海漫漫

白氏《新乐府·七德舞》《法曲》后，即继以《二王后》及《海漫漫》二篇。此二篇为微之《乐府新题》中所无。李公垂原作虽不可见，当亦无此二题。所以知者，微之和公垂之作，取《上阳白发人》为首。上阳宫在洛阳，公垂必依之发兴。至于“周武隋文之子孙”，固不易为作诗时居东都之公垂所同时得见，而秦皇汉武求仙之戒，若非宪宗文学侍从之臣，似亦末由敷陈也。然则此二篇乃乐天所增创，而非因袭李氏之旧题，自不难推见。至乐天何以忽增创此二新题之故，则《贞观政要》第二十一《慎所好篇》之第三章云：

> 贞观四年，太宗曰："隋炀帝性好猜防，专信邪道，大忌胡人，乃至谓胡床为交床，胡瓜为黄瓜，筑长城以避胡。终被宇文化及使令狐行达杀之。又诛戮李金才及诸李殆尽，卒何所益？"

似即为《二王后》一篇之所本。其第二章云：

> 贞观二年，太宗谓侍臣曰："神仙事本是虚妄，空有其名。秦始皇非分爱好，为方士所诈，乃遣童男童女数千人，随其入海求神仙。方士避秦苛虐，因留不归。始皇犹海侧踟蹰以待之，还至沙丘而死。汉武帝为求神仙，乃将女嫁道术之士。事既无验，便行诛戮。据此二事，神仙不烦妄求也。"

似即为《海漫漫》一篇之所本。颇疑乐天于翻检《贞观政要》寻扯材料以作《七德舞》时，尚觉有余剩之义可供采摭，遂取以成此二篇也。而《七德舞》自"亡卒遗骸散帛收"以下至"思摩奋呼乞效死"诸事迹，多见于《贞观政要》第二十《仁恻篇》中，其《慎所好篇》即次于《仁恻篇》之后为第二十一篇，亦足为此说之佐证也。

复次，今戈本《政要》之次序先后，虽不皆仍原本之旧，但《慎所好篇》中"求神仙"条在贞观二年列第二，"隋炀帝"条在贞观四年列第三，则似未有所改易。乐天之诗不依《政要》之先后次序，而取《二王后》列诸《海漫漫》之前者，盖《二王后》之助郊祭与《七德舞》《法曲》皆性质上有密切关系，可以相连，其《海漫漫篇》则性质似较泛也。至《海漫漫篇》所以特列于第四篇，有以示异于其他通常讽谏诸篇者，老子亦为唐皇室所攀认之祖宗，且受"大圣祖高上大道金阙玄元天皇大帝"之尊号，庙号太清宫，则荐享老子与明堂太庙郊祀为同一性质，不过与血族祖先之七庙又稍有别耳。乐天于元和二年充翰林学士时，曾撰《季冬荐献太清宫词文》（见《白氏长庆集》四〇）。自易联想及此，而有“玄元圣祖”之句也。此四篇性质近似，皆标明祖宗垂戒子孙之微意，即《新乐府总序》所谓“为君而作”者。故相联缀自为一组，此组遂为《新乐府》之冠也。

又《二王后》一篇更有可论者，元微之《上阳白发人》有：

隋炀枝条袭封邑。

之语，原注又云：

近古封前代子孙为二王三恪。

乐天此篇之作，殆受其启发也。

其《海漫漫》一篇更有可论者，《旧唐书》一四《宪宗纪上》（《太平御览》一〇四亦引此文，较为明晰，今参合录之）云：

元和五年八月乙亥，上顾谓宰臣曰：“神仙之事信乎？”李藩对曰：“神仙之说出于道家。〔道家〕所宗，老子《五千文》为本。老子指归与《〔六〕经》无异。后代好怪之流假托老子神仙之说，故秦始皇遣方士载男女入海求仙，汉武帝嫁女与方士求不死药，二主受惑，卒无所得。文皇帝服胡僧长生药，遂致暴疾不救。古诗云‘服食求神仙，多为药所误’，诚哉是言也。君人者但务求理，四海乐推，社稷延永，自然长年也。”上深然之。

寅恪案：李藩之语与《海漫漫》所言几无不同。岂李、白二公各不相谋而适冥合耶？此殊可疑也。以时间先后论，乐天《新乐府》据其自题作于元和四年，而史载李藩之语于元和五年，则白先而李后。若此二事不能无所关涉，似李语出于白诗。然以常识言之，其可能不多。颇疑乐天《新乐府》虽大体作于元和四年，其实时时修改增补，不独《海漫漫》一篇如此，即《杏为梁》等篇亦有成于元和四年以后之疑，俟于论《杏为梁》时总括言之，今姑不涉及焉。

又《杜阳杂编》中略云：

> 元和五年内给事张惟则自新罗使回，云于海上泊州岛间，忽闻鸡犬鸣吠，似有烟火，遂乘月闲步，约及一二里，则见有数公子，戴章甫冠，着紫霞衣，吟啸自若。惟则知其异，遂请谒见。公子曰："唐皇帝乃吾友也。汝当旋去为吾传语。"还舟中，回顾旧路，悉无踪迹。上曰："朕前生岂非仙人乎？"

寅恪案：苏鹗撰书，虽多诡异之说，不足深信，然阉寺以神仙事蛊惑君上，自是常情，而元和之时中国与新罗频有使节往还（参《旧唐书》一九九上、《新唐书》二二〇《新罗传》，《唐会要》九五"新罗"条），是知其亦有所据。此以元和五年为言，亦可与上说相参证也。

宪宗为有唐一代中兴之英主，然卒以服食柳泌所制丹药，躁渴至极，左右宦官多因此得罪，遂为陈弘志所弑（见《通鉴》二四一《唐纪》"元和十四年冬十月"及"十五年春正月"条）。观元和五年宪宗问李藩之语，知其已好神仙之道。乐天是时即在翰林，颇疑亦有所闻知。故《海漫漫篇》所言，殆陈谏于几先者。此篇末句以老子不言药为说，远引祖训，近切时宜，诚《新乐府大序》所谓“为君而作”者也。

《二王后篇》“古人有言天下者，非是一人之天下”句，就寅恪一时记忆所及，则有《吕氏春秋》一《孟春纪·贵公篇》云：

天下，天下之天下，非一人之天下。

所谓《太公六韬》一《文韬·文师篇》云：

太公曰：天下非一人之天下，乃天下之天下也。

魏征《群书治要》三一《六韬序》云：

天下者，非一人之天下，天下之天下也。

同书同卷《武韬》云：

天下非一人之天下也。

马总《意林》一引《六韬》云：

天下非一人天下，天下之天下。

自皆与诗语有关。《意林》纂辑于贞元之初，与乐天作诗之时代甚近，颇可能为乐天此二句之所依据。但《群书治要》似为其所从出，盖《李相国论事集》一《进历代君臣事迹五十余状》略云：

元和四年奏，昔太宗亦命魏征等博采历代事迹，撰《群书政（寅恪案：此避高宗讳改作“政”）要》，置在座侧，常自省阅，书于国史，著为不刊。今陛下朝夕观览，必致贞观之盛理。

李绛与乐天于元和四年，即乐天作此诗之年，同为翰林学士，而深相交好。深之既如此推崇魏氏之书，则乐天此诗之依据《群书治要》，最为可能也。

立　部　伎

乐天所以列《立部伎》于《海漫漫》之后者，殆以《七德舞》《法曲》《二王后》《海漫漫》四篇性质近似，故联缀编列。而《立部伎》与《华原磬》性质相类，复连续列之。观此可知乐天之匠心，即此篇题排列之末节，亦不率尔为之也。

白诗《立部伎·小序》下之注及元诗此篇题下之注，应互相校正，以两注俱为《李公垂传》原文故也。今本《元氏长庆集》二四《立部伎》题下注云：

退入雅乐可知矣。

应依《全唐诗》本元稹诗与《白氏长庆集》二《立部伎·小序》下注同作：

退入雅乐部，则雅乐可知矣。

又，今本白诗《立部伎·小序》下注中"性识"二字，虽元稹诗《全唐诗》本题下注亦与相同，然应依明嘉靖壬子董氏刊本《元氏长庆集》二四，及严氏影宋本《白氏讽谏》本《立部伎》作"性灵"。盖《元氏长庆集》二六《琵琶歌》有"性灵甚好功犹浅"之句，又《乐府杂录》(《守山阁丛书》本)"琵琶"条云：

武宗初，朱崖李太尉有乐吏（史?）廉郊者，师于曹纲，尽纲之能。纲尝谓侪流曰："教授人亦多矣，未有此性灵弟子也。"

是作"性灵"者更为有据也。

微之此篇以《秦王破阵乐》《功成庆善乐》之今昔比较，寓其感慨。盖当时之制，享宴之乐分为坐立二部，而《秦王破阵乐》属于立部。如《旧唐书》二九《音乐志》略云：

高祖登极之后，享宴因隋旧制，用九部之乐。其后分为立坐二部，今立部伎有《安乐》《太平乐》《破阵乐》《庆善乐》《大定乐》《上元乐》《圣寿乐》《光圣乐》，凡八部。《安乐》等八舞，声乐皆立奏之，乐府谓之立部伎。其余总谓之坐部伎。坐部有《宴乐》《长寿乐》《天授乐》《鸟歌万寿乐》《龙池乐》《破阵乐》（此玄宗所作者），自《长寿乐》已下皆用龟兹乐。

者，是也。乐天此篇则虽袭用李、元旧题，而其所述内容，实与微之之以立部伎中之《破阵乐》《庆善乐》为言者不同。盖白氏《新乐府》中既专有《七德舞》一篇以陈王业之艰难，于此自不必重复。斯固乐天《新乐府》一事唯以一篇咏之之通则，此通则即不复是也。而微之《西凉伎》云：

哥舒开府设高宴，八珍九酝当前头。前头百戏竞撩乱，丸剑跳掷霜雪浮。师子摇光毛彩竖，胡姬醉舞筋骨柔。

乐天则取跳丸掷剑诸杂戏之摹写，专成此篇，以刺雅乐之陵替。而《西凉伎》专述师子戏，以刺疆臣之贪懦。此又乐天一诗咏一事之通则。此通则即不杂是也。

丸剑跳掷诸戏者，即自昔相传之百戏，亦即《旧唐书》二九《音乐志》略云：

散乐者，历代有之。非部伍之声，俳优歌舞杂奏。玄宗以其非正声，置教坊于禁中以处之。

之散乐也。《隋书》一五《音乐志》云：

始齐武平中，有鱼龙烂漫、俳优、朱儒、山车、巨象、拔井、种瓜、杀马、剥驴等奇怪异端，百有余物，名为“百戏”。周时郑译有宠于宣帝，奏征齐散乐人，并会京师为之，盖秦角抵之流者也。开皇初，并放遣之。及大业二年突厥染干来朝，炀帝欲夸之，总追四方散乐，大集东都。

寅恪案：此类百戏，源出西胡，北齐以前，已输入中国。唯北齐宫廷最为西胡化（详拙著《隋唐制度渊源略论稿·音乐章》），史家因有“始齐武平中”之言耳。唐世此类百戏，虽亦有新自中亚输入者，但多为因袭前代者也。

白诗之述此类百戏者，有“舞双剑，跳七丸。嫋巨索，掉长竿”诸句。兹请略征旧籍以供例证，俾明其内容，并据之稍加解释，以阐其源出西胡之说焉。

《文选》二张衡《西京赋》云：

跳丸剑之挥霍，走索上而相逢。

又云：

奇幻倏忽，易貌分形，吞刀吐火，云雾杳冥。

《三国志·魏志》二一《王粲传》“颍川邯郸淳”条裴《注》引《魏略》略云：

太祖遣〔邯郸〕淳诣〔临菑侯〕植。时天暑热，植因呼常从取水自澡讫，傅粉，遂科头拍袒，胡舞五椎锻，跳丸击剑。

寅恪案：跳丸、击剑、走索诸戏，及易貌分形、吞刀吐火等幻术，自两汉曹魏之世即已有之，而此类系统之伎艺，实盛行于西方诸国。据《史记》一二三《大宛列传》略云：

条枝在安息西数千里，国善眩。

同书同卷又略云：

汉使还，而后〔安息王〕发使随汉使来观汉广大，以大鸟卵及黎轩（靬）善眩人献于汉。于是大觳抵，出奇戏诸怪物，多聚观者。

《后汉书》一一六《西南夷传》略云：

永宁元年掸国王雍由调复遣使者诣阙朝贺，献乐及幻人，能变化吐火，自支解，易牛马头。又善跳丸，数乃至千（?）。自言我海西人。海西即大秦也。

《三国志·魏志》三〇《总论》裴《注》引《魏略》略云：

《西戎传》曰：大秦国一号犁靬，俗多奇幻，口中出火，自缚自解，跳十二丸巧妙。

可证也。

诸种杂戏于唐代流行颇盛。其见于文物典籍者，关于"舞双剑"句，《教坊记》曲名有《西河剑器》。《钱注杜诗》七《观公孙大娘弟子舞剑器行序》云：

开元三载，余尚童稚，记于郾城观公孙氏舞剑器浑脱。

钱《注》引《明皇杂录》略云：

上素晓音律，时有公孙大娘者，善舞剑，能为邻里曲，裴将军满堂势，《西河剑器》浑脱，遗（?）妍妙皆冠绝于时也。

《新唐书》三四《五行志》云：

太尉长孙无忌以乌羊毛为浑脱毡帽，人多效之，谓之赵公浑脱，近服妖也。

寅恪案：据上引诸条，知“剑器浑脱”盖为连文，而浑脱本是胡物。“西河”疑即河西或河湟之异称，乃与西域交通之孔道。又裴为疏勒国姓（见《旧唐书》一四六、《新唐书》一一〇《裴玢传》），皆足明此伎实源出西胡也。近四川出土古砖，有绘写舞剑器浑脱之状者，可资参证。又坊间汪本此句作“双舞剑”，今《全唐诗》本、那波本及诸善本皆作“舞双剑”，故坊间汪本之为误倒可不待辨。

关于“跳七丸”句，寅恪甲申岁客成都，见唐砖一方，刻跳丸之伎。同观者数其丸，曰六丸耳。寅恪因举乐天诗此句，谓必七丸。再详数之，其数果七，殊足为此诗之证。（《正仓院考古记》图版二六《南棚漆弹弓背》，亦绘跳丸之伎，所印图版，只见六丸，惟左手指尖黑暗不明，未审其上别有一丸否，俟考。）以此推之，跳丸之数既为七，舞剑之数亦必为双。乐天作诗，必指当时实状，非率尔泛用数字。盖乐天所知跳丸伎艺之最精者，丸数止于七，故诗中以为言也。跳丸之技，自古盛行于大秦，虽丸数各异，然为技则一，知此技亦来自西方之国也。

关于“嫋巨索”句，《封氏闻见记》六“绳伎”条(《唐语林》五同）略云：

明皇开元二十四年八月五日御楼设绳伎。伎者先引长绳，两端属地，埋鹿卢以系之，鹿卢内数丈立柱，以起绳，直如弦。然后伎女自绳端蹑足而上，往来倏忽之间，望若飞仙。有中路相遇，侧身而过者。有著履而行，从容俯仰者。或以画竿接胫，高六尺。或蹋肩蹈顶，至三四重，既而翻身掷倒至绳，还往曾无蹉跌，皆应严鼓之节。卫士胡嘉隐作《绳伎赋》献之。自安寇覆荡，伶伦分散，外方始有此伎。军州宴会，时或有之。

《杜阳杂编》中略云：

上（敬宗）降日，大张音乐，集天下百戏于殿前。时有伎女石火胡，本幽州人也。于百尺竿上张弓弦五条，令五女各居一条之上，衣五色衣，执戟持戈，舞《破阵乐》曲，俯仰来去，赴节如飞。是时观者目眩心怯。文宗即位，恶其太险伤神，遂不复作。

寅恪案：石为昭武九姓之一。火胡之名，尤为其人出自信奉火祆教之西胡族之证。此戏源于西胡，自可推知也。

关于“掉长竿”句，则《朝野佥载》云：

幽州人刘交，戴长竿高七十尺，自擎上下，有女十二，甚端正，于竿上置定，跨盘独立。见者不忍，女无惧色。后竟为扑杀。

《明皇杂录》略云：

玄宗御勤政楼，罗列百伎。时教坊有王大娘者，善戴百尺竿。刘晏咏曰：“楼前百戏竞争新，唯有长竿妙入神。”

《安禄山事迹》下略云：

向润客等计无所出，遂以乐人戴竿索者为趫捷可用，授兵出战。至城北清水河，为奚羯所戮，唯三数人伏草莽间获免。其乐人本玄宗所赐，皆非人间之伎，转相教习，得五百余人。或一人肩符，首戴二十四人。（寅恪案：“肩”一本作“扇”，

"首戴"下有阙字,"符"字义亦难通,疑并脱误,俟考。)戴竿长百余尺,至于竿杪人腾掷如猿狖飞鸟之势,竟为奇绝,累日不惮。观者汗流目眩。

《独异志》上云:

德宗朝有戴竿三原妇人王大娘,首戴十八人而行。

《教坊记》云:

筋斗裴承恩妹大娘,善歌,兄以配竿木侯氏。

又云:

范汉女大娘子,亦是竿木家。开元二十一年出内,有姿媚而微愠羝。(原注云:谓腋气也。)

寅恪案:裴为疏勒国姓(参《旧唐书》一四六、《新唐书》一一〇《裴玢传》)。裴承恩有为西胡之可能。范汉女大娘子有腋气,疑即是胡臭(参拙著《狐臭与胡臭》,载一九三七年六月清华大学中国文学会编《语言与文学》)。夫范氏既为竿木家,当与其同类为婚姻,亦杂有西胡血统。故疑此戏亦来自西域也。日本正仓院《南棚漆弹弓背》第二段绘有戴竿戏(见《正仓院考古记》图版二六),又史浩《鄮峰真隐漫录》亦有竹竿子之语,皆可资参考。(周一良先生谓齐东昏侯善作担幢之戏,是此技亦传入南朝也。详见《南史》六《齐本纪·东昏侯纪》、《南齐书》七《东昏侯纪》及《通鉴》一四二《齐纪》"永元元年十二月"条。)

总之,此类百戏,来自中亚。虽远在汉世,已染其风。而直至唐朝,犹有输入。如《旧唐书》二九《音乐志》略云:

幻术皆出西域,天竺尤甚。汉武帝通西域,始以善幻人至中

> 国。我高宗恶其惊俗，敕西域关令，不令入中国。

即为其证。然颇疑唐世所盛行者，多因于后魏、北齐、杨隋之一脉流传，一如胡乐之比。拙著《隋唐制度渊源略论稿·音乐章》中曾涉及此事，故于此不多赘列焉。

抑尤可论者，微之《立部伎》云“胡部新声锦筵坐”，指坐部伎而言，此唐代新输入之胡乐也。其所谓“中庭汉振高音播”以及乐天所咏之杂戏，指《立部伎》而言。则后魏、北齐、杨隋及李唐初年输入之胡乐与胡伎也。至二公所谓雅乐，即《法曲》之类，其中既不免杂有琵琶等胡器，是亦更早输入之胡乐也。然则二公直以后来居上者，为胡部新声，积薪最下者，为先王雅乐耳。夫《法曲》之乐，既杂有胡器，而《破阵乐》之类，据《通典》一四六《乐典》“坐立部伎”条所云：

> 自《安乐》以后，皆雷大鼓，杂以龟兹乐，声振百里，并立奏之。

知尤多胡音，则微之诗注所云：

> 太常丞宋沇传汉中王旧说云，明皇虽雅好度曲，然而未尝使蕃汉杂奏。天宝十三载始诏道调法曲与胡部新声合作。识者异之。明年禄山叛。

乐天《法曲》篇注所云：

> 法曲虽似失雅音，盖诸夏之声也。故历朝行焉。（此下略同元诗《立部伎》注。）

其不合事实真相，自极明显。特古文运动家尊古卑今，崇雅贱俗，乃其门面语，本不足深论也。

白诗“太常三卿尔何人”句，“太常三卿”云者，《唐六典》一四(《旧唐书》四四《职官志》、《新唐书》四八《百官志》并同）云：

太常寺卿一人，少卿二人。

是也。

元诗“中庭汉振高音播”句，所谓“汉振”者，据守山阁本《羯鼓录》(《唐语林》五同）略云：

宋开府璟与上（明皇）论鼓事曰：“不是青州石末，即是鲁山花瓷。撚小碧上，掌下须有朋（原注云：去声。）肯声。”据此，乃是汉震第二鼓也。上与开府兼善两鼓，而羯鼓偏好，以其比汉震稍雅细焉。

此汉震即汉振也。

元诗“昔日高宗尝立听，曲终然后临御座”者，《旧唐书》二九《音乐志》略云：

《破阵乐》太宗所造也。享宴奏之，天子逊位，坐宴者皆兴。

《旧唐书》一八八《孝友传·裴守真传》(《通典》一四六《乐典》“坐立部伎”条原注，《唐会要》三三“破阵乐”条同）略云：

又《神功破阵乐》《功成庆善乐》二舞，每奏，上皆立对。守真又议曰：“详览博记，未有皇王立观之礼。臣等详议，奏二舞时，天皇不合起立。”时并从守真议。会高宗不豫，事竟不行。

者，是也。

元诗“明年十月燕寇来”句，与其《连昌宫词》“明年十月东都破”句俱为误记。据《新唐书》五《玄宗纪》(《旧唐书》九

《玄宗纪下》及《通鉴》二一七《唐纪·玄宗纪》“天宝十四载”、二一八《肃宗纪》“至德元载”诸条同）略云：

〔天宝十四载〕十一月安禄山反。十二月丁酉陷东京。天宝十五载六月己亥禄山陷京师。

则禄山之反，在天宝十四载十一月。其破东都，在同年十二月。微之于此一误再误，必非偶尔忽略，可谓疏于国史矣。

华　原　磬

乐天《新乐府》于《立部伎》之后，即继以《华原磬》《上阳白发人》《胡旋女》《新丰折臂翁》诸篇者，以此数篇皆玄宗时事。自此以上由《七德舞》至《海漫漫》，则以太宗时事为主，（《法曲》一篇虽以永徽始，然永徽之政有贞观之风，故诗中有“积德重熙有余庆”之言，是亦与太宗有关也。）此盖以时代为分合者也。

乐天此篇《小序》下自注与微之诗题下自注同，盖皆出于李公垂原诗传。《大唐新语》一〇《厘革篇》“开元中天下无事”条末语亦与相同。刘氏与李、元、白三公为同时人，其所述亦同出于一源也。

元白二公此篇意旨，俱崇古乐贱今乐，而据《白氏长庆集》四八《策林》第六十四目《复乐古器古曲》略云：

夫器者所以发声，声之邪正，不系于器之今古也。曲者所以名乐，乐之哀乐，不系于曲之今古也。若君政骄而荒，人心动而怨，则须舍今器用古器，而哀淫之声不散矣。若君政善而美，人心平而和，则虽奏今曲废古曲，而安乐之音不流矣。臣故以为销郑卫之声，复正始之音者，在乎善其政，和其情，不在乎改其器易其曲也。

然则射策决科之论，与陈情献谏之言，固出一人之口，而乖牾若是，其故何耶？乐天《和答诗十首序》（《白氏长庆集》二）云：

同者谓之和，异者谓之答。

殆即由李氏原倡本持此旨，二公赋诗在和公垂原意，遂至不顾其前日之主张欤？

虽然，寅恪尝反覆详读元白二公《华原磬》之篇，窃疑微之诗篇末所云“愿君每听念封疆，不遣豺狼剿人命”，乐天诗篇中所云“古称浮磬出泗滨，立辩致死声感人”及“宫悬一听华原石，君心遂忘封疆臣。果然胡寇从燕起，武臣少肯封疆死”，殆有感于当时之边事而作。微之所感者，为其少时旅居凤翔时所见。乐天所感者，则在翰林内廷时所知。故皆用《乐记》：

钟声铿，铿以立号，号以立横，横以立武。君子听钟声，则思武臣。石声硁，硁以立别，别以致死。君子听磬声，则思死封疆之臣。

之义，以发挥其胸中之愤懑，殊有言外之意，此则不必悉本之于公垂之原倡也。乐天《新乐府大序》谓其辞直而径，揆以此篇，则亦未尽然。陆务观序《施注苏诗》，极言能得作者微旨之难（见《渭南集》一五《〈施司谏注东坡诗〉序》），今读《华原磬》之篇而益信。其说详后乐天《新乐府·西凉伎篇》及前微之艳体诗笺证中，兹不赘论。

此外尚有可论者，自古文人尊古卑今，是古非今之论多矣，实则对外之宣传，未必合于其衷心之底蕴也。沈休文取当时善声沙门之说创为四声，而其论文则袭用自昔相传宫商五音之说（详见《清华学报》九卷二期拙著《四声三问》），韩退之酷喜当时俗讲，以古文改写小说，而自言非三代两汉之书不敢观（见前《长恨歌章》）。此乃吾国文学史上二大事，而其运动之成功，实皆为以古为体，以今为用者也。乐天之作《新乐府》，以《诗经》古诗为体裁，而其骨干则实为当时民间之歌曲，亦为其例。韩、白二公同属古文运动之中心人物，其诗文议论外表内在冲突之点，复相类似。读此《华原磬》篇者，苟能通知吾国文学史上改革关键之所在，当不以诗语与《策林》之说互相矛盾为怪也。

上阳〔白发〕人

此题今敦煌本（巴黎图书馆伯希和号五五四二）作“上阳人”，无“白发”二字。《全唐诗》作“上阳白发人”，注云：

一无“白发”字。

汪本同敦煌本，注云：

一本有“白发”二字。

那波本及卢校本皆有“白发”二字。考此篇乃乐天和微之作者，微之诗题，诸本既均作《上阳白发人》，则似有“白发”字者为是。

可参阅“法曲”条。

此题公垂原倡，而元白二公和之。考《窦氏联珠集》有窦庠《陪留守仆射巡内至上阳宫感兴》二绝句，则李公垂或亦乘此类似机会感兴成诗，否则虽在东都，似亦无缘擅入宫禁之内也。

《白氏长庆集》四一《奏请加德音中节目》有“请拣放后宫人”一条，略云：

> 臣伏见大历以来四十余载，宫内人数积久渐多。伏虑驱使之余，其数犹广。上则屡给衣食，有供亿糜费之烦，下则离隔亲族，有幽闭怨旷之苦。事宜省费，物贵遂情。臣伏见自太宗、玄宗以来，每遇灾旱，多有拣放。伏望圣慈，再加处分。

而《通鉴》二三七《唐纪·宪宗纪》载李绛与乐天同言此事，并系之于元和四年三月之末，又云：

> 闰三月己酉，制出宫人如二人之请。

则其事既与乐天作诗之时相同，自必有关于白公此篇及《七德舞》一篇无疑也。

题下注所引李《传》有：

> 天宝五载已后，杨贵妃专宠，后宫人无复进幸矣。

之言，是公垂之意必以册杨氏为贵妃事在天宝四年八月，故云“五载已后”也（余详《长恨歌》笺证）。“唯向深宫望明月，东西四五百回圆”句，据诗云：

> 玄宗末岁初选入，入时十六今六十。

假定上阳宫人选入之时为天宝十五载（西历七五六年），其年为十六，则至贞元十六年（西历八〇〇年），其年六十。自入宫至此凡历四十五年，须加十六闰月，共约五百五十六望，除去阴雨暗夕，上阳宫人之获见月圆次数，亦不过四五百回。三五之时，月夕生于东，朝没于西，所以言“东西”者，盖隐含上阳人自夕至旦通宵不寐之意也。

“大家遥赐尚书号”句，“大家”者，据蔡邕《独断》上云：

亲近侍从官称〔天子〕曰大家。

盖“大家”乃汉代宫中习称天子之语也。而刘肃《大唐新语》一二《酷忍篇》（参《酉阳杂俎前集》一《忠志类》“上尝梦日乌飞”条）云：

初令宫人宣敕示王后。后曰：“愿大家万岁，昭仪长承恩泽，死自吾分也。”

《旧唐书》一八四《宦官传·李辅国传》云：

〔李辅国〕私奏曰：“大家但内里坐，外事听老奴处置。”

《李义山文集》四纪宜都内人事云：

宜都内人曰：“大家知古女卑于男邪？”（寅恪案：宜都内人以皇帝称武则天也。）

是直至唐世，犹保存此称谓。乐天诗咏宫女，故用宫中俗语也。依唐人作诗通则，俗语限用于近体如七绝之类，而古体则用典雅之词，此《新乐府》虽为摹拟古诗之体，但“大家”一词既于古典有征，而又合于当时宫廷习俗，则乐天下笔时煞费苦心，端可见矣。又“女尚书”之号，古已有之，如《三国志·魏志》三“明帝青龙三年”《注》引《魏略》，及《北史》一五、《魏书》一三《后妃传序》等，即是其例。据《旧唐书》四四《职官志》“宫官”

条（参《新唐书》四七《百官志》“尚宫局”条）云：

宫官。（六尚，如六尚书之职掌。）

是唐代沿袭前代，宫中亦有女尚书之号也。此老宫女身在洛阳之上阳宫，当时皇帝从长安授以此衔，即所谓“遥赐”也。噫！以数十年幽闭之苦，至垂死之年，始博得此虚名，聊以快意，实可哀悯，而诗人言外之旨抑可见矣。（《全唐诗》第十一函王建《宫词》“宫局总来为喜乐，院中新拜内尚书”，亦可供参考也。）

“小头鞋履窄衣裳，青黛点眉眉细长。外人不见见应笑，天宝末年时世妆”句，所以言“外人不见见应笑”者，实有天宝末载与贞元、元和之际时尚不同之意，兹略征旧籍以考释之如下。

关于衣履事，姚汝能《安禄山事迹》下云：

天宝初，贵游士庶，好衣胡服，为豹皮帽。妇人则簪步摇，衩衣之制度，衿袖窄小。

今《新唐书》三四《五行志》云：

天宝初，贵族及士民好为胡服胡帽。妇人则簪步摇钗，衿袖窄小。

即用姚书，足可为此诗“小头鞋履窄衣裳”句之注脚。惟姚书作“天宝初”，而此云“天宝末年时世妆”者，岂窄小之时尚起自天宝初年，下至天宝末载尚未已耶？（又马元调本“天宝末年”作“天宝年中”，虽与姚、欧之书不相冲突，但诗中明言玄宗末岁初选入，似作天宝末年者更为确切也。）

又《白氏长庆集》一四《和梦游春诗》云：

时世宽妆束。

则知贞元末年妇人时妆尚宽大，是即乐天“外人不见见应笑”诗意之所在也。

又观《旧唐书》一七上《文宗纪》云：

> 太和二年五月丁巳，命中使于汉阳公主及诸公主第宣旨，今后每遇对日，不得广插钗梳，不须著短窄衣服。

然则太和初期妇人时妆复转向短窄矣。时尚变迁，回环往复，此古今不殊之通则。寅恪尝以为证释古事者，不得不注意其时代限制，此足为其例证也。

关于画眉事，《才调集》五元微之《有所教》诗云：

> 莫画长眉画短眉，斜红伤竖莫伤垂。（寅恪案：此两句乃当日时势妆，即时世妆之教条也。前已论及。）人人总解争时势，都大须看各自宜。

《有所教》一首在绝体诗中，当为贞元末所作，与乐天《和梦游春诗》所谓“风流薄梳洗，时世宽妆束”为描写同一时代之流行妆束。颇疑贞元末年之时世妆，其画眉尚短，与乐天此诗所言天宝末年之时尚为“青黛点眉眉细长”者，适得其反也。姑记此以俟更考。

“君不见昔时吕尚美人赋”句及此句小注中之“吕尚”，俱应依传世善本作“吕向”。今《文苑英华》九六有吕向《美人赋》（参《新唐书》二〇二《文艺传·吕向传》及《全唐文》三〇一），即乐天所言者也。其作“吕尚”者，盖因太公望之故而误书耳。

复次，微之《行宫（五绝）》（《元氏长庆集》一五）云：

> 寥落古行宫，宫花寂寞红。白头宫女在，闲坐说玄宗。

可与此篇参互并观，盖二者既同咏白头宫女，可借以窥见二公作品关系之密切也。

复次，微之《上阳白发人》诗云：

诸王在阁四十年，七宅六宫门户闷。

寅恪案：钱牧斋校改“七宅”为“十宅”，是也。《唐会要》五《诸王门》（参《旧唐书》一〇七《玄宗诸子·凉王璿传》及《新唐书》八二《十一宗诸子·汴哀王璥传》）略云：

> 先天之后，皇子幼则居内。东封后，（寅恪案：指开元十三年东封泰山言。）以年渐长成，乃于安国寺东附苑城为大宅，分院居之，名为十王宅。十王谓庆、忠、棣、鄂、荣、光、仪、颍、永、延、盛、济等，以十举全数。其后寿、信、义、陈、丰、恒、凉七王又就封，入内宅。开元二十五年鄂、光得罪，忠王继大统，天宝中庆、棣又殁，惟荣、仪十四王居内，而府幕列于外坊，岁时通名起居而已。外诸孙长成，又于十宅外置百孙院。每岁幸华清宫，侧亦有十王宅、百孙院。十王宫人每院四百余人，百孙院三四十人。诸孙纳妃嫁女，亦就十宅中。太子不居于东宫，但居于乘舆所幸之别院。太子之子亦分院而居，婚嫁则同亲王、公主，于崇仁里之礼院。

故“七宅”为“十宅”之讹，据此可以证明矣。至微之此诗结语又云：

> 随炀枝条袭封邑，肃宗血胤无官位。（原注云：肃宗已后诸王并未出阁。）王无妃媵主无婿，阳亢阴淫结灾累。何如决壅顺众流，女遣从夫男作吏。

亦可与《元氏长庆集》三二《献事表》所列十事中“二曰任诸王以固磐石。三曰出宫人以消水旱。四曰嫁诸女以遂人伦”等相参证也。

胡旋女

微之此篇注云：

> 纬书曰：僧一行尝奏明皇曰：“陛下行幸万里，圣祚无疆。”故天宝中岁幸洛阳，冀充盈数。及上幸蜀，至万里桥，乃叹谓左右曰：“一行之奏其是乎？”

寅恪案：此条亦见《国史补》上及《唐语林》五等书。关于预言后验之物语，可不置辨。惟玄宗自开元二十四年冬十月丁卯由洛阳还长安后，即不复再幸东都。此所云“天宝中岁幸洛阳”者，非史实也。可参考《连昌宫词章》。

乐天诗云：

> 天宝季年时欲变，臣妾人人学圆转。中有太真外禄山，二人最道能胡旋。

寅恪案：安禄山能胡旋舞事，见于史传中，如《旧唐书》二〇〇上《安禄山传》（《新唐书》二二五上《逆臣传·安禄山传》及《安禄山事迹》上并同。又《旧唐书》一八三《外戚传·武承嗣传》附延秀传亦有胡旋舞之记载。其事在玄宗前，则此舞为唐代宫中及贵戚所爱好，由来久矣）云：

〔禄山〕晚年益肥壮，腹垂过膝，重三百三十斤。每行以肩膊左右抬挽其身，方能移步。至玄宗前，作胡旋舞，疾如风焉。

即为其证。至于杨太真，则《旧唐书》五一《后妃传上·玄宗杨贵妃传》，《新唐书》七六《后妃传上·玄宗贵妃杨氏传》，俱止言其善歌舞，而不特著其长于胡旋舞。然太真既善歌舞，而胡旋舞复为当时所尚，则太真长于此舞，自亦可能。乐天之言，或不尽出于诗才之想象也。

乐天诗云：

梨花园中册作妃，金鸡障下养为儿。

寅恪案：唐长安有二梨园。一在光化门北，一在蓬莱宫侧。其光化门北者，远在宫城以外。其蓬莱宫侧者，乃教坊之所在（详徐松《两京城坊考》）。准以地望与情事，似俱无作为册妃处所之可能。乐天之言未知所据，又《太真外传》上云：

天宝四载七月，册左卫中郎将韦昭训女配寿邸。是月（寅恪案：乐史作“是月”，即七月，误。应作“八月”。详见《长恨歌章》，兹不置辨。）于凤凰园册太真宫女道士杨氏为贵妃。

则乐史以册杨氏为贵妃之地为凤凰园。凤凰园之位置，今亦无考。或谓宋敏求《长安志·西内》一章（毕沅《关中胜迹图志》五及徐松《两京城坊考》此条俱出宋氏之书）云：

东面一门凤凰门，隋曰建春门，后改通训门。明皇时凤凰飞集通训门，诏改为凤凰门。

似凤凰园与凤凰门有关。唯据《通鉴》二一六《唐纪·玄宗纪》略云：

〔天宝十一载八月〕癸巳杨国忠奏有凤凰见于左藏库屋，出纳判官魏仲犀言凤集库西通训门。十月己亥，改通训门曰凰集门。魏仲犀迁殿中侍御史，杨国忠属吏率以凤凰优得调。

知改通训门为凤凰门在天宝十一载。其事在天宝四载八月册杨氏为贵妃事以后。准以时间，亦殊不合。故于此册妃之处所，唯有阙疑，以俟更考。

至“金鸡障下养为儿”者，据《次柳氏旧闻》（《两唐书·安禄山传》及《安禄山事迹》上并同）云：

天宝中，安禄山每来朝，上特异待之，每为致殊礼，殿西偏张金鸡障，其来辄赐坐。肃宗曰：“天子殿无人臣坐礼，陛下宠之已甚，必将骄也。”上呼太子前曰：“此胡有奇相，吾以此厌弭之尔。”

《安禄山事迹》上（参《两唐书·安禄山传》，《通鉴》二一六《唐纪·玄宗纪》“天宝十载正月甲辰”条及《考异》，赵璘《因话录》等）云：

召禄山入内，贵妃以绣绷子绷禄山，令内人以彩舆舁之，欢呼动地。玄宗使人问之，报云：“贵妃与禄山作三日洗儿，洗了又绷禄山，是以欢笑。”玄宗就观之，大悦。因加赏赐贵妃洗儿金银钱物，极乐而罢。自是宫中皆呼禄山为禄儿，不禁其出入。

则“金鸡障”与“养为儿”本是两事，乐天以之牵合为一，作为“梨花园中册作妃”之对文耳。

新丰折臂翁

此题《新丰折臂翁》，一作《折臂翁》，似作《新丰折臂翁》者为是。盖乐天《新乐府大序》明言“首句标其目”，则《新丰折臂翁》之目，与此篇首句“新丰老翁八十八”更适合故也。

此篇主旨即其结语云：

> 君不闻开元宰相宋开府，不赏边功防黩武。又不闻天宝宰相杨国忠，欲求恩幸立边功。边功未立生人怨，请问新丰折臂翁。

《旧唐书》一四七《杜佑传》（《新唐书》一六六《杜佑传》同）略云：

> 元和元年册拜司徒同平章事。时河西党项潜导吐蕃入寇。边将邀功，亟将击之。佑上《疏》论之曰：“国家自天后以来，突厥默啜兵强气勇，屡寇边城，为害颇甚。开元初，边将郝灵佺亲捕斩之，传首阙下。自以为功代莫与二，坐望荣宠。宋璟为相，虑武臣邀功，为国家生事，止授以郎将。由是讫开元之盛，无人复议开边。中国遂宁，外夷亦静。”

寅恪案：乐天所以称宋璟为宋开府者，虽由宋璟之文散阶至开府仪同三司（参《旧唐书》九六《宋璟传》、一〇六《王毛仲传》），实亦以此为当日通用以称宋璟者，观《国史补》下（《唐语林》四《企羡类》同）略云：

> 开元日（后?）通不以名，而可称者宋开府。

可证也。尤可注意者，乐天此篇论天宝末宰相杨国忠，而取开元初宰相宋璟为对文，固当时述玄宗一朝理乱所系者常举之事例（参《李相国论事集》五“论任贤事”条及同集六“上言开元天宝事”条）。然君卿上疏，在乐天作此诗之前。杜氏之《疏》传诵一时，白氏此诗以宋璟防黩武事为言，与之符同，或受其影响，未可知也。诗中“此臂折来六十年”句，《全唐诗》本“折来”下注云：“一作‘臂折’。”此“一作”语不可通，盖不可读为“此臂臂折六十年”也。今敦煌本及那波道圆本俱作“臂折来来六十年”。初视之，似亦甚不可通，然考《全唐诗》第二十二函段成式《戏高侍御七首》之一云：

> 百媚城中一个人，紫罗垂手见精神。青琴仙子常教示，自小来来号阿真。

则“来来”连文亦唐人常语，《全唐诗》小注殆校写者有所误会耳。至今之翻刻那波本者，亦改唐世旧语之“臂折来来六十年”为令人易解之“此臂折来六十年”，则大可不必矣。

“痛不眠，终不悔”句，敦煌本作“痛不眠兮终不悔”，并两句为一句。考乐天《新乐府五十篇》中多有重叠三言之句，此“兮”字似可不用，敦煌本不必尽从也。

注文中“即鲜于仲通李密覆军之所也”之“李密”，应作“李宓”，此世所熟知者，可勿置论。唯“郝灵佺”之名，则白诗诸本与史传之纪载歧异至多。如今汪本及《全唐诗》本俱作“灵筌”，费衮《梁溪漫志》八“树稼灵佺误”条(《知不足斋丛书》本)略云：

> 白乐天乐府《新丰折臂翁》注云：天武军牙将郝云岑，按此则

名“云岑”，而《旧唐书》作“灵俭”，《新唐书》作“灵佺”，《资治通鉴》作“灵荃”，《考异》中亦无（“无”疑当作“如”）之。（程大昌《考古编》九作“云芩”。）

《通鉴》二一一《唐纪·玄宗纪》“开元四年六月”条作“灵荃”，《考异》云：

《唐历》又云“灵荃”，《旧传》为“灵俭”，今从《唐历》。

岑建功《旧唐书校勘记》六五《突厥传上》略云：

仍与入蕃使郝灵筌。《寰宇记》“筌”作“佺”。而《通鉴考异》引《旧传》作“郝灵俭”，疑“佺”字之误。（寅恪案：百衲本此《传》“筌”作“俭”，与温公所见者同。）

寅恪案：《旧唐书》一四七《杜佑传》，《新唐书》五《玄宗纪》“开元四年六月癸酉”条，《新唐书》一二四《宋璟传》，《新唐书》一六六《杜佑传》，《新唐书》二一五上《突厥传上》，俱作“郝灵佺”，自以作“灵佺”者为是。盖“灵”字在史籍中均同，今白诗诸本亦无歧异。费、程书中作“云”者，自不可从。而“佺”字乃取义于尧时仙人偓佺，与“灵”字有关，不可别作他字也。

又“特勒”当作“铁勒”。盖通常多误“特勤”为“特勒”，而“特勒”复世所习见，浅人因改“铁”为“特”。殊不知“铁勒”为种族之名。“特勒”即“特勤”，乃王子之称，不可混淆也。复次，注文中，“天宝末杨国忠为相，重构阁罗凤之役，募人讨之”之“天宝末”，宋本作“天宝十一载”。其实鲜于仲通之败，尚在其前一岁，即天宝十载也。又乐天《蛮子朝》“至今西洱河岸边，箭孔刀痕满枯骨”句注云：

天宝十三载鲜于仲通统兵六万讨云南王阁罗凤于西洱河，全军覆没也。

寅恪案：天宝十三载李宓败死于西洱河，乐天此篇注谓杨国忠重构阁罗凤之役，其意亦恐是指天宝十三载李宓之败而言，特混李宓为鲜于仲通耳。若果如是，则宋本《注》中之“天宝十一载”，当作“十三载”矣。今计自天宝十载即西历七五一年，或天宝十三载即西历七五四年，至元和四年即西历八〇九年此篇作成之岁，共为五十九年或五十六年。例如诗言新丰翁年二十四为天宝十三载，则是岁其年八十。然则所谓“新丰老翁八十八”者，押韵之故，“臂折来来六十年”者，举成数言之，不足深论。至“八十八”三字，敦煌本作“年八十”者，诗人举成数言之，本亦可通，不必以其巧合八十之年为说也。

复次，此篇为乐天极工之作。其篇末“老人言，君听取”以下，固《新乐府大序》所谓“卒章显其志”者，然其气势若常山之蛇，首尾回环救应，则尤非他篇所可及也。后来微之作《连昌宫词》，恐亦依约摹仿此篇，盖《连昌宫词》假宫边老人之言，以抒写开元天宝之治乱系于宰相之贤不肖及深戒用兵之意，实与此篇无不相同也。（此篇所写之折臂翁为新丰人。新丰即昭应县之本名，为华清宫之所在，是亦宫旁居民也。）至《连昌宫词》以“连昌宫中满宫竹”起，以“努力庙谟休用兵”结，即合于乐天《新乐府》“首句标其目，卒章显其志”之体制，自更不待论矣。

太行路

乐天此篇《小序》云：

借夫妇以讽君臣之不终也。

或疑《李相国论事集》二"论白居易事"条所云，宪宗怒白居易不逊，欲逐之出翰林事与此有关。考此事亦见于《通鉴》二三八《唐纪·宪宗纪》中，而附记于"元和五年六月甲申白居易复上奏以为臣比请罢兵"条下。其时间虽似稍晚，但乐天《新乐府五十首》中如《海漫漫》《杏为梁》诸篇，疑亦作于元和四年以后，则此说不为无见。惟可注意者，乐天此时虽居禁近，实为小臣，诗中"左纳言，右纳（内）史"句，乃指宰相大臣而言，非乐天自况之辞也。

复次，《新乐府》之作既在元和四年或略后，而其时宪宗朝大臣并无所谓"朝承恩，暮赐死"之情事，乐天所指言者，其在德顺二宗之世乎？

《旧唐书》一二《德宗纪上》（《旧唐书》一一八、《新唐书》一四五《杨炎传》同）略云：

建中二年七月庚申，以中书侍郎平章事杨炎为左仆射。十月乙酉，尚书左仆射杨炎贬崖州司马，寻赐死。

同书一三六《窦参传》（参《新唐书》一四五《窦参传》，《通鉴》二三四《唐纪·德宗纪》"贞元八年四月乙未"条、"贞元九年三月"条）略云：

明年（贞元五年）拜中书侍郎同平章事领度支盐铁转运使。贬参郴州别驾，贞元八年四月也。〔九年三月〕乃再贬为驩州司马，未至驩州，赐死于邕州武经镇。

寅恪案：杨炎以文学器用，窦参以吏识强干，俱为德宗所宠任，擢登相位，而并于罢相后不旋踵之间，遂遭赐死，此诚可致慨者也。

又《会昌一品集》一二《论救杨嗣复李珏陈（裴?）夷直第三状》（参《新唐书》一八〇《李德裕传》）云：

伏见贞元初，（寅恪案：刘晏之赐死实在建中初。）宰臣刘晏缘德宗在东宫时涉动摇之论，竟以此坐死。旋则朝廷中外皆以为冤，两河不臣之地悉恐亡惧（?）。德宗寻亦追悔，官其子孙。

寅恪案：刘晏为代宗朝旧相，最有贤名，而德宗以疑似杀之，斯为失政之尤。此当时后世所以咸致冤痛也。

《旧唐书》一四《宪宗纪上》（参《新唐书》七《宪宗纪六二·宰相表中》）云：

〔永贞元年十一月〕贬正议大夫中书侍郎韦执谊为崖州司马，以交王叔文也。

寅恪案：韦执谊流贬于宪宗即位之年，距乐天作诗之时甚近。乐天始终同情于牛僧孺，而牛僧孺曾受韦执谊之知奖（见《唐文粹》五六李珏《牛僧孺神道碑》及六八杜牧《丞相奇章公墓志铭》）。复考《白氏长庆集》二七有《为人上宰相书》一篇，据其中所言此宰相拜相之日，知必为执谊无疑。然则执谊虽未赐死，但其进退荣辱易致乐天之感触，自甚明也。乐天此篇之作，或竟为近慨崖州之沉沦，追刺德宗之猜刻，遂取以讽谏元和天子耶?

诗中“左纳言，右纳史”句，《唐六典》八“门下省侍中”条略云：

门下省侍中二人，隋氏讳忠，改为纳言。炀帝十二年，改纳言为侍内。皇朝初为纳言，武德四年改为侍中。龙朔二年改为东台左相。咸亨元年复旧。光宅元年改为鸾台纳言。神龙元年复旧。开元元年改为黄门监，五年复旧，曰门下省侍中。

同书九“中书省中书令”条略云：

中书省中书令二人，隋氏改中书省为内史省，置内史省监令各一人，寻废监，置令二人。炀帝十二年改为内书省。武德初为内史省。三年改为中书省。龙朔三年改省为西台，令为右相。咸亨元年复旧。光宅二年改中书为凤阁，令为内史。神龙元年复旧。开元元年改为紫微令，五年复旧。

寅恪案：据此，则“右纳史”当作“右内史”也。

又《白氏长庆集》一《初入太行路诗》结语云：

若比世路难，犹自平于掌。

可与此篇旨意相参照也。

司　天　台

此篇《小序》云：

引古以儆今也。

其诗云：

耀芒射角动三台，上台半灭中台坼。

寅恪案：《晋书》三六《张华传》略云：

代下邳王晃为司空，领著作。初，华所封壮武郡，有桑化为柏。又华舍及监省数有妖怪。〔华〕少子韪以中台星坼，劝华逊位。华不从。

则古有中台星坼三公须避位之说。是此篇所刺者，岂即当时之执政耶？考元和四年之三公及宰相为杜佑、于頔、郑䌹、裴垍、李藩五人。其中裴垍曾在翰林与乐天同官交好（参《白氏长庆集》四一《论制科人状》）。李藩则由裴垍之推荐，致身相位（参《旧唐书》一四八《李藩传》）。郑䌹亦尝为乐天素所不喜之李吉甫所诬构，而为其道谊相合之李绛所救解（参《李相国论事集》二“论郑䌹”条及《通鉴》二三七《唐纪·宪宗纪》“元和二年十一月它日上召李绛对于浴堂”条）。则此三人者，似俱不应为乐天所讥诮。又汉家故事，凡遇阴阳灾变，则三公纵不握实权者，亦往往为言者所指斥，而实际柄政之臣，则时或不任其咎。乐天作诗时，裴垍为中书侍郎同平章事，郑䌹、李藩相代为门下侍郎同平章事（郑䌹于二月丁卯罢为太子宾客，李藩于二月丁卯由给事中拜）。虽为宰相，并非三公。揆以乐天引古儆今之语，则乐天所指言者，殆属之当时司徒杜佑、司空于頔二人之一矣。

《周礼注疏》一八《春官》“大宗伯之职”条贾公彦《疏》引《武陵太守星传》云：

三台一名天柱。上台司命为太尉，中台司中为司徒，下台司禄为司空。

《后汉书》六〇下《郎𫖮传》略云：

顺帝时灾异屡见，阳嘉二年正月，公车征，𫖮乃诣阙拜章。〔言七事，其六事曰：〕，又《易传》曰，公能其事，序贤进士，后必有喜。反之，则白虹贯日。以甲乙见者，则谴在中台。自司徒〔刘崎〕居位，阴阳多谬。宜黜司徒，以应天意。

寅恪案：古以司徒上应三台之中台，故“谴在中台”则“宜黜司徒”。前引《晋书》之文，所谓“中台星坼”而张华子韪劝其避位者，不过张韪鉴于当时政局之动荡，特欲其父避祸引退耳，非即谓中台直指司空而言也。然则是篇所指，其杜岐公乎？又《白氏长庆集》六七《司徒令公（裴度）分守东洛移镇北都辄奉五言四十韵寄献以抒下情》诗云：

天上中台正，人间一品高。

尤可与此说相印证也。当日杜岐公以年过七十尚不致仕，深为时论所非。乐天《秦中吟·不致仕》一首，显为其事而发，宜《新乐府》中有此一篇也。或有以杜岐公已于元和二年正月请致仕，而为宪宗所不许。且乐天又深有取于其戒边功防黩武之论，似不应致过分之讥诮为疑者。是又不然。高郢以元和五年九月致仕(《旧唐书》一四《宪宗纪》)，时草制者犹以“近代寡廉，罕由斯道”隐讥杜氏(《国史补》中)，而乐天所草《答高郢请致仕第二表》(《白氏长庆集》三九）亦以：

援礼引年，遗荣致政。人鲜知止，卿独能行。不唯振起古风，亦足激扬时俗。

为言（可参《白氏长庆集》一《高仆射诗》），则当日之舆论可知矣。至《新丰折臂翁》一篇，或即取义于杜岐公之疏者，亦不过不以人废言之义耳。

复次，《白氏长庆集》四〇《季冬荐献太清宫词》略云：

维元和二年，岁次丁亥，十二月甲寅朔二十六日己卯，嗣皇帝臣稽首大圣祖高上大道金阙玄元天皇大帝：伏以今年司天台奏，正月三日祀上帝于南郊，佳气充塞，四方温润，祥风微起。司天台奏，六月五日夜镇星见。司天台奏，六月十三日夜老人星见。司天台奏，冬至日佳气充塞，瑞雪祁寒者。谨遣摄太尉、司徒、平章事杜佑荐献以闻。

乐天此篇之作，或即以曾草是文而有所感触耶？

捕　蝗

《旧唐书》一二《德宗纪上》（参《旧唐书》三七、《新唐书》三七《五行志》）略云：

兴元元年，是秋螟蝗蔽野，草木无遗。贞元元年四月，关东大饥，赋调不入，由是国用益窘，关中饥民蒸蝗虫而食之。五月癸卯，分命朝臣祷群神以祈雨。蝗自海而至，飞蔽天，每下则草木及畜毛无复孑遗，谷价腾踊。七月，关中蝗食草木都尽。甲子，诏：蝗虫继臻，弥亘千里，菽粟翔贵，稼穑枯瘁，嗷嗷蒸人，聚泣田亩。朕自今视朝不御正殿，有司供膳并宜减省，不急之务一切停罢。

考贞元元年乐天年十四，时在江南，求其所以骨肉离散之故，殆由于朱泚之乱。而兴元、贞元之饥馑，则又家园残废之因。观《白氏长庆集》一三《自河南经乱关内阻饥弟兄离散各在一处因望月有感聊书所怀寄上浮梁大兄于潜七兄乌江十五兄兼示符离及下邽弟妹》诗云：

时难年饥世业空。

可证也。又《通鉴》二三二《唐纪·德宗纪》“贞元二年夏四月”条云：

时比岁饥馑，兵民率皆瘦黑。至是麦始熟，市有醉人，当时以为嘉瑞。人乍饱食，死者复伍之一。数月人肤色乃复故。

夫兵乱岁饥，乃贞元当时人民最怵目惊心之事。乐天于此，既余悸尚存，故追述时，下笔犹有隐痛。其贞元十四五年间所作寄家人诗（见《历史语言研究所集刊》第十二本岑仲勉先生《〈文苑英华辨证〉校白氏诗文附按》），实可与元和四年所作此《捕蝗》诗互相证发也。乐天于元和中不主张用兵，固习于贞元以来朝廷姑息藩镇，以求苟安之措施。唯与此似亦不无心理情感之关系。未必悉因党派之分野，而反对李吉甫、吐突承璀之积极政策也。《旧唐书》九六《姚崇传》（《旧唐书》三七、《新唐书》三六《五行志》及《新唐书》一二四《姚崇传》略同）所记捕蝗之事，多可与此篇词语相参证。兹略录其文如下：

开元四年〔五月〕，山东蝗虫大起，崇乃遣御史分道杀蝗。汴州刺史倪若水执奏曰：“蝗是天灾，自宜修德。”仍拒御史不肯应命。崇大怒，牒报之曰：“古之良守，蝗虫避境。若其修德可免，彼岂无德致然？今坐看食苗，何忍不救？因以饥馑，将何以安？”若水乃行焚瘗之法，获蝗一十四万石，投汴渠，流下者不可胜纪。时朝廷喧议，皆以驱蝗为不便，黄门监卢怀慎谓崇曰：“蝗是天灾，岂可制以人事，外议咸以为非。又杀虫太多，有伤和气。今犹可复，请公思之。”崇曰：“若杀虫救人，因缘致祸，崇请独受，义不仰关。”

寅恪案：姚崇所谓“古之良守，蝗虫避境”与白诗所谓“我闻古之良吏有善政，以政驱蝗蝗出境”并可参阅《后汉书》五五《卓茂传》。白诗所谓“岂将人力竞天灾”者，即如倪若水“蝗是天灾，自宜修德”及卢怀慎“蝗是天灾，岂可制以人事”之说。乐天对于蝗虫之识解，同于卢、倪，此则时代囿人，贤者不免，亦未足深责也。

诗末自注云：

贞观二年太宗吞蝗虫事，具《贞观实录》。

寅恪案：此篇结语以文皇吞蝗事为言，疑亦为乐天作《七德舞》时扯寻材料所采摭之余义。可与论《二王后》《海漫漫》《百炼镜》诸条相参证。又此事亦见今戈本《贞观政要》八《论务农篇》。

昆　明　春

此篇《小序》下注云：

> 贞元中始涨之。

《册府元龟》一四《帝王部·都邑门》（参《旧唐书》一三《德宗纪下》“贞元十三年八月丁巳”条）云：

> 〔贞元十三年〕八月诏曰，昆明池附近都城，古之旧制，蒲鱼所产，实利于人。宜令京兆尹韩皋充使，即勾当修堰涨池。

者，是也。今《文苑英华》三五(《全唐文》六四四）有张仲素《涨昆明池赋》，同书同卷(《全唐文》九五七）亦载宋惨《涨昆明池赋》。徐松《登科记考》一四“贞元十四年李随榜”有李翱、张仲素、吕温等，唯此年试题为《鉴止水赋》及《青出蓝诗》，与此无涉。考董逌《广川书跋》八“李翱题名”条略云：

> 今考文公所书，知府送皆有会集，书于慈恩石楹。盖当时等甲进士便与科名等，故世尤贵重。观《韦贯之集》有启献韩贞公乞免知进士举，当时贞公欲以解头目送文公，由是乃得以李翱为第一，张仲素次之。盖自十人解送而九人入等，时以为盛，即此题名是也。

徐氏所据以考定李、张为贞元十三年京兆等第者，即李文公《感知己赋》与此条也。董氏所记韩贞公即皋，既与李文公之府送有此一段因缘，而皋实又为贞元十三年以京兆尹主持涨昆明池之役者，颇疑张氏之《赋》即应京兆府试而作，乐天为贞元十六年进士，与张氏作《赋》时相距至近，殊有得见此《赋》之可能，或者乐天《新乐府》中《昆明春》一篇，殆即受张《赋》之启发耶？

复次，卢校本云：

题无“水满”二字，“贞元中始弛之”与上文连。

岑仲勉先生《论〈白氏长庆集〉源流并评东洋本〈白集〉》（见《历史语言研究所集刊》第九本四四五页）云：

按：作“弛之”是也。东本全诗均误。唯此句是注，与题连则非。

寅恪案：岑说“此句是注，与题连则非”是也。惟诗中虽有：

诏以昆明近帝城，官家不得收其征。菰蒲无租鱼无税，近水之人感君惠。

诸句，即弛禁之意，但亦别有：

诏开八水注恩波，千介万鳞同日活。

之言，可与“涨之”语意相应。若再以张、宋之题作《涨昆明池赋》证之，则那波本、汪本注作“涨之”，《全唐诗》注作“涨泛”者，当亦非无据也。

“诏开八水注恩波”句，所谓八水者，《三辅黄图》六所纪，关中八水皆出上林，（一）灞水，（二）浐水，（三）泾水，（四）渭水，（五）丰水，（六）镐水，（七）牢水，（八）潏水是也。

“吴兴山中罢榷茗”者，《国史补》下云：

风俗贵茶，茶之名益重。湖州有紫笋。

同书同卷又云：

常鲁公(《旧唐书》一九六下《吐蕃传下》及《册府元龟》九八〇《外臣部·出使门》并有建中二年常鲁随崔汉衡出使吐蕃

事。李氏所指殆即常鲁，今本作“常鲁公”，乃传写之误。）使西蕃，烹茶帐中。赞普问曰：“此为何物？”鲁公曰：“涤烦疗渴，所谓茶也。”赞普曰：“我此亦有。”遂命出之，以指曰：“此寿州者，此舒州者，此顾渚者，此蕲门者，此昌明者，此浥湖者。”（寅恪案：据此可知顾渚之茶，亦远输吐蕃矣。）

《南部新书》戊云：

唐制，湖州造茶最多，谓之顾渚贡焙。焙在长城县西北。大历五年以后，始有进奉。故陆鸿渐《与杨祭酒书》云：“顾渚山中紫笋茶两片。此物但恨帝城未得尝，实所叹息。一片上太夫人，一片充昆弟同啜。”后开成三年，以贡不如法，停刺史裴充。

《新唐书》四〇《地理志》“湖州吴兴郡”条云：

土贡，紫笋茶，长城〔县〕顾山，有茶以供贡。

《旧唐书》一三《德宗纪下》云：

贞元九年春正月癸卯，初税茶，岁得钱四十万贯，从盐铁使张滂所奏。茶之有税，自此始也。

同书四九《食货志》云：

贞元九年正月，初税茶。

《新唐书》五四《食货志》云：

贞元八年，以水灾减税。明年，诸道盐铁使张滂奏：“出茶州县若山及商人要路，以三等定估，十税其一。”自是岁得钱四十万缗，然水旱亦未尝拯之也。

皆有关税茶与吴兴顾渚盛产名茶之史料也。

“鄱阳坑里休税银”者，《贞观政要》六《论贪鄙篇》云：

贞观十年，治书侍御史权万纪上言：宣饶二州诸山，大有银坑，采之极是利益，每岁可得钱数百万贯。

《旧唐书》一三六《齐映传》（《新唐书》一五〇《齐映传》同）云：

又改洪州刺史、江西观察使。映常以顷为相辅，无大过而罢，冀其复入用，乃掊敛贡奉，及大为金银器以希旨。先是银瓶高者五尺余，李兼为江西观察使，乃进六尺者。至是因帝（德宗）诞日端午，映为瓶高八尺者以献。

《新唐书》四一《地理志》“饶州鄱阳郡”条云：

土贡麸金银。

榷茗贡银者，贞元之弊政；放昆明池鱼蒲之税租者，德宗之仁施。映对明显，寄慨至深。以此为言，诚可谓善讽者矣。

又，乐天于贞元十五年由宣州解送，十六年成进士。若贞元十三年京兆府试以“涨昆明池”为试题，唐世选人必深注意其近年考试之题目，以供揣摩练习，与明清时代无异，则修治昆明池一事，自当为乐天所记忆。又乐天少时曾往来吴越间，其兄复在浮梁（可参汪立名本《乐天年谱》），是以追忆京都之往事，兼念水乡之旧游，遂就其亲所闻见榷茗税银之弊政，而痛陈之也。

城 盐 州

微之《新乐府》虽无此题，但乐天此篇诮边将之旨，必有取于其《西凉伎》《缚戎人》二篇之意，自不待言，唯此篇：

美圣谟而诮边将也。

之全部主旨，及诗中“盐州未城天子忧”“德宗按图自定计，非关将略与庙谋”“翻作歌词闻至尊”诸句，则不独造意悉承自杜工部《诸将》第二首“独使至尊忧社稷，诸君何以答升平”之结论，即其遣词亦多用浣花原语。他如此篇“韩公创筑受降城”一句，乃《诸将》第二首起句“韩公本意筑三城”之改写，亦其证也。夫乐天于贞元之时，既未尝历职清要，自不得预闻朝廷之大计。其崇美君主之英明独断，全远资少陵于代宗时所作之诗为模楷，此所以未见有当于当日之情事也（详见下论）。至于讥诮边将之养寇自重，则近和微之在凤翔时亲见亲闻之原意，故不为泛泛之词也。由是观之，读乐天此篇者，必应取少陵《诸将》第二首参互比较，始能得其真解，又可知矣。此篇《小序》下注云：

贞元壬申岁，特诏城之。

寅恪案：壬申岁，贞元八年也。考《旧唐书》一三《德宗纪下》云：

贞元九年二月辛酉，诏复筑盐州城。贞元三年，城为吐蕃所毁。自是塞外无堡障，犬戎入寇。既城之后，边患息焉。

同书一四四《杜希全传》、《杨朝晟传》及一九六下《吐蕃传下》亦均系是役于贞元九年，独《通鉴》二三四《唐纪·德宗纪》“贞元九年二月辛酉”条，《考异》略云：

《邠志》：八年诏追张公（献甫）议筑盐、夏二城云云。白居易《乐府·城盐州》注亦云：“贞元壬申岁，特诏城之。”而《实录》在九年二月，盖去岁诏使城之。今年因命杜彦光等而言之。

君实作史，采及此注，足征虽细不遗。《通鉴》之为杰作，于此可见矣。兹略移录《旧唐书·杜希全传》（参《新唐书》一五六《杜希全传》）纪载当日筑城之经过于下，以备读乐天此诗者之参证焉。

希全以盐州地当要害，自贞元三年西蕃劫盟之后，州城陷虏，自是塞外无保障，灵武势隔，西通鄜坊，甚为边患。(《新传》此下有“请复城盐州”五字。）朝议是之。九年，诏曰：“设险守国，《易象》垂文，有备无患，先王令典。况修复旧制，安固疆里，偃甲息人，必在于此。盐州地当冲要，远介朔陲，东达银夏，西援灵武，密迩延庆，保扞王畿。乃者城池失守，制备无据，千里庭障，烽燧不接，三隅要害，役戍其勤。若非兴集师徒，缮修壁垒，设攻守之具，务耕战之方，则封内多虞，诸华屡警，由中及外，皆靡宁居。深惟永图，岂忘终食？顾以薄德，至化未孚。既不能复前古之治，致四夷之守，与其临事而重扰，岂若先备而即安？是用弘久远之谋，修五原之垒，使边城有守，中夏克宁，不有暂劳，安能永逸？宜令浑瑊、杜希全、张献甫、邢君牙、韩潭、王栖耀、范希朝，各于所部简练将士，令三万五千人同赴盐州，神策将军张昌宜权知盐州事，应板筑杂役，取六千人充。其盐州防秋将士率三年满更代，仍委杜彦先（光?）具名奏闻，悉与改转。朕情非己欲，志在靖人，咨尔将相之臣，忠良之士，输诚奉命，陈力忘忧，勉茂功勋，永安疆埸，必集兵事，实惟众心，各相率励，以副朕志。”凡役六千人，二旬而毕。时将板筑，仍诏泾原剑南山南诸军深讨吐蕃以牵制之。由是板筑之时，虏不及犯塞。城毕，中外称贺。由是灵武、银夏、河西稍安，虏不敢深入。

诗云：

城在五原原上头。

寅恪案：《元和郡县图志》四“灵武节度使盐州五原县”条略云：

盐州〔治〕五原县。五原谓龙游原、乞地干原、青领原、可岚贞原、横槽原也。

则五原为盐州治所及五原县之得名，可据知也。

诗云：

蕃东节度钵阐布。

寅恪案：《新唐书》二一六下《吐蕃传下》云：

〔元和〕五年，以祠部郎中徐复往使，并赐钵阐布书。虏浮屠豫国事者也，亦曰钵掣逋。

又《白氏长庆集》三九有《与吐蕃宰相钵阐布敕书》，乃乐天在翰林时所草。盖城盐州时，钵阐布尚未为吐蕃宰相也。

诗云：

金鸟飞传赞普闻，建牙传箭集群臣。

寅恪案：《旧唐书》一九六下云：

适有飞鸟使至，飞鸟犹中国驿骑也。

《新唐书》二一六上《吐蕃传上》云：

其举兵以七寸金箭为契，百里一驿。有急兵，驿人臆前加银鹘。甚急，鹘益多。

赵璘《因话录》四《角部之次》（参《唐语林》八《补遗》）云：

蕃法刻木为印，每有急事，则使人驰马赴赞府牙帐。日行数百里，使者上马如飞，号为鸟使。

知此乃吐蕃之制度也。

诗云：

君臣赭面有忧色。

寅恪案：《旧唐书》一九六上《吐蕃传上》（《新唐书》二一六上《吐蕃传上》同）云：

〔文成〕公主恶其人赭面，〔弃宗〕弄赞令国中权且罢之。

敦煌写本法成译《如来像法灭尽之记》中有赤面国，乃藏文（Kha-dmar）之对译，即指吐蕃而言。盖以吐蕃有赭面之俗故也。

诗云：

长安药肆黄蓍贱。

寅恪案：《本草纲目》一一引唐苏恭《本草》云：

黄蓍，今出原州者最良。

盖秦原暗通，故黄蓍价贱也。

诗云：

韩公创筑受降城。

寅恪案：张仁亶筑三受降城事，世所习知，亦唐人所盛称者。如杜子美之诗、吕和叔之铭，皆其例证也。

诗云：

德宗按图自定计，非关将略与庙谋。

寅恪案：乐天此语，意谓城盐州之举全出德宗之旨，非关将相谋略，不知有何依据。考上引《旧唐书·杜希全传》之纪载，则城盐州之议本由希全发之。而贞元八九年间，陆宣公正为宰相，甚得君心，事关军国大计，德宗似无不与商议之理，故此句所咏疑与当时情势有所未合也。

道州民

阳城事迹，见韩愈《顺宗实录》二“永贞元年三月壬申追前谏议大夫道州刺史阳城赴京师”条，及同书四“永贞元年六月癸丑赠故道州刺史阳城左常侍”条，《旧唐书》一九二《隐逸传》，《新唐书》一九四《卓行传》《阳城传》等，此皆世所习知，兹不备录。唯节录《旧传》（参《新传》）所纪阳城抗疏论免道州贡矮奴事于下，以供读此篇者之参证焉。

> 道州土地产民多矮，每年常配乡户，竟以其男号为“矮奴”。城下车，禁以良为贱。又悯其编甿岁有离异之苦，乃抗疏论而免之。自是乃停其贡。民皆赖之，无不泣荷。

诗云：

> 城云臣按六典书，任土贡有不贡无。道州水土所生者，只有矮民无矮奴。

寅恪案：乐天此数句，似即依据阳氏原奏之文。今此奏不载于《全唐文》等书，自无可考。唯道州产民多矮事，除见于前引之新旧《传》外，刘宾客《嘉话录》（刘叔遂《苏莱曼东游记证闻》曾引之，载《中国文化研究汇刊》第四卷）云：

杨国忠尝会诸亲，时知吏部铨事，且欲大噱，已设席呼选人名，引入于中庭，不问资序，短小者道州参军，胡者湖州文学，帘中大笑。

亦可资参证也。所谓“按六典书”“任土贡有不贡无”者，即《唐六典》三“户部郎中员外郎”条云：

郎中员外郎，掌领天下州县户口之事。凡天下十道，任土所出而为贡赋之差。

注云：

旧额，贡献多非土物，或本处不产而外处市供，或当土所宜，缘无额遂止。开元二十五年，令中书门下对朝集使随便条革，以为定准。

者，是也。至关于《六典》曾否行用问题，则自来多所辨说。已详拙著《隋唐制度渊源略论稿·职官章》，兹不赘述。所可言者，《六典》一书，自大历后公式文中可以征引，与现行法令同一效力。观乐天诗所述阳城奏语，亦此问题例证之一也。

篇末云：

道州民，民到于今受其赐，欲说使君先下泪。仍恐儿孙忘使君，生男多以阳为字。

寅恪案：道州民以阳城之姓名子之事，不见于《顺宗实录》及《旧传》，唯《新传》书之，未知所本。考《新唐书》一七六《韩愈传》云：

贬阳山令，有爱在民，民生子多以其姓字之。

而其事亦不见于《旧唐书》一六〇《韩愈传》。此殆为宋景文取自李翱所撰之《韩文公行状》(《李文公集》一一)者。实则《后汉书》一〇六《循吏传·任延传》略云:

征为九真太守。骆越之民,无嫁娶礼法,不识父子之性、夫妇之道。延乃移书属县,各使男年二十至五十,女年十五至四十,皆以年齿相配,其产子者,始知种姓。咸曰:“使我有是子者,任君也。”多名子为任。

白《诗》、李《状》恐是用此故典以为虚美推赞阳、韩二公之词,未必果有其事也。又如《白氏长庆集》六一《元稹墓志铭》云:

三川人慕之,其后多以公姓字名其子。

盖亦同此例也。

抑又可论者,《元氏长庆集》二有《阳城驿》诗,乃微之元和五年春贬江陵士曹参军途中所作,观《白氏长庆集》二《和答诗十首》第二首为《和阳城驿》,其《序》略云:

〔元和〕五年春,微之从东台(东都洛阳御史台)来。不数日,又左转为江陵士曹掾。及到江陵,寄在路所为诗十七章。

可知,颇疑乐天此作与其和微之《阳城驿》诗有关。盖受此暗示,因咏贞元时事而并及之也。此可与《海漫漫》《杏为梁》两篇参证,以此两篇俱有作于元和五年或以后之可能,则《道州民》一篇,亦自有此种可能也。

复次,微之《阳城驿》诗云:

祠(词?)曹讳羊祜,(寅恪案:《晋书》三四《羊祜传》,荆州人为袥讳名，屋室皆以门为称，改户曹为辞曹焉。）此驿何不侔。我愿避公讳，名为避贤邮。

乐天《和阳城驿诗》，深赞同微之改驿名之意，其结语至云：

若作阳公传，欲令后世知。不劳叙世家，不用费文词。但使国史上，全录元稹诗。

可谓极其倾倒矣。后来此驿名竟为之改易。杜牧《樊川集》四《商山富水驿》诗注云：

驿本名与阳谏议同姓名，因此改为富水驿。

即可为证。然则元白诗之流行于当时及其影响之深巨，信有征矣。唯牧之诗之结语云：

驿名不合轻移改，留警朝天者惕然。

虽文人喜作翻案文字，然亦牧之素恶元白之诗所使然也。以其亦与阳城有关，因并附论及之。

驯　犀

公垂此篇诗旨如何，不可考见。微之和其诗，则意主治民不扰，使之遂性，以臻无为之治。所谓：

乃知养兽如养人，不必人人自敦奖，不扰则得之于理，不夺有以多于赏。脱衣推食衣食之，不若男耕女令纺。尧民不自知有尧，但见安闲聊击壤。前观驯象后观犀，理国其如指诸掌。

是也。微之是篇议论稍繁，旨意亦略嫌平常，似不如乐天此篇末数语，俯仰今昔，而特以为善难终为感慨之深挚也。陆放翁《剑南诗稿》一《新夏感事》诗云：

圣主不忘初政美，小儒唯有涕纵横。

盖与乐天此篇有同感而深得其旨矣。考《旧唐书》一三《德宗纪下》略云：

史臣曰：德宗皇帝初总万机，励精治道，思政若渴，视民如伤。凝旒延纳于谠言，侧席思求于多士。其始也，去无名之费，罢不急之官。出永巷之嫔嫱，放文单之驯象。减太官之膳，戒服玩之奢。解鹰犬而放伶伦，止榷酤而绝贡奉。百神咸秩，五典克从。御正殿而策贤良，辍廷臣而治畿甸。此皆前王之能事，有国之大猷，率是而行，夫何敢议？一旦德音扫地，愁叹连甍，果致五盗僭拟于天王，二朱凭陵于宗社。奉天之窘，可为涕零。罪己之言，补之何益？所赖忠臣戮力，否运再昌。虽知非竟逐于杨炎，而受佞不忘于卢杞。用延赏之私怨，夺李晟之兵符。取延龄之奸谋，罢陆贽之相位。知人则哲，其若是乎？贞元之辰，吾道穷矣。

据此，白诗措辞微婉，与史臣书事直质者殊异，此或亦昔人所谓《诗》与《春秋》经旨不同之所在欤？

关于德宗放驯象事，《杜阳杂编》上云：

宏词独孤绶，所司试《放驯象赋》，及进其本，上（德宗）自览考之，称叹得人。因吟其句曰："化之式孚，则必受乎来献；物或违性，斯用感于至仁。"上以绶为知去就，故特书第三等。先是代宗朝文单国累进驯象三十有二。上即位，悉令放之于荆山之南。而绶不斥受献，不伤放弃，故赏其知去就焉。

又《旧唐书》一二《德宗纪上》略云：

〔大历十四年五月〕癸亥即位于太极殿。闰〔五〕月丁亥，诏文单国所献舞象三十二，令放荆山之阳。

寅恪案：德宗即位于大历十四年五月，放驯象即在是年闰五月，但大历为代宗年号，故乐天以德宗初次改元之“建中”为言，其实非建中元年也（参刘文典先生《群书斠补》）。又《旧纪》所谓“放于荆山之阳”者，据《通鉴》二二五《唐纪·德宗纪》“大历十四年闰五月命纵驯象于荆山之阳”条胡《注》云：

此《禹贡》所谓“导汧及岐，至于荆山”者，唐属京兆府富平县界。

然则诗云“驯象生还放林邑”及注云“放归南方”皆有所误会也。

关于驯犀冻死事，《旧唐书》一三《德宗纪下》略云：

〔贞元九年〕十月癸酉，环王国献犀牛，上令见于太庙。十二年十二月己未，大雪平地二尺，竹柏多死。环王国所献犀牛，甚珍爱之，是冬亦死。

寅恪案：贞元九年岁次癸酉，十二年岁次丙子，《元氏长庆集》二四《驯犀篇》引李《传》云：

贞元丙子岁南海来贡。至十三年冬苦寒，死于苑中。

而乐天此篇注中“贞元丙戌”，固应如汪立名之言改为“丙子”，但“贞元十三年”亦应依《旧唐书·德宗纪》改为“贞元十二年”，则汪氏所未及知者也。

诗云：

驯犀驯犀通天犀，躯貌骇人角骇鸡。

者，《抱朴子》一七《内篇·登涉》云：

通天犀角，有一赤理如綖，有自本彻末。以角盛米，置群鸡中，鸡欲啄之，未至数寸，即惊退却，故南人或名通天犀为骇鸡犀。

是也。

诗云：

上嘉人兽俱来远，蛮馆四方犀入苑。

寅恪案：诗所谓“蛮馆四方”者，即《唐六典》一八“典客署典客署令”条注云：

〔隋〕于建国门外置四方馆，以待四方使客，各掌其方国及互市事。皇朝以四方馆隶中书。

及《唐两京城坊考》一“承天门街之西宫城之南第二横街之北”条云：

从东第一，中书外省。次西，四方馆（隋曰谒者台，即诸方通表通事舍人受事之司）者是也。

复次，此篇诗句，如“秣以瑶刍锁以金，故乡迢递君门深。海鸟不知钟鼓乐，池鱼空结江湖心”，亦乐天自比之词。又“一入上林三四年”句，则驯犀于贞元九年十月入献，十二年十二月冻死，实在苑中四年有余，而乐天于元和二年十一月入翰林，至作此篇时在元和四年，亦与驯犀在苑中之岁月约略相近。故此句比拟尤切，词意相关，物我俱化。乐天之诗才，实出微之之上。李公垂之叹服其歌行，固非无因也。

五　弦　弹

此题公垂倡之，微之和之，乐天则《秦中吟》有《五弦》（《才调集》一作《五弦琴》）一篇，《新乐府》有《五弦弹》一篇。其《新乐府》中一篇既以《五弦弹》为题，自是酬李、元之作，但《秦中吟》中《五弦》一篇之辞旨与《新乐府》此篇颇有关连，因亦参合于此论之。

李公垂此题所咏今不可见，未知若何。元白二公则立意不同。微之此篇以求贤为说，乐天之作则以恶郑之夺雅为旨，此其大较也。微之持义固正，但稍嫌迂远。乐天就音乐而论音乐，极为切题。故鄙见以为白氏之作较之元氏此篇，更为优胜也。

微之此篇及白氏之作，俱有赵璧技艺之摹写。盖赵璧之五弦在当时最负盛名。《国史补》下云：

> 赵璧弹五弦，人问其术。答曰："吾之于五弦也，始则心驱之，中则神遇之，终则天随之。吾方浩然，眼如耳，目如鼻，不知五弦之为璧，璧之为五弦也。"

《乐府杂录》"五弦"条云：

> 贞元中有赵璧者，妙于此伎也。白傅讽谏有《五弦弹》。近有冯季皋。

皆可与元白诸作参证也。

又元白二公此题诸篇之词句，并可与其后来所作之《琵琶歌》

《琵琶引》参证。如微之诗中：

风入春松正凌乱，莺含晓舌怜娇妙。呜呜暗溜咽冰泉，杀杀霜刀涩寒鞘。

乐天《秦中吟·五弦》中：

大声粗若散，飒飒风和雨。小声细欲绝，切切鬼神语。

及《新乐府·五弦弹》中：

第五弦声最掩抑，陇水冻咽流不得。五弦并奏君试听，凄凄切切复铮铮。铁击珊瑚一两曲，冰写玉盘千万声。铁声杀，冰声寒。杀声入耳肤血憯，寒气中人肌骨酸。曲终声尽欲半日，四座相对愁无言。座中有一远方士，唧唧咨咨声不已。

等句是也。

元诗"众乐虽同第一部"句，乐天《琵琶引》云：

十三学得琵琶成，名属教坊第一部。

《国史补》下略云：

李衮善歌。初于江外，而名动京师。崔昭入朝，密载而至，乃邀宾客，请第一部乐及京邑之名倡，以为盛会。令衮弊衣以出，合坐嗤笑。及啭喉一发，乐人皆大惊曰："此必李八郎也。"遂罗拜阶下。

《太平广记》二〇四《乐类二》又"李暮"条引《逸史》云：

〔李暮〕开元中吹笛为第一部，近代无比。有故，自教坊请假，至越州，公私更宴，以观其妙。

皆可与元氏此句参证也。

蛮　子　朝

此题李公垂原作，而元白二公和之。元白之诗俱于韦皋有微辞，李氏之作谅亦相同。其实韦南康之复通南诏，乃贞元初唐室君主及将相大臣围攻吐蕃秘策之一部。此秘策虽不幸以韩滉早死、刘玄佐中变而未能全部施行，然韦南康在剑南，以南诏复通之故，得使吐蕃有所牵制，不敢全力以犯西北。且于贞元十七年大破其众于雅州，则为效已可睹矣。此事始末详拙著《唐代政治史述论稿·下篇》“论吐蕃”条及下文“论《西凉伎》”条，于此可不复述。兹所欲言者，据《国史补》中略云：

> 韦太尉在西川极其聚敛，坐有余力，以故军府寖盛，而黎甿重困。及晚年为月进，终致刘辟之乱，天下讥之。

知当时士论多以刘辟之乱归咎南康，是固然矣。唯同书同卷又云：

> 郭汾阳再收长安，任中书令二十四考。勋业福履，人臣第一。韦太尉皋镇西川亦二十年，降吐蕃九节度，擒论莽热以献，大招附西南夷。任太尉，封南康王，亦其次也。

则南康招附西南夷之勋业，亦为时议所推许也。而元白二公乃借蛮子朝事以诋之，自为未允。盖其时二公未登朝列，自无从预闻国家之大计，故不免言之有误耳。

元诗云：

> 清平官系金呿嵯。

白诗云：

清平官持赤藤杖，大军将系金呿嗟。

寅恪案：樊绰《蛮书》为现存研究南诏史实之最要资料。今《新唐书》二二二上、中《南蛮传·南诏传》，即根据《蛮书》。故亦可取与元白此诸句相参校。二公句中所谓清平官者，即《新传》云：

官曰坦绰，曰布燮，曰久赞，谓之清平官。所以决国事轻重，犹唐宰相也。

是。又《白氏长庆集》四〇有《与南诏清平官书》，亦可与此参证也。

白诗中所谓“大军将”者，《新传》云：

曰酋望，曰正酋望，曰员外酋望，曰大军将，曰员外，犹试官也。幕爽主兵，琮爽主户籍，慈爽主礼，罚爽主刑，劝爽主官人，厥爽主工作，万爽主财用，引爽主客，禾爽主商贾，皆清平官酋望大军将兼之。

今白诗诸本，除严氏本、嘉承本等善本外，多作“大将军”者，皆误也。他书如今本《册府元龟》九六二《外臣部·官号门·南诏》：

酋望有大将军之号。

等语，是亦讹误之一例。至阮元撰《云南通志》所载《南诏向化碑》，则或作“大将军”，或作“大军将”。盖有误有不误者矣。

元诗之“金呿嵯”，白诗之“金呿嗟”，《新传》云：

佉苴，韦带也。

又云：

自曹长以降，系金佉苴。

“呿嗟”“呿嗟”皆“佉苴”之异译，自不待论也。

至白诗中之“赤藤杖”，则《韩昌黎集》四《和虞部卢四汀酬翰林钱七徽赤藤杖歌（元和四年分司东都作）》云：

赤藤为杖世未窥，台郎始携自滇池。

《全唐诗》一四张籍《和李仆射秋日病中作》云：

独倚红藤杖，时时阶上行。

同书一九裴夷直《南诏朱藤杖》诗云：

六节南藤色似朱，拄行阶砌胜人扶。

皆足征赤藤杖出自南诏，而为当时朝士所最珍赏之物也。《白氏长庆集》八《朱藤杖紫骢吟》云：

拄上山之上，骑下山之下。江州去日朱藤杖，忠州归时紫骢马。天生二物济我穷，我生合是栖栖者。

同集一五《红藤杖》云：

交亲过浐别，车马到江回。唯有红藤杖，相随万里来。

同集一六《红藤杖》（自注云：杖出南蛮）云：

南诏红藤杖，西江白首人。时时携步月，处处把寻春。劲健孤茎直，疏圆六节匀。火山生处远，泸水洗来新。粗细才盈手，高低仅过身。天边望乡客，何日拄归秦？

同集二二三《谣序》云：

予庐山草堂，有朱藤杖一，蟠木机一，素屏风二，时多杖藤而行，隐机而坐，掩屏而卧。宴息之暇，笔砚在前，偶为三谣。

《朱藤谣》略云：

朱藤朱藤。温如红玉，直如朱绳。自我得尔以为杖，大有裨于股肱。前年左迁，东南万里。唯此朱藤，实随我来。

然则赤藤杖与乐天关系密切如此，亦可称佳话矣。

元诗云：

求天叩地持双珙。

白诗云：

摩挲俗羽双隈伽。

寅恪案：此二句俱不易解。白曰“双隈伽”，元曰“双珙”，岂“隈伽”者，“珙”之音义耶？姑识于此，以俟更考。

白诗云：

异牟寻男寻阁劝，特敕召对延英殿。上心贵在怀远蛮，引临玉座近天颜。冕旒不垂亲劳徕，赐衣赐食移时对。

寅恪案：王建《宫词》第二首云：

殿前传点各依班，召对西来六诏蛮。

其第八首云：

直到银台排仗合，圣人三殿对西番。（此首所咏非即指六诏蛮，但以其言天子御殿召对蛮夷事，故附录之。）

可与白诗参证也。

骠 国 乐

《旧唐书》一三《德宗纪下》云：

〔贞元十八年正月〕乙丑，骠国王遣使悉利移来朝贡，并献其国乐十二曲与乐工三十五人。

而微之此篇题下李《传》云：

贞元辛巳岁始来献。(乐天此篇《小序》下之注作十七年。贞元辛巳岁，即贞元十七年也。)

盖实以贞元十七年来献，而十八年正月陈奏之于阙庭也。

乐天此篇以"欲王化之先迩后远也"为旨，微之诗中有：

教化从来有源委，必将泳海先泳河。

之句，是二公此篇持旨相同之证。想李公垂原作当亦类似。殆即乐天《和答诗序》(《白氏长庆集》二)所谓：

同者谓之和。

也。

乐天诗云：

雍羌之子舒难陀，来献南音奉正朔。

又云：

曲终王子启圣人，臣父愿为唐外臣。

《白氏长庆集》四〇《与骠国王雍羌书》略云：

又令爱子远副阙庭。今授卿太常卿，并卿男舒难陀那及元佐摩诃思那二人亦各授官。

《说郛》六七《骠国乐颂》(当是开州刺史唐次所撰。见《新唐书》二二二下《南蛮传·骠传》)略云：

骠国王子献其乐器。初，骠国之王举国送之，且训其子曰："圣唐恩泽，宏被八埏。"

又《颂辞》云：

至若骠国，来循万里。进贡其音，敢爱其子。

《唐会要》一〇〇“骠国”条略云：

贞元十八年春正月，南诏使来朝。骠国王始遣其弟悉利移来朝。今闻南诏异牟寻归附，心慕之，乃因南诏重译，遣子朝贡。其王姓困没长，名摩罗惹。

《通鉴》二三六《唐纪·德宗纪》略云：

贞元十八年春正月骠国王摩罗思那遣其子悉利移入贡，仍献其乐。

《旧唐书》一九七《南蛮传·骠国传》略云：

贞元中其王闻南诏异牟寻归附，心慕之。〔十〕八年，乃遣其弟悉利移因南诏重译来朝。又献其国乐，凡十曲，（据《新唐书》二二二下《南蛮传·骠传》所标举者应有十二曲。）与乐工三十五人俱。寻以悉利移为试太仆卿。

《册府元龟》九七二《外臣部·朝贡门》云：

贞元十八年正月，骠国王始遣其弟悉利移来朝，献其国乐凡十曲，（同书五七〇《掌礼部·夷乐门》作十二曲。）与乐工三十五人来朝。

《新唐书》二二二下《骠传》略云：

雍羌亦遣弟悉利移、城主舒难陀献其国乐。五译而至。德宗授舒难陀太仆卿遣还。

寅恪案：骠国王所遣之使，诸书所记互相乖异。乐天之诗及其所草《与骠国王雍羌书》俱以“骠国王雍羌之子舒难陀”为言。今传世之《说郛》本《骠国乐颂》，则唯言骠国王遣其子献乐而不著其名。《通鉴》以献乐者为骠国王之子悉利夷。《旧传》《册府元龟》并以悉利夷为雍羌之弟。《新传》则作“雍羌亦遣弟悉利移、城主舒难陀”。又可注意者，《唐会要》于同条中述同一事，而前言“骠国王始遣其弟悉利移来朝”，后言“遣子入贡”。唐《颂》、白《书》俱当时之文件，其他诸书亦皆可信之史籍，而抵牾若此，殊不可解。姑记之，以俟更考。

复次，《新唐书》二二二下《南蛮传·骠传》略云：

> 贞元中王雍羌闻南诏归唐，有内附心。〔南诏王〕异牟寻遣使杨加明诣剑南西川节度使韦皋，请献夷中歌曲，且令骠国进乐人，于是皋作《南诏奉圣乐》。雍羌亦遣弟悉利移、城主舒难陀献其国乐。至成都，韦皋复谱次其声，以其舞容乐器异常，乃图画以献。

《国史补》下略云：

> 于司空頔因韦太尉〔皋〕奉圣乐，亦撰《顺圣乐》以进。頔又令女妓为六佾舞，声态壮妙，号《孙武顺圣乐》。

寅恪案：德宗经朱泚乱后，只求苟安，专以粉饰太平为务，藩镇大臣亦迎合意旨。故虽南康之勋业隆重，仍不能不随附时俗，宜乎致当时之讥刺也。特元白二公俱于此篇末明言之耳。

缚戎人

此篇题目元白集诸本均作《缚戎人》。独白氏《新乐府》嘉承本作《传戎人》。证以微之此篇题下注中“例皆传置南方”之语，知极可通，不必定为讹字。至乐天“将军遂缚作蕃生”句中之“缚”字，虽断不可改易，然未必即是与题意相应者也。

微之幼居西北边镇之凤翔，对于当时边将之拥兵不战、虚奏邀功，必有所亲闻亲见，故此篇言之颇极愤慨。乐天于贞元时既未尝在西北边陲，自无亲所闻见，此所以不能超越微之之范围而别有增创也。至微之诗末“缘边饱喂十万众，何不齐驱一时发。年年但捉两三人，精卫衔芦塞溟渤”诸句，白氏此篇不为置和者，盖以此旨抒写于《西凉伎》篇中，而有“缘边空屯十万卒，饱食温衣闲过日。遗民肠断在凉州，将卒相看无意收”一节。斯又乐天《新乐府》不复不杂之一贯体例也。

今逻些《长庆会盟碑》云：

若有所疑，或要捉生问事，便给衣粮放还。

寅恪案：元诗此篇“年年但捉两三人”之“捉”，白诗“将军遂缚作蕃生”之“生”，及《城盐州》篇“昼牧牛羊夜捉生”之“捉生”，乃此《会盟碑》，即当日国际条约中“捉生”二字之注脚也（参《酉阳杂俎前集》四《喜兆类》“成式见大理丞郑复说淮西用兵时”条）。唐世有守捉使（参《旧唐书》三八《地理志》），有捉生将（参《旧唐书》一三三《李晟传》附子愬传），即取义于此。

又《旧唐书》一九六下《吐蕃传下》云：

〔永贞元年〕十一月，以卫尉少卿兼御史中丞侯幼平充入蕃告册立等使。元和元年正月，福建道送到吐蕃生口十七人，诏给递乘放还蕃。

其“生口”一词，亦可与碑文及元白之诗相印证，而专喜改易旧文之宋子京于《新唐书》二一六下《吐蕃传下》易作：

宪宗初，遣使者修好，且还其俘。

则文虽古雅，然“俘”字殊非当日习用之语也。

《昌黎先生集》一〇《武关西逢配流吐蕃（七绝）》云：

嗟尔戎人莫惨然，湖南地近保生全。我今罪重无归望，直去长安路八千。

寅恪案：此可与元诗题下“例皆传置南方”语参证。考《旧唐书》一五《宪宗纪下》云：

〔元和十四年正月〕癸巳贬〔韩〕愈为潮州刺史。

盖退之贬潮州在元和十四年，尚在长庆会盟之前，故捉缚蕃生并不“给衣粮放还”也。至元和元年正月所以放还吐蕃生口者，以遣使修好，遂有特恩耳。

又《旧唐书》一七上《敬宗纪》云：

〔宝历元年五月〕丁卯，湖南观察使沈传师奏，当道先配吐蕃罗没等一十七人，准赦放还本国。今各得状，不愿还。从之。

寅恪案：此次放还吐蕃生口，虽亦由敬宗即位恩赦，然子言此奏，不独可与微之诗题“例皆传置南方”之语，及退之“湖南地近保生全”之句参证，并可知长庆会盟之后，“蕃生”自宜放还本国，此又足为《长庆会盟碑》文添一注脚矣。

复次，宣宗大中末年裘(《唐实录》及《旧唐书》一六四《王播传》附式传作“仇”。) 甫乱浙东，观察使王式讨平之。《新唐书》一六七《王播传》，《通鉴》自二四九“宣宗大中十三年十二月”至二五〇“懿宗咸通元年八月”（其实仍是大中十四年八月，不过《通鉴》例用后元耳。）皆纪此事。其中有涉及配流土蕃者，而《通鉴》所载尤详，当采自《平剡录》也。兹节引其文于下：

官军少骑卒。式曰：“吐蕃、回鹘比配江淮者，其人习险阻，便鞍马，可用也。”举籍府中，得骁健者百余人。虏久羁旅，所部遇之无状，困馁甚。式既犒饮，又赒其父母妻子，皆泣拜欢呼，愿效死。悉以为骑卒，使骑将石宗本将之。凡在管内者，皆视此籍之。又奏得龙陂监马二百匹，于是骑兵足矣。

寅恪案：白诗云：

天子矜怜不忍杀，诏徙东南吴与越。

浙东即是越地，盖唐代本有配流吐蕃于吴越之事。长庆会盟之后，拘于放还“捉生”之条约，自不宜再传置俘虏于南方。或者大中三年唐室收复河湟以后，又不必复守旧约。王式所谓“比配”殆指大中三年以后、十三年以前所配流者耶？（参阅《通鉴》二二六“德宗建中元年正月改作两税法”条“比来”二字胡《注》。）然则白诗之用“越”字，乃是纪实，而非趁韵也。

又白诗云：

自云乡管本凉原，大历年中没落蕃。

寅恪案：吐蕃之陷凉原，实在大历以前（参《新唐书》四〇《地理志·陇右道总序》及三七《地理志》“关内道原州”条，《元和郡县图志》四〇“陇右道凉州”条等）。乐天以代宗一朝大历纪元最长，遂牵混言之。赋诗自不必过泥，论史则微嫌未谛也。

又微之此诗自注略云：

延州镇李如暹，蓬子将军之子也。尝没西蕃。与蕃妻密定归计。

寅恪案：微之此注疑采自公垂原文。其所谓“延州镇”之“延”字可能不误。若是误字，则当为“廷”字即“庭”字之讹，必不指关内道之延州而言也。

《新唐书》四〇《地理志·北庭大都护府》注云：

自庭州西延城西六十里有沙钵城守捉。

微之诗云：

小年随父戍安西，河渭瓜沙眼看没。

则李如暹之父绝非戍守关内道延州之镇将，而是属于安西北庭都护府之边军，可以推知矣。至乐天此诗自注大抵同于元诗注文，而删去“与蕃妻”三字。盖乐天诗略云：

誓心密定归乡计，不使蕃中妻子知。凉原乡井不得见，胡地妻儿虚弃捐。早知如此悔归来，两地宁如一处苦。

自非删去此三字不能与词意相合也。唯李《传》既云“传置”，白诗亦云“领出长安乘递行”，明是乘车，但白诗下又云“扶病徒行日一驿”，则忽改作徒步，不免冲突。乐天殆偶未注意及之耶？又白诗云“忽逢江水忆交河”，则非仅承元诗“早年随父戍安西”之语而来，更取“交河”与“江水”为对文，相映成趣耳。其实《汉书》九六下《西域传下》云：

车师前国，王治交河城。河水分流绕城下，故号交河。

而唐之安西大都护府初治西州即交河郡，后徙龟兹（参《新唐书》四〇《地理志》）。乐天赋诗时恐亦未必深究交河之为城名抑或水名也。

骊　宫　高

此篇为微之《新乐府》中所无。李公垂原作虽不可见，疑亦无此题。盖“骊宫高”三字原出《长恨歌》“骊宫高处入青云”之句，故此篇似为乐天所自创也。

乐天此篇意旨明白，自不待多所论证。唯尚有可言者，即唐代自安史乱后，天子之游幸离宫颇成一重公案是也。

《白氏长庆集》一二《江南遇天宝乐叟》诗云：

我自秦来君莫问，骊山渭水如荒村。新丰树老笼明月，长生殿暗锁春云。红叶纷纷盖欹瓦，绿苔重重封坏垣。唯有中官作宫使，每年寒食一开门。

寅恪案：当日骊宫之荒废一至于此，若非大事修葺，殊不足供天子之游幸，而此宫本为玄宗际唐室盛世竭全国财力之所增营，断非安史乱后，帝国凋敝之余所能重建。此天子游幸所以最是害民费财之举，而清流舆论所以一致深以为非者也。

《元氏长庆集》二四《连昌宫词》结语云：

老翁此意深望幸，努力庙谟休用兵。

寅恪案：微之此诗当是元和十三年暮春在通州司马任内所作（详《连昌宫词章》），其时连昌宫之荒废情状，据微之诗云：

去年敕使因斫竹，偶值门开暂相逐。

又云：

自从此后还闭门，夜夜狐狸上门屋。

是颇与骊宫相类似，而此诸语又足与白氏《江南遇天宝乐叟》诗“唯有中官作宫使，每年寒食一开门”之句相证发也。夫微之不持讽谏之旨以匡主救民，反以望幸为言而希恩邀宠，诚可谓冒天下之不韪，宜当世之舆论共以谄佞小人目之矣。

《元氏长庆集》三四《两省供奉官谏幸温汤状》略云：

今月二十一日车驾欲幸温汤。臣等以驾幸温汤，始自玄宗皇帝，乘开元致理之后，当天宝盈羡之秋，而犹物议喧嚣，财力耗悴。数年之外，天下萧然。况陛下新御宝图，将行大典，郊天之仪方设，谒陵之礼未遑，遽有温泉之行，恐失人神之望。伏乞特罢宸游，曲面（回）天眷。

原注云：

元和十五年十二月二十日两省三十人同状。

寅恪案：微之此状以玄宗游幸温汤遂致“财力耗悴”“天下萧然”为言，是与乐天此篇：

吾君爱人人不识，不伤财兮不伤力。

等句之旨适相符同也。至其所以赋望幸连昌之诗于宪宗御宇之时，而草谏幸华清之状于穆宗践阼之始者，殆即以由诗篇受中人之助，已为清议所不容，遂欲借状词以掩饰其前非，而求谅于舆论欤？

《元氏长庆集》三六《进马状》略云：

同州防御乌马一匹，八岁，堪打毬及猎。右臣窃闻道路相传，车驾欲暂游幸温汤，未知虚实者。其马谨随状进。

寅恪案：微之于元和十五年十二月任祠曹时，曾草状谏穆宗驾幸温汤，而于长庆二年刺同州时又进马助翠华巡游昭应。其时间相距，不出二年，而一矛一盾，自翻自覆，尤为可笑也。然则其前状匡君进谏之词，本为救己盖愆之计，观此可知矣。

杜牧《樊川文集》一二《与人论谏书》（参《唐语林》六）略云：

> 近者宝历中敬宗皇帝欲幸骊山，时谏者至多，上意不决。拾遗张权舆伏紫宸殿下叩头谏曰："先皇帝幸骊山，而享年不长。"帝曰："骊山若此之凶邪，宜一往以验彼言。"后数日自骊山回，语亲幸曰："叩头者之言，安足信哉？"

寅恪案：牧之所纪敬宗游幸温汤之事，颇与本文所论有关，故附录于此，以供读诗论世者之参考。

乐天诗中所谓：

> 吾君在位已五载。

者，盖宪宗于永贞元年八月乙巳即位（见《旧唐书》一四《宪宗纪上》、《新唐书》七《宪宗纪》、《通鉴》二三六《唐纪·宪宗纪》），至元和四年，已五载矣。观于后来穆宗于元和十五年闰正月即位，其年十二月即欲游幸温汤，则乐天此篇所见殊为深远，似已预知后来之事者。颇疑乐天在翰林之日，亲幸小人已有以游幸骊山从臾元和天子者。故此篇之作，实寓有以期克终之意。是则乐天诚得诗人讽谏之旨，而与微之之进不以正者，其人格之高下，相去悬绝矣。

百 炼 镜

扬州贡端午铸镜事，旧籍所载颇多，兹择录其有关者如下：

《旧唐书》一二《德宗纪上》云：

〔大历十四年六月〕己未，扬州每年贡端午日江心所铸镜，幽州贡麝香，皆罢之。

《国史补》下（参《酉阳杂俎前集》三《贝编》“僧一行穷数有异术”条、《容斋五笔》“端午帖子词”条及《异闻录》“唐天宝三载五月初五日进水镜一面”条）云：

扬州旧贡江心镜，五月五日扬子江中所铸也。或言无有百炼者，或至六七十炼，则已易破难成，往往有自鸣者。

此篇“我有一言闻太宗”以下至篇末一节，据《贞观政要》第三《论任贤篇》“魏征”条(《旧唐书》七一、《新唐书》九七《魏征传》同）云：

太宗后尝谓侍臣曰：“夫以铜为镜，可以正衣冠。以古为镜，可以知兴替。以人为镜，可以明得失。朕常保此三镜，以防己过。今魏征殂逝，遂亡一镜矣。”因泣下久之。

寅恪案：此篇疑亦是乐天翻检《贞观政要》及《太宗实录》以作《七德舞》时，采摭其余义而成者也。

青　石

乐天《秦中吟》有《立碑》一首，可与此篇相参证。《立碑》云：

勋德既下衰，文章亦陵夷。但见山中石，立作路旁碑。铭勋悉太公，叙德皆仲尼。复以多为贵，千言直万资。为文彼何人，想见下笔时。但欲愚者悦，不思贤者嗤。

此篇云：

工人磨琢欲何用，石不能言我代言。不愿作人家墓前神道碣，坟土未干名已灭。不愿作官家道旁德政碑，不镌实录镌虚词。

盖皆讥刺时人之滥立石碣，与文士之虚为谀词者也。但《立碑》全以讥刺此种弊俗为言，而《青石》更取激发忠烈为主旨，则又是此二篇不同之点。《立碑》一篇以麴信陵为例者，麴信陵虽名位不显，而有美政，虽无人为之立碑，而遗爱在民（可参阅《容斋五笔》七“书麴信陵事”条），盖所以愈见立碑欺世之无益复可笑也。《青石》一篇以段、颜为例者，唐世忠烈之臣无过二公，《旧唐书》一二八、《新唐书》一五三俱以二公合传，而《旧唐书·段秀实传》云：

自贞元后，累朝凡赦书节文，褒奖忠烈，必以秀实称首。

真卿复与秀实齐名，此篇标举忠烈，以劝事君，舍此二公，自莫属也。又秀实死于朱泚之乱，真卿死于李希烈之叛，则此篇结语：

长使不忠不烈臣，观碑改节慕为人。慕为人，劝事君。

所谓不忠不烈之臣，乃指骄蹇之藩镇，当无可疑。而元和四年三月卢从史之父卢虔病殁（见罗振玉《丙寅稿·卢虔神道碑铭跋》），宪宗祭卢虔文即乐天在翰林所草（见《白氏长庆集》三九）。卢虔之碑文则归登奉敕所撰（亦见《丙寅稿》之《跋》）。从史为昭义节度使，于元和二年时已有不臣之迹（参《李相国论事集》二“论郑细事”条及《通鉴》二三七《唐纪·宪宗纪》“元和二年十一月昭义节度使卢从史内与王士真、刘济潜通”条），于元和四年五月请发本军讨成德王承宗时，翰林学士又有奏疏论其奸谋（参《李相国论事集》三“论卢从史请用兵事”条及《通鉴》二三七《唐纪·宪宗纪》“元和四年四月昭义节度使卢从史遭父丧久未起复”条），颇疑乐天此篇或即因卢虔立碑之事而作也。（卢虔之碑立于元和五年三月，见《丙寅稿》之《跋》，但归登奉敕撰文或在元和四年。）

复次，《新唐书》一七六《韩愈传》附刘义传云：

> 后以争语不能下宾客，因持愈金数斤去。曰：“此谀墓中人得耳，不若与刘君为寿。”

寅恪案：碑志之文自古至今多是虚美之词，不独乐天当时为然（可参《白氏长庆集》五九《修香山寺记》）。韩昌黎志在春秋，欲“作唐一经，诛奸佞于既死，发潜德之幽光”，而其撰韩宏碑（见《昌黎集》三二）则殊非实录（参《旧唐书》一六一、《新唐书》一七一《李光颜传》）。此篇标举段、颜之忠业，以劝人臣之事君。若昌黎之曲为养寇自重之藩镇讳者，视之宁无愧乎？前言昌黎欲作唐春秋，而不能就。乐天则作《新乐府》，以拟《三百篇》，有志竟成。于此虽不欲论二公之是非高下，然读此篇者，取刘义之言以相参证，亦足见当时社会风气之一斑。而知乐天志在移风匡俗，此诗自非偶然无的之作也。

两朱阁

乐天此篇所言德宗女两公主薨后，其第改为佛寺事。其两公主未知确指，唯据《新唐书》八三《公主传·宪宗女梁国惠康公主传》云：

> 始封普宁。帝特爱之，下嫁于季友。元和中徙永昌，薨。诏追封及谥。将葬，度支奏义阳、义章公主葬，用钱四千万，诏减千万。

《旧唐书》一四八《李吉甫传》（参《新唐书》一四六《李吉甫传》）云：

> 〔元和〕七年京兆尹元义方奏，永昌公主准礼令起祠堂，请其制度。初，贞元中义阳、义章二公主咸于墓所造祠一百二十间，费钱数万。（?）

则知德宗女义阳、义章二公主之薨，恩礼独优，其后遂引以为例。此篇所言主第改佛寺事，固与《旧唐书·李吉甫传》及《新唐书·公主传》所纪于墓所起祠堂者不同。然揆以德宗诸女中，唯此二主齐名并称，则“贞元双帝子”殆即指此二主而言耶？未敢确言，姑记所疑，以俟详考。

癸卯春胡守为君检出下列资料见告。

《唐会要》一九《公主庙门》云：

贞元十五年七月十五日，追册故唐安公主为韩国贞穆公主，故义章公主为郑国庄穆公主。后诏令所司择地置庙。祔祭之日，官给牲牢礼物，太常博士一人赞相。四时仲月，则子孙自备其礼。（贞穆庙在靖安里，贞元十七年十一月十四日，追祔神主于庙。庄穆庙在嘉会里，贞元十七年三月二十九日，追祔神主于庙。庄穆、贞穆二主，德宗皇帝爱女，悼念甚深，特为立庙，权制也。）

宋敏求《长安志》九“靖安坊”条（徐松《唐两京城坊考》二“靖安坊”条同）云：

韩国正穆公主庙。（《礼阁新仪》曰：“德宗女自唐安公主追册，贞元十七年祔庙。”）

同书一〇“嘉会坊”条（《唐两京城坊考》四“嘉会坊”条同）云：

郑国庄穆公主庙。（《礼阁新仪》曰：“德宗女曰义章公主追册，贞元十七年祔庙。”）

《新唐书》五八《艺文志·仪注类》云：

韦公肃《礼阁新仪》二十卷。（元和人。）

寅恪案：《新唐书》二〇〇《儒林传下·韦公肃传》云：“元和初，为太常博士兼修撰。”然则“两朱阁”之“阁”，实指《礼阁新仪》之“阁”，乃以宅为寺，而与《旧唐书·李吉甫传》所言义阳、义章二公主于墓所起祠堂者，有所不同也。

西　凉　伎

李公垂原作今不可见，未知若何。元白二公之作，则皆本其亲所闻见者以抒发感愤，固是有为而作，不同于虚泛填砌之酬和也。此题在二公《新乐府》中所以俱为上品者，实职是之故。今请先释证此题之共同历史背景，然后再分述二公各别之感愤焉。

关于此题之历史背景，寅恪于拙著《唐代政治史述论稿·下章》论中国与吐蕃之关系一节已详言之，可取以参证。兹略述最有关之史料如下。

《旧唐书》一二九《韩滉传》(《新唐书》一二六《韩休传》附滉传同）略云：

> 滉上言："吐蕃盗有河湟，为日已久。近岁已来，兵众浸弱，计其分镇之外，战兵在河陇五六万而已。国家第令三数良将驱十万众于凉、鄯、洮、渭，并修坚城，各置二万人，足当守御之要。臣请以当道所贮蓄财赋，为馈运之资，以充三年之费。然后营田积粟，且耕且战。收复河陇二十余州，可翘足而待也。"上甚纳其言。滉之入朝也，路由汴州，厚结刘玄佐，将荐其可任边事。玄佐纳其赂，因许之。及来觐，上访问焉，初颇禀命。及滉以疾归第，玄佐意怠，遂辞边任。盛陈犬戎未衰，不可轻进。滉贞元三年二月以疾薨，遂寝其事。

同书同卷《张延赏传》(《新唐书》一二七《张嘉贞传》附延赏传同，并参《旧唐书》一二《德宗纪上》"贞元三年闰十月庚申诏省州县官员”条）略云：

延赏奏议请省官员，曰：“请减官员，收其禄俸，资幕职战士，俾刘玄佐复河湟，军用不乏矣。”上（德宗）然之。初，韩滉入朝，至汴州，厚结刘玄佐，将荐其可委边任。玄佐亦欲自效，初禀命。及滉卒，玄佐以疾辞。上遣中官劳问，卧以受命。延赏知不可用，奏用李抱真。抱真亦辞不行。时抱真判官陈昙奏事京师，延赏俾昙劝抱真，竟拒绝之。

同书一五二《刘昌传》（参《旧唐书》一三《德宗纪下》“贞元四年正月庚午以宣武军行营节度使刘昌为泾州刺史四镇北庭行军泾原等州节度使”条及《新唐书》一七〇《刘昌传》等）略云：

贞元三年〔刘〕玄佐朝京师。上因以宣武士众八千，委昌北出五原。军中有前却沮事，昌继斩三百人，遂行。寻以本官授京西北行营节度使。岁余，授泾州刺史充四镇北庭行营兼泾原节度支度营田等使。昌在西边仅十五年，（《旧唐书》一三《德宗纪下》：贞元十九年五月甲子，四镇北庭行军泾原节度使检校右仆射泾州刺史刘昌卒。）强本节用，军储丰羡。

《新唐书》七《德宗纪》云：

〔贞元四年正月〕壬申，刘玄佐为四镇北庭行营泾原节度副元帅。

《通鉴》二三三《唐纪·德宗纪》云：

〔贞元四年正月〕壬申，以宣武行营节度使刘昌为泾原节度使。

《通鉴》二三二《唐纪·德宗纪》云：

〔贞元三年七月〕初，河陇既没于吐蕃，自天宝以来，安西北庭奏事，及西域使人在长安者归路既绝，人马既仰给于鸿胪，礼宾委府县供之，于度支受直。度支不时付直，长安市肆，不胜其弊。李泌知胡客留长安久者，或四十余年，皆有妻子，买田宅，举质取利，安居不欲归。命检括胡客有田宅者，停其给。凡得四千人。将停其给，胡客皆诣政府诉之。泌曰："此皆从来宰相之过，岂有外国朝贡使者，留京师数十年，不听归乎？今当假道回纥，或自海道各遣归国。有不愿归，当于鸿胪自陈，授以职位，给俸禄为唐臣。人生当承时展用，岂可终身客死耶？"于是胡客无一人愿归者，泌皆分隶神策两军。王子使者为散兵马使或押牙，余皆为卒。禁旅益壮。鸿胪所给胡客才十余人，岁省度支钱五十万缗。市人皆喜。（此当采自《邺侯家传》。）

寅恪案：贞元时刘玄佐初纳韩滉之赂，许任收复河湟失地之事，后复变易，遂辞疾不行。故德宗以其部将刘昌代行边任，此乃无可如何之举也。观于刘昌诛戮却沮者三百人，然后始能成行，则其情势可知矣。又《新纪》载贞元四年正月壬申以刘玄佐为泾原节度副元帅，而《通鉴》同日载以刘昌为泾原节度使者，非姓名官职有所抵牾，盖玄佐不肯居边，故以宣武军节度使遥领泾原副元帅之虚衔，而德宗以泾原节度使实职授其部属刘昌，率宣武兵八千以赴任耳。

《唐文粹》八〇林蕴《上安邑李相公安边书》略云：

愚尝出国，西抵于泾原，历凤翔，过邠宁，此三镇得不为右臂之大藩乎？自画藩维拥旄钺者，殆数十百人。惟故李司空抱玉，曾封章上闻，请复河湟。事亦旋寝，功竟不立。五十余年无收尺土之功者。

寅恪案：安邑李相公者，指李吉甫而言，《新唐书》一四六《李吉甫传》所云：

吉甫居安邑里，时号安邑李丞相。

者，是也。吉甫为宪宗朝宰相，林蕴此书自为元和时所上无疑。据此可知自安史乱后，吐蕃盗据河湟以来，迄于宪宗元和之世，长安君臣虽有收复失地之计图，而边镇将领终无经略旧疆之志意。此诗人之所以同深愤慨，而元白二公此篇所共具之历史背景也。

关于微之特具之感愤，则《元氏长庆集》三〇《诲侄》等书云：

吾幼乏岐嶷，十岁知方，严毅之训不闻，师友之资尽废。忆得初读书时，感慈旨一言之叹，遂志于学。是时尚在凤翔，每借书于齐仓曹家，徒步执卷就陆姊夫（寅恪案：微之谓其姊夫陆翰也。见《元氏长庆集》五八《夏阳县令陆翰妻河南元氏墓志铭》）师授。栖栖勤勤，其始也若此。至年十五，得明经及第。

寅恪案：微之少居西北边镇之凤翔，殆亲见或闻知边将之宴乐嬉游，而坐视河湟之长期沦没。故追忆感慨，赋成此篇。颇疑其诗中所咏乃为刘昌辈而发(《旧唐书·刘昌传》所述刘昌之功绩，疑本之奉敕谀墓之碑文，不必尽为实录也)，既系确有所指，而非泛泛之言，此所以特为沉痛也。

关于乐天个别之感愤，则《李相国论事集》四“论内库钱帛”条略云：

学士李绛尝从容谏〔上聚财〕，上（宪宗）喟然曰：“又河湟郡县没于蕃丑，列置烽候，逼近郊圻。朕方练智勇之将，刷祖宗之耻。故所用不征于人，储蓄之由，盖因于此。朕所以身衣浣濯，不妄破用，亲戚赐用，才表诚意而已。”

《通鉴》二三八《唐纪·宪宗纪》“元和五年”末略云：

〔李〕绛尝从容谏上聚财。上曰：“今两河数十州，皆国家政令所不及。河湟数千里沦于左衽。朕日夜思雪祖宗之耻，而财力不赡，故不得不蓄聚耳。不然，朕宫中用度极俭薄，多藏何用耶？”

同书二四八《唐纪·宣宗纪》云：

〔大中三年〕闰十一月丁酉，宰相以克复河湟，请上尊号。上（宣宗）曰：“宪宗常有志复河湟，以中原方用兵，未遂而崩。今乃克成先志耳。”其议加顺、宪二宗尊谥，以昭功烈。

《旧唐书》一八下《宣宗纪》云：

〔大中三年〕十二月进谥顺宗曰“至德大圣大安孝皇帝”，宪宗曰“昭文彰武大圣孝皇帝”。初以河湟收复，百僚请加徽号，帝（宣宗）曰：“河湟收复，继成先志，朕欲追尊祖宗，以昭功烈。”

《新唐书》二一六下《吐蕃传》略云：

宪宗常览天下图，见河湟旧封，赫然思经略之，未暇也。至是群臣奏言：“今不勤一卒、血一刃，而河湟自归，请上天子尊号。”帝（宣宗）曰：“宪宗常念河湟，业未就而殂落。今当述祖宗之烈。”其议上顺、宪二庙谥号，夸显后世。

寅恪案：宪宗尝有经略河湟之计图，据上引史籍可知，而杜牧《樊川集》二《河湟（七律）》所谓：

元载相公曾借箸，宪宗皇帝亦留神。

者，亦可参证也。又李绛谏宪宗聚财，而宪宗以收复河湟为言事，《通鉴》以之系于元和五年之末者，盖以其无确定年月可稽，而次年即元和六年二月李绛拜户部侍郎出翰林院（见《重修承旨学士院壁记》题名，《旧唐书》一四《宪宗纪》及《通鉴》二三八《唐纪·宪宗纪》“元和六年二月宦官恶李绛在翰林”条），故书之于元和五年十二月己丑以绛为中书舍人学士如故之后耳，非谓其事即在元和五年之末也。然则乐天于元和四年作此诗时，亦即其在翰林时，非独习闻当日边将骄奢养寇之情事，且亦深知宪宗俭约聚财之苦心，是以其诗中：

天子每思常痛惜。

之句，不仅指德宗，疑兼谓宪宗。而取以与：

将军欲说合惭羞。

为映对，尤为旨微语悲，词赅意切。故知乐天诗篇感愤之所在，较之微之仅追赋其少时以草野之身，居西陲之境所闻知者，固又有不同也。今之读白诗而不读唐史者，其了解之程度，殊不能无疑，即此可见矣。遂于拙著《唐代政治史述论稿》所已详者，特为钩索沉隐而证释之如此。

元诗首节叙安史乱前西北之殷富诸句，《通鉴》二一六《唐纪·玄宗纪》“天宝十二载八月”条（参《太平广记》四三六“白骆驼”条）云：

是时中国盛强，自安远门西尽唐境万二千里，（胡《注》云：西尽唐境万二千里，并西域内属诸国言之。）闾阎相望，桑麻翳野，天下称富庶者，无如陇右。

《开天传信记》略云：

开元初，上励精理道，铲革讹弊，不六七年，天下大治。安西诸国悉平为郡县，自开远门（寅恪案：司马温公《通鉴》作“安远门”，甚是。盖肃宗恶安禄山，故改“安”为“开”。郑綮之书叙玄宗时事，自不应从后所改名也。于此足征《通鉴》之精密。）西行亘地万余里，入河湟之赋税，左右藏库财物山积，不可胜较。

寅恪案：微之所描写者，盖得之于边陲之遗文，殊为实录，并非诗人夸大之词也。

白诗首节叙舞狮戏情状诸句，《乐府杂录》“龟兹部”条云：

戏有五常狮子，高丈余，各衣五色。每一狮子，有十二人。戴红抹额，衣画衣，执红拂子，谓之狮子郎，舞太平乐曲。

《通典》一四六《乐典》“坐立部伎”条（参《新唐书》二九《音乐志》）云：

太平乐亦谓之五方师子舞，师子挚（鸷）兽，出于西南夷天竺师子等国。缀毛为衣，象其俯仰驯狎之容。二人持绳拂，为习弄之状。五师子各衣其方色，百四十人歌太平乐舞，抃以从之，服饰皆作昆仑象。（寅恪案：原注略云，立部伎有八部，二太平乐，亦谓之五方师子舞。）

《大唐传载》（参《唐语林》五《补遗》）云：

王维为太常丞，被人嗾令舞黄狮子，坐是出官。黄狮子者，非天子不舞也。

《南部新书》乙云：

五方师子本领出太常。靖恭崔尚书邠为乐卿，左军并教坊曾移牒索此戏，称云备行从，崔公判回牒不与。

寅恪案：《通典》所载师子戏，与乐天诗所描写者尤相类似也。

白诗叙吐蕃侵略，安西阻绝事，《元和郡县图志》四〇“陇右道凉州”条（参《旧唐书》一九六上《吐蕃传上》、《新唐书》二一六上《吐蕃传上》、《通鉴》二二三《唐纪·代宗纪》“广德二年十月”条）云：

广德二年（西历七六四年）陷于西蕃。

“甘州”条云：

永泰二年（即大历元年，西历七六六年）陷于西蕃。

“肃州”条云：

大历元年（西历七六六年）陷于西蕃。

“沙州”条云：

建中二年（西历七八一年）陷于西蕃。

“瓜州”条云：

大历十一年（西历七七六年）陷于西蕃。

“西州”条（参《旧唐书》一三《德宗纪下》“贞元六年”末）云：

贞元七年（西历七九一年）没于西蕃。

寅恪案：凉州陷蕃，安西路绝，西胡之来中国者不能归国，必有流落散处于边镇者，故当地时人取以为戏，此后边将遂徇俗用为享宾客犒士卒之资也。

又取乐天此篇“有一征夫年七十，见弄凉州低面泣”与《骠国乐》“时有击壤老农夫，暗测君心闲独语”及《秦中吟·买花》“有一田舍翁”“低头独长叹”相较，其笔法正复相同，此为乐天最擅长者。

因释证此篇竟，并附论及之。

八 骏 图

《元氏长庆集》三有五言古诗《八骏图》一篇，郭茂倩《乐府诗集》误以之置入《新题乐府》中，辨已见前，兹不复赘。唯《元氏长庆集》第三卷中诸诗，其词句之可考见者，多是微之在江陵之作品，则此《八骏图》五言古诗，虽非《新乐府》中之一篇，然既为微之在江陵时所作，则与乐天赋《新乐府》时相距当不远。（微之之作当较后。）元白两诗，其间或有关系，亦未可知也。

微之五言古诗、乐天新题乐府所以各以《八骏图》为题者，《国史补》上云：

> 德宗幸梁洋，唯御骓马，号“望云骓”者。驾还京师，饲以一品料。暇日牵而视之，必长鸣四顾，若感恩之状。后老死飞龙厩中，戚贵多图写之。

《元氏长庆集》二四《望云骓马歌序》云：

> 德宗皇帝以八马幸蜀，七马道毙，唯望云骓来往不顿。贞元中

老死天厩，臣稹作歌以记之。

寅恪案：微之有“德宗以八马幸蜀”之言，李肇记时人多图写望云骓之事，而《柳河东集》一六亦有《观八骏图说》一文，盖此乃当时之风气也。至此种风气特盛于贞元、元和之故，殆由以德宗幸蜀之史事，比附于周穆王以八骏西巡之物语欤？要之，画师、诗人之写咏穆天子者，其胸中固有德宗幸蜀之史事在也。

复次，此篇修词虽至工妙，寓旨则殊平常，较之前篇《西凉伎》之有亲切见闻、真挚感慨者，不同科矣。

涧底松

《文选》二一左思《咏史诗》之第二首云：

郁郁涧底松，离离山上苗。以彼径寸茎，荫此百尺条。世胄蹑高位，英俊沉下僚。地势使之然，由来非一朝。金张袭旧业，七叶珥汉貂。冯公岂不伟，白首不见招。（寅恪案：郭茂倩《乐府诗集》九九此题下亦引太冲此诗，盖已知乐天此题取材所自矣。）

白氏此题不独采用太冲此诗之首句以名篇，且亦袭取其全部之旨意。初视之，颇似为充数之作，但细思之，则知其实是有为而作，不同于通常拟古之诗篇也。

拙著《唐代政治史述论稿·中篇》论牛李党之分野，以为李党乃出自魏晋北朝以来之山东旧门，而牛党则多为高宗武后以来，用进士词科致身通显之新兴寒族，乐天即为以文学进用之寒族也。其证辨之言兹不必详。所可注意者，乐天此时虽为拾遗小臣，然已致身翰苑清要，以其资历而言，不得谓之失地，故此篇并非自况之词，如左太冲喻己（见《文选（五臣注）》）之原意也。然则其兴感之由果何在乎？考牛李党争之表面公开化，适在乐天作诗之前一年，即元和三年。《通鉴》二三七《唐纪·宪宗纪》（参拙著《唐代政治史述论稿·中篇》）云：

〔元和三年〕夏四月上策试贤良方正直言极谏举人。伊阙尉牛僧孺、陆浑尉皇甫湜、前进士李宗闵，皆指陈时政之失，无所避。吏部侍郎杨于陵、吏部员外郎韦贯之为考策官。贯之署为上第，上亦嘉之，诏中书优与处分。李吉甫恶其言直，泣诉于上，且言翰林学士裴垍、王涯覆策。湜，涯之甥也，涯不先言，垍无所异同。上不得已，罢垍、涯学士，垍为户部侍郎，涯为都官员外郎，贯之为果州刺史。后数日，贯之再贬巴州刺史，涯贬虢州司马。乙亥以杨于陵为岭南节度使，亦坐考策无异同也。僧孺等久之不调，各从辟于藩府。

寅恪案：牛僧孺、李宗闵，后日牛党之党魁也。李吉甫，后来李党党魁德裕之父也。此次制科考策，牛、李之诋斥吉甫，或不免太甚，而吉甫亦报复过酷。自此两种不同社会阶级夺取政治地位之竞争，遂表面形成化矣。乐天牛党也，故于此时亦密谏其事。观《白氏长庆集》四一《论制科人状》所云：

臣今言出身戮，亦所甘心。

又云：

臣今职为学士，官是拾遗，日草诏书，月请谏纸。臣若默默，惜身不言，岂惟上辜圣恩，实亦下负人道。所以密缄手疏，潜吐血诚。苟合天心，虽死无恨。

可谓言之激切矣。乐天作此诗时，李吉甫虽已出镇淮南，犹邀恩眷。牛僧孺则仍被斥关外，未蒙擢用。故此篇必于“金张世禄”之吉甫，“牛衣寒贱”之僧孺，有所愤慨感惜，非徒泛泛为“念寒隽”而作也。又《白氏长庆集》二八《与元九书》云：

苟相与者，则如牛僧孺之戒焉。

可知乐天与思黯气类至近，宜其寄以同情矣。

牡　丹　芳

乐天《秦中吟》有《买花》（《才调集》一此题作《牡丹》）一首，可与此篇相参证。盖二者俱为咏牡丹之作也。

唐代牡丹之赏玩甚盛，故元白二公集中多咏此花之诗。观《容斋随笔》二“唐重牡丹”条所举之例，可概见也。

唐代牡丹赏玩之见于笔记小说者，其例至多。兹略引数条，以为例证如下。

《国史补》中云：

京城贵游尚牡丹三十余年矣。每春暮，车马若狂，以不耽玩为耻。执金吾铺官（寅恪案：《唐会要》八六《街巷门》略云：太和五年七月左街使奏，伏见诸街铺近日多被杂人及百姓诸军诸使官健起造舍屋，侵占禁街。今除先有敕文百姓及诸街铺守捉官健等舍屋外，余杂人及诸军诸使官健舍屋并令除拆。则所谓铺官者，即街铺守捉官健也。）围外寺观种以求利，一本有直数万者。元和末，韩令始至长安，（寅恪案：《旧唐书》一五六《韩弘传》略云，元和十四年七月入觐。诏曰：“韩弘可加司徒兼中书令。”则韩弘适以元和末至长安，韩令即指韩弘言也。）居第有之，遽命劚去。曰：“吾岂效儿女子邪？”

《酉阳杂俎前集》一九《广动植类四·草篇》“牡丹”条云：

〔段〕成式检隋朝种植法七十卷中，初不记说牡丹。则知隋朝花药中所无也。开元末，裴士淹为郎官，奉使幽冀，回至汾州众香寺，得白牡丹一窠，植于长安私第，天宝中为都下奇赏。

又云：

元和初犹少，今与戎葵角多少矣。

同书《续集》九《支植篇上》云：

〔李卫公〕又言，贞元中牡丹已贵。柳浑善（尝?）言：“近来无奈牡丹何，数十千钱买一窠。今朝始得分明见，也共戎葵校几多。”成式又见卫公图中有冯绍正《鸡图》，当时已画牡丹矣。

《尚书故实》（参刘宾客《嘉话录》）云：

世言牡丹花近有，盖以国朝文士集中无牡丹歌诗。张公尝言杨子华有“画牡丹处极分明”。子华北齐人，则知牡丹花亦已久矣。

《太平广记》二〇四《乐类》二又“李龟年”条引《松窗录》云：

开元中，禁中初重木芍药，即今牡丹也。得四本：红、紫、浅红、通白者。上因移植于兴庆池东，沉香亭前。

原注引《开元天宝花木记》云：

禁中呼木芍药为牡丹。

《南部新书》丁云：

长安三月十五日，两街看牡丹，奔走车马。慈恩寺元果院牡丹先于诸牡丹半月开。太真院牡丹后诸牡丹半月开。

《独异志》上云：

唐裴晋公度寝疾永乐里。暮春之月，忽遇（过）游南园，令家仆童舁至药栏。语曰："我不见此花而死，可悲也。"怅然而返。明早报牡丹一丛先发。公视之，三日乃薨。（寅恪案：据《新唐书》六三《宰相表下》及《通鉴》二四六《唐纪·文宗纪》纪裴晋公薨于开成四年三月丙戌。《旧唐书》一七〇《裴度传》，裴晋公薨于开成四年三月四日。是月癸未朔，则丙戌为四日。是《新表》《旧传》《通鉴》之纪载相合也。至《旧唐书》一七下《文宗纪》作"三月丙申司徒中书令裴度卒"。"丙申"盖"丙戌"之讹。通常牡丹以三月中旬开放，是年闰正月，故花开较早也。）

唐人咏牡丹诗甚多，不须征引，唯赋则较少，兹录其赋序一二条，聊备例证焉。

《唐文粹》六舒元舆《牡丹赋序》云：

天后之乡，西河也。精舍下有牡丹，其花特异。天后叹上苑之有阙，因命移植焉。由此京国牡丹日月浸盛。今则自禁闼洎官署外延士庶之家，弥漫如四渎之流，不知其止息之地。每暮春之月，遨游之士如狂焉。亦上国繁华之一事也。近代文士为歌诗以咏其形容，未有能赋之者。余独赋之，以极其美。

李德裕《会昌一品集别集·牡丹赋序》略云：

余观前贤之赋草木者多矣，惟牡丹未有赋者，聊以状之。

赋中“有百岁之芳丛”句下原注云：

今京师精舍甲第，犹有天宝中牡丹在。

寅恪案：据上引唐代牡丹故实，知此花于高宗武后之时，始自汾晋移植于京师。当开元、天宝之世，犹为珍品。至贞元、元和之际，遂成都下之盛玩。此后乃弥漫于士庶之家矣。李肇《国史补》之作成，约在文宗大和时（参阅《历史语言研究所集刊》第九本岑仲勉先生《跋〈唐摭言〉》“李肇著《国史补》之朝代”条）。其所谓“京师贵游尚牡丹三十余年矣”云者，自大和上溯三十余年，适在德宗贞元朝。

此足与元白二公集中歌咏牡丹之多相证发者也。白公此诗之时代性极为显著，洵唐代社会风俗史之珍贵资料，故特为标出之如此。

诗中“西明寺里开北廊”者，《白氏长庆集》九有《西明寺牡丹花时忆元九（五言古调诗）》，同书一四有《重题西明寺牡丹（七言诗）》，《元氏长庆集》一六有《西明寺（七绝）》，知西明寺乃赏玩牡丹之地也。

“去年嘉禾生九穗，今年瑞麦分两歧”者，唐代有报祥瑞之制，其见于《唐会要》二八及二九《祥瑞门》者至多也。

又诗中“厍车软舆贵公主，香衫细马豪家郎”两句，乃以“贵公主”“豪家郎”男女对映为文。据《全唐诗》第十一函王建《宫词》云“御前新赐紫罗襦，步步金阶上软舆”，可知“软舆”为女子所乘。此诗“公主”二字，传世《白集》或有作“公子”者，殆后人囿于习俗，不明此义，因而妄改耶？

又康骈《剧谈录》下“玉蕊院真人降”条（《学津讨源》本）云：

> 上都（上都，宋周必大《玉蕊辨证》引此文作“长安”。）安业坊唐昌观旧有玉蕊花，甚繁。每发，若瑶林琼树。元和中春物方盛，车马寻玩者相继。忽一日，有女子年可十七八，衣绣绿衣，乘马，峨髻双鬟，无簪珥之饰，容色婉约，迥出于众。从以二女冠、三女仆。仆者皆丱头黄衫，端丽无比。既下马，以白角扇障面，直造花所。异香芬馥，闻于数十步之外。观者以为出自宫掖，莫敢逼而视之。伫立良久，令小仆取花数枝而出。将乘马，回谓黄冠者曰：“曩有玉峰之约，自此可以行矣。”时观者如堵，咸觉烟霏鹤唳，景物辉焕。举辔百步，（百步，《辨证》作“百余步”。）有轻风拥尘，随之而去。须臾尘灭。望之已在半天，（《辨证》“天”字下有“矣”字。）方悟神仙之游。余香不散者经月余日。时严给事休复、元相国〔稹〕、刘宾客〔禹锡〕、白醉吟〔居易〕，俱有闻《玉蕊院真人降》诗。

寅恪案：此故事乃唐人所盛传，观诸家赋咏之众，可为例证。神仙之说，其荒诞不待辨。但亦可借此反映当时社会风俗。故知元和中即乐天赋《牡丹芳》之时代，长安寺观花事盛日，宫掖贵妇人固有外出观赏者。唯此仙女特乘马而不御软舆，（《全唐诗》第十七函严休复《唐昌观玉蕊花》之二云“羽车潜下玉龟山”，则是仙女乘车不乘马，与康《录》不同。疑严诗为较近当时传说也。）为稍不同。岂仙凡异同之点所在耶？一笑。

红 线 毯

《新唐书》四一《地理志》“宣州宣城郡”条列举土贡中有：

> 丝头红毯。

之目，即此篇所谓“年年十月来宣州”之红线毯也。据《旧唐书》一四《宪宗纪上》云：

> 〔元和二年六月〕癸酉，东都庄宅使织造户并委府县收管。

知地方政府亦管有织造户，此类红线毯乃宣州所管织造户织贡者。又《元和郡县图志》二八“宣歙观察使宣州”条云：

> 开元贡白纻布。自贞元后，常贡之外，别进五色线毯及绫绮等珍物，与淮南、两浙相比。

《通典》六《食货典》所列玄宗时天下诸郡每年常贡云：

> 宣城郡。贡白纻布十匹。今宣州。

《旧唐书》一〇五《韦坚传》（《新唐书》一三四《韦坚传》同）略云：

> 天宝元年穿广运潭，二年而成。宣城郡船即空青石、纸笔、黄连。

寅恪案：唐代初期以关东、西川为丝织品之主要产地。迨经安史乱后，产丝区域之河北、山东，非中央政府权力所及，贡赋不入。故唐室不得不征取丝织品于江淮，以充国用。由于人力之改进，此后东南遂为丝织品最盛之产区矣。如宣州者，当开元、天宝之时，其土贡为葛属之纻布，其特产并无丝织之绫纯等物，（《唐六典》三“户部郎中员外郎”条下所列十道贡赋内，宣州亦贡绮。然必不重要。故韦坚陈列江南诸郡珍货之船，宣城之船无绮也。）而至贞元以后，遂以最精美之丝织线毯著闻，乃其尤显著之例也。观于此，亦可以知政治、人事之变迁与农产、工艺盛衰之关系矣。可参阅下“缭绫”条。

《白氏长庆集》二六《送侯权秀才序》云：

贞元十五年秋，予始举进士，与侯生俱为宣城守所贡。明年春，予春官中第。

寅恪案：《白氏长庆集》二一有《宣州试射中正鹄赋》及《窗中列远岫诗》，即乐天于贞元十五年应宣州试者。盖乐天于贞元中曾游宣州，遂由宣州解送应进士举也。是以知其《红线毯》一篇之末自注所云：

贞元中宣州进开样加丝毯。

乃是亲身睹见者。此诗词语之深感痛惜，要非空泛无因而致矣。诗中“织作披香殿上毯”句，“披香殿”用《飞燕外传》故事。此类红线毯自为供后庭之饰品者，此语其为泛用古典欤？抑更有所专指耶？

“太原毯涩毳缕硬，蜀都褥薄锦花冷”者，盖毯本以毛织成，而红线毯乃以丝为之，是兼太原毳缕毯与成都锦花褥之长，而无其短，殆同于今之所谓丝绒者，其工艺之精进可知矣。

杜陵叟

元和四年暮春，京畿实有苦旱之事，如《新唐书》七《宪宗纪》（参《白氏长庆集》四〇《答宰相杜佑等贺德音表》《答宗正卿李词等贺德音表》《答将军方元荡等贺德音表》，《全唐文》六二宪宗《亢旱抚恤百姓德音》，《李相国论事集》四《贺德音状》等）云：

〔元和四年〕闰〔三〕月己酉，以旱降京师死罪非杀人者。禁刺史境内榷率，诸道旨条外进献。岭南黔中福建掠良民为奴婢者。省飞龙厩马。己未，雨。

《通鉴》二三七《唐纪·宪宗纪》（参《白氏长庆集》四一《奏请加德音中节目》“缘今时旱请更减放江淮旱损州县百姓今年租税”、“请拣放后宫内人状”，及《李相国论事集》四“论量放旱损百姓租税”条、“请拣放后宫人”条、“论德音事”条等）云：

〔元和四年〕上以久旱，欲降德音。翰林学士李绛、白居易上言，以为欲令实惠及人，无如减其租税。又言宫人驱使之余，其数犹广。事宜省费，物贵徇情。又请禁诸道横敛，以充进奉。又言岭南、黔中、福建风俗，多掠良人卖为奴婢，乞严禁止。闰〔三〕月己酉，制降天下系囚，蠲租税，出宫人，绝进奉，禁掠卖，皆如二人之请。已未，雨，绛表贺。

《白氏长庆集》一《贺雨诗》云：

皇帝嗣宝历，元和三年冬。自冬及春暮，不雨旱爞爞。上心念下民，惧岁成灾凶。遂下罪己诏，殷勤告万邦。

皆可为证。是知乐天此篇：

三月无雨旱风起。

一语，实非诗人泛写，而此篇之作，盖亦因此而有所感触也。

诗中“十家租税九家毕，虚受吾君蠲免恩”句，可与《白氏长庆集》四一《奏请加德音中节目》“缘今时旱请更减放江淮旱损州县百姓今年租税”及《李相国论事集》四“论量放旱损百姓租税”条：

昨正月中所降德音，量放〔江淮〕去年钱米，伏闻所放数内已有纳者。

之言相参证，以深之与乐天同上之状，其所言者虽为江淮等处之税，然其情事则正与乐天此篇诗句所言相符同故也。

“白麻纸上书德音”者，韦执谊《翰林院故事》（参李肇《翰林志》、《唐会要》五七“翰林院”条）云：

故事，中书以黄白二麻为纶命重轻之辨。近者所出，独得用黄麻。其白麻皆在此院，自非国之重事，拜授将相，德音，赦宥，则不得由于斯。

盖德音例以白麻纸书之，此唐家制度也。

缭　绫

敦煌本（巴黎图书馆伯希和号五五四二）此篇题作《撩绫歌》。多一“歌”字，非是。盖《新乐府》之题目，例皆不用“歌”“吟”等字也。可参阅上“法曲”条。

微之《阴山道》篇有：

> 挑纹变𦈡力倍费，弃旧从新人所好。越縠撩绫织一端，十匹素缣工未到。豪家富贵逾常制，令族亲班无雅操。从骑爱奴丝布衫，臂鹰小儿云锦韬。

诸句，即乐天此篇篇题“缭绫”及旨意“念女工之劳也”之所本。盖乐天欲足成五十首之数，又不欲于专斥回鹘之《阴山道》篇中杂入他义，故铺陈之而别为此篇也。

《太平广记》二五七《嘲诮门》“织锦人”条引《卢氏杂说》（参阅韩偓《玉山樵人集·余作探使缭绫手帛子寄贺因而有诗》“解寄缭绫小字封”句，及其《香奁集·（七绝）半睡》“自家挼损研缭绫”句）云：

> 唐卢氏子不中第，徒步及都城门东。其日，风寒甚，且投逆旅。俄有一人续至，附火良久。忽吟诗云：“学织缭绫功未多，乱投机杼错抛梭。莫教官锦行家见，把此文章笑杀他。”又云：“如今不重文章事，莫把文章夸向人。”卢愕然，忆是白居易诗，因问姓名。曰姓李，世织缭锦。离乱前属东都官锦坊，织官锦巧儿。以薄艺投本行，皆云如今花样与前不同，不谓伎俩儿。以文彩求售者，不重于世，且东归去。

寅恪案：此足征缭绫之为珍贵丝织物，而可与元白二公之诗相印证也。

李卫公《会昌一品集别集》五《奏缭绫状》（参《旧唐书》一七四、《新唐书》一八〇《李德裕传》）略云：

臣昨缘宣索，已具军资岁计及近年物力闻奏。伏料圣慈必垂省览。又奉诏旨令织定罗纱袍段及可幅盘绦缭绫等一千匹。伏读诏书，倍增惶灼。况元鹅天马，掬豹盘绦，文彩珍奇，只合圣躬自服。今所织千匹，费用至多，臣愚亦所未晓。伏乞陛下酌当道物力所宜，更赐节减。

寅恪案：缭绫亦为外州精织进贡之物，据此可知。而文饶此状为敬宗即位之年即长庆四年观察浙西时所奏（据《旧传》），取与微之“越縠缭绫”，乐天“织者何人”“越溪寒女”之言相参证，尤足征当时吴越之地盛产此种精美之丝织品也。

《元和郡县图志》二六“浙东观察使越州”条云：

开元贡甘橘、甘蔗、葛根、石蜜、交梭白绫。自贞元之后，凡贡之外，别进异文吴绫，及花鼓歇（?）单丝吴绫、吴朱纱等纤丽之物，凡数十品。

《通典》六《食货典》所列玄宗时天下诸郡每年常贡云：

会稽郡。贡朱砂一十两、白编绫十匹、交棕（梭）十匹、轻调十匹。今越州。

《旧唐书》一〇五《韦坚传》略云：

会稽郡船，即铜器、罗、吴绫、绛纱。

《国史补》下云：

初，越人不工机杼。薛兼训为江东节制，乃募军中未有室者，厚给货币，密令北地娶织妇以归，岁得数百人。由是越俗大化，竞添花样，绫纱妙称江左矣。

寅恪案：以越州而论，当安史乱前，虽亦为蚕丝之产地，然丝织品并不特以工妙著称。迨安史乱后，经薛兼训之奖励改良，其工艺遂大为精进矣。其他东南各地，丝织工业之发展，其变化虽不若越州之显著，实亦可据以推见也。又考薛兼训于代宗时节制浙东，历时甚久（详吴廷燮《唐方镇年表》），《国史补》所载其移风化俗之功，殊非虚语。以《元和郡县图志》所标明越州于贞元后别进纤丽之丝织物数十品证之可知矣。

《元氏长庆集》二三《古题乐府·织妇词》云：

缲丝织帛犹努力，变缉（繣）撩机苦难织。东家头白双女儿，为解挑纹嫁不得。

自注云：

予掾荆时，日（目）击贡绫户有终老不嫁之女。

寅恪案：缭绫为当时丝织品之最新最佳者，故费工耗力远过其他丝织品，观微之古题乐府此诗，知当时缭绫贡户之苦至此，则诗人之作诗讽谏，自无足异也。

抑更有可论者，诗云：

应似天台山上明月前，四十五尺瀑布泉。

寅恪案：缭绫为越之名产，天台亦越之名山，故取以相比。依唐代规制，丝织品一匹长四丈（详下《阴山道篇》）。今言四十五尺者，岂当日官司贪虐，多取于民，以致逾越定限耶？至以瀑布泉比丝织品，亦唐人诗中所惯用，如《全唐诗》第十八函徐凝《庐山瀑布》诗（参《唐语林》三《品藻类》“尚（中?）书白舍人初到钱塘”条）云：

虚空落泉（一作“瀑布瀑布”）千仞直，雷奔入江不暂息。今古长如白练飞，一条界破青山色。

即是其例也。

卖 炭 翁

此篇《小序》云：

苦宫市也。

盖宫市者，乃贞元末年最为病民之政，宜乐天《新乐府》中有此一篇。且其事又为乐天所得亲有见闻者，故此篇之摹写，极生动之至也。

关于宫市事，史籍所载颇多，兹择录数条，以供读乐天此篇者之参证。

《昌黎先生集外集》六《顺宗实录一》略云：

上（顺宗）在东宫，尝与诸侍读并〔王〕叔文论政，至宫市事，上曰：“寡人方欲极言之。”众皆称赞，独叔文无言。既退，上独留叔文。谓曰：“向者君奚独无言，岂有意邪?”叔文曰：“太子职当侍膳问安，不宜言外事。陛下（德宗）在位久，如疑太子收人心，何以自解?”上大惊，因泣曰：“非先生，寡人无以知此。”遂大爱幸。

寅恪案：当日皇位之继承决于内庭之阉竖（详拙著《唐代政治史述论稿·中篇》），而宫市之弊害则由宦官所造成。顺宗在东宫时，所以不宜极论宫市者，亦在于此，不仅以其有收人心之嫌也。

同集七《顺宗实录二》略云：

旧事：宫中有要市外物，令官吏主之。与人为市，随给其直。贞元末，以宦者为使，抑买人物，稍不如本估。末年不复行文书，置白望数百人于两市并要闹坊，阅人所卖物，但称宫市，即敛手付与，真伪不复可辨，无敢问所从来，其（“其”疑当作“与”）论价之高下者，率用百钱物，买人直数千钱物，仍索进奉门户并脚价钱。将物诣市，至有空手而归者。名为宫市，而实夺之。尝有农夫以驴负柴至城卖，遇宦者称宫市，取之，才与绢数尺。又就索门户，仍邀以驴送至内。农夫涕泣，以所得绢付之，不肯受。曰：“须汝驴送柴至内。”农夫曰：“我有父母妻子，待此然后食。今以柴与汝，不取直而归，汝尚不肯，我有死而已。”遂殴宦者，街吏擒以闻。诏黜此宦者，而赐农夫绢十匹，然宫市亦不为之改易。

寅恪案：此篇所咏即是此事。退之之《史》，即乐天诗之注脚也。

《旧唐书》一六〇《韩愈传》（《新唐书》一七六《韩愈传》同）云：

德宗晚年政出多门，宰相不专机务。宫市之弊，谏官论之，不听。愈尝上章数千言极论之，不听。怒。贬为连州山阳（“山阳”应作“阳山”）令。

寅恪案：韩文公之贬阳山令，虽尚有其他原因，然与论宫市事亦至有关系也。

《旧唐书》一五九《路随传》略云：

初，韩愈撰《顺宗实录》，说禁中事颇切直。内官恶之，往往于上前言其不实。累朝有诏修改，及随进《宪宗实录》后，文宗复令改正永贞时事。随奏曰："韩愈所书，亦非己出。元和之后，已是相循。其《实录》伏望条示旧记最错误者，宣付史官，委之修定。"诏曰："其《实录》中所书德宗、顺宗朝禁中事，寻访根底，盖起谬传，谅非信史。宜令史官详正刊去，其他不要更修。"

寅恪案：《顺宗实录》中最为宦官所不满者，当是述永贞内禅一节（见拙著《唐代政治史述论稿·中篇》），然其书宫市事，亦涉及内官，自亦为修定本所删削。今传世之《顺宗实录》乃昌黎之原本，故犹得从而窥见当日宫市病民之实况，而乐天此篇竟与之吻合。于此可知白氏之诗诚足当诗史。比之少陵之作，殊无愧色。其《寄唐生诗》中所谓"转作乐府诗""不惧权豪怒"者(《白氏长庆集》一)，洵非夸词也。

《旧唐书》一四〇《张建封传》(《新唐书》五二《食货志》略同）云：

谏官御史表疏论列〔宫市〕，皆不听。吴凑以戚里为京兆尹，深言其弊。建封入觐，具奏之。德宗颇深嘉纳。而户部侍郎判度支苏弁希宦者之旨，因入奏事，上问之，弁对曰："京师游手堕业者数千万家，无土著生业，仰宫市取给。"上信之。凡言宫市者，皆不听用。

寅恪案：此亦为当日士大夫同恶宫市弊害之事证，因附录于此。至《旧传》此前一节，则俱出《顺宗实录》之文，故不复引。

《容斋续笔》一一“杨国忠诸使”条云：

宫市之事，咸谓起于德宗正元。不知天宝中已有此名，且用宰臣充使也。

《旧唐书》一一《代宗纪》（《旧唐书》一一八《元载传》、《通鉴》二二四《唐纪·代宗纪》“大历八年九月癸未”条并同）云：

〔大历八年九月〕癸未，晋州男子郇谟以麻辫发，持竹筐及苇席，哭于东市，请进三十字。如不请旨，请裹尸于席筐。上召见，赐衣，馆之禁中。内二字曰监团。欲去诸道监军团练使也。

《南部新书》戊略云：

大历八年七月，晋州男子郇谟以麻辫发，哭于东市。上闻，赐衣，馆于客省。每一字论一事，尤切于罢宫市。

寅恪案：自天宝历大历至贞元五六十年间，皆有宫市，而大历之际，乃至使郇谟哭市，则其为扰民之弊政，已与贞元时相似矣。

关于乐天此诗，更有可论者，此篇径直铺叙，与史文所载者不殊，而篇末不著己身之议论，微与其他诸篇有异，然其感慨亦自见也。

诗中“回车叱牛牵向北”者，唐代长安城市之建置，市在南而宫在北也。拙著《唐代政治史述论稿·中篇》论中央政治革命条及《隋唐制度渊源略论稿·礼仪章》附论都城建筑节已详论之，兹不复赘。要知乐天此句之“北”，殊非趁韵也。

复次，杜少陵《哀江头》诗末句“欲往城南望城北”者，子美家居城南，而宫阙在城北也。自宋以来注杜诗者，多不得其解，乃妄改“望”为“忘”，或以“北人谓向为望”为释（见陆游《老学庵笔记》七），殊失少陵以虽欲归家，而犹回望宫阙为言，隐示其眷念迟回不忘君国之本意矣。

又，诗云：

半匹红纱一丈绫，系向牛头充炭直。

寅恪案：此二句关涉唐代估法问题，非此篇所能详论。兹仅录一事，以资解释。《通鉴》二三七《唐纪·宪宗纪》“元和四年九月”条云：

旧制，民输税有三。一曰上供，二曰送使，三曰留州。建中初定两税，货重钱轻，是后货轻钱重，民所出已倍其初。其留州、送使者，所在又降省估就实估，以重敛于民。及〔裴〕垍为相，奏：“天下留州、送使物，请一切用省估。其观察使先税所理之州以自给。不足，然后许税于所属之州。”由是江淮之民稍苏息。

胡《注》云：

省估者，都省所立价也。

故“省估”者，乃官方高抬之虚价，“实估”者，乃民间现行之实价，即韩愈《顺宗实录》所谓“本估”。

唐代实际交易，往往使用丝织品。宫廷购物，依虚估或即依“省估”。取纱绫支付炭价，其为病民之虐政，不言可知也。

母 别 子

乐天此篇摹写生动，词语愤激，似是直接见闻其事，而描述之于诗中者。惜未得确考，不知所谓“关西骠骑大将军”指何人而言耳。或谓乐天《新乐府》所咏者，大抵为贞元、元和间之事。此诗之“关西”一词，明是用杨震号“关西夫子”之故典(《后汉书》八四《杨震传》)，则其人为杨姓无疑。考贞元、元和间杨姓之人，其可以破虏策勋者，唯有杨朝晟，据《旧唐书》一四四《杨朝晟传》(《旧唐书》一二二亦别有《杨朝晟传》，《新唐书》一五六《杨朝晟传》同）略云：

> 建中初，从李怀光讨刘文喜于泾州，斩获擒生居多，授骠骑大将军。〔贞元〕九年城盐州，征兵以护外境，朝晟分统士马镇木波堡。〔邠宁节度使张〕献甫卒，诏以朝晟代之。十三年春，朝晟奏：方渠、合道、木波，皆贼路也，请城其地以备之。上(德宗）从之。已事，吐蕃始来，数日而退。

则杨朝晟不独其氏为杨，且为骠骑大将军，（唐制骠骑大将军从一品，为武散官之最高者。）而有筑城御寇之功，是与此诗所谓“关西骠骑大将军”及“破虏策勋”者适相符合。至迎新弃旧之事，虽无可考，然以边将武人之常例揆之，恐此类之事亦或不免。然则此诗所指言者，其唯杨朝晟乎？是说虽甚为可能，但《旧唐书》一三《德宗纪下》云：

〔贞元十七年五月〕乙酉，邠宁节度使检校工部尚书、邠州刺史杨朝晟卒。

则乐天作诗时，朝晟久已物故，故亦不能不致疑耳。

阴山道

此题公垂倡之，元白和之，以言回鹘马价事为主。盖此乃唐代在和平时期与外族交涉最重要之财政问题也。拙著《唐代政治史述论稿·下篇》论外患与内政之关系，已详言之，兹只就元白二诗略为释证如下。

元诗云：

臣闻平时七十万匹马，关中不省闻嘶噪。四十八监选龙媒，时贡天庭付良造。如今坰野十无一，尽在飞龙相践暴。

《新唐书》五〇《兵志》云：

又以尚乘掌天子之御，左右六闲，一曰飞黄，二曰吉良，三曰龙媒，四曰騊駼，五曰駃騠，六曰天苑，总十有二闲。为二厩，一曰祥麟，二曰凤苑，以系饲之。其后禁中又增置飞龙厩。初用太仆少卿张万岁领群牧。自贞观至麟德四十年间，马七十万六千，置八坊，岐豳泾宁间地广千里，一曰保乐，二曰甘露，三曰南普闰，四曰北普闰，五曰岐阳，六曰太平，七曰宜禄，八曰安定。八坊之田千二百三十顷，募民耕之，以给刍秣。八坊之马为四十八监，而马多地狭不能容。又析八监，列布河西丰旷之野。

寅恪案：关于唐代马政，资料颇不少，兹不遑多引，仅取欧公所述，亦足以释元诗矣。

元诗又云：

绰立花砖鹓凤行，雨露恩波几时报。

寅恪案：此所谓“花砖”，即《国史补》下所云：

御史故事：大朝会则监察押班，常参则殿中知班，入阁则侍御史监奏。盖含元殿最远，用八品；宣政其次，用七品；紫宸最近，用六品。殿中得立五花砖、绿衣、用紫案褥之类，号为“七贵”。

者，是也。

白诗云：

纥逻敦肥水泉好。

寅恪案：“纥逻敦”一词不易解，疑“纥逻”为Kara之译音，即玄黑或青色之义（见Radloff《突厥方言字典》二册一三二页）。“敦”为Tunā之对音简译，即草地之意（见同书三册一四四〇页）。岂“纥逻敦”者，青草之义耶？若取“草尽泉枯马病羸”句之以草水并举者，与此句相较，似可证成此说也。然欤否欤？姑记所疑，以求博雅君子之教正。

又《敦煌掇琐》上辑一三（巴黎图书馆伯希和号二五五三）《昭君出塞变文》（羽田亨《敦煌遗书》第一集亦载此文）有云：

原夏南地持白□　　□□冗搜骨利干

边草叱沙纥逻分　　阴圾爱长席箕□（此周一良先生举以见

告者。）

寅恪案：变文此节既有残阙，复多胡语，殊难强释。但“骨利干”为铁勒之一种，“地出名马”，“草多百合”。（见《唐会要》一〇〇“骨利干国”条，并参《通典》二〇〇《边防典》一六“骨利干”条，《旧唐书》一九九下《铁勒传》及《新唐书》二一七下《回鹘传》附骨利干传等。）变文中“□□⽍搜骨利干”句指马言。“骨利干”与马有关，自不待论。“边草叱沙纥逻分”句指草言。据《元和姓纂·上声·九麌》“宇文”下（参《新唐书》七一下《宰相世系表》“宇文氏”条及《通志》二九《氏族略五》“宇文氏”条等）云：

出本辽东南单于之后。或云以系炎帝。神农有尝草之功，俗呼草为“俟汾”，音转为“宇文”。

及《北史》九八《高车传》（《魏书》一〇三《高车传》同）略云：

又有十二姓，九曰俟分氏。（今通行本《通典》一八五《边防典》一三《高车传》“俟分氏”作“俟斤氏”，殊误。）

是“俟汾”乃草之胡名，与“俟分”同为一语。颇疑宇文周之先本为高车种俟分部，后诡称出于鲜卑贵种宇文部，因而傅会神农尝百草之神话也。此点轶出本书范围，兹不详论。所可注意者，《新唐书》以骨利干附于其同种回鹘之后，且明言回鹘为高车苗裔。然则“纥逻分”者，殆即“纥逻草”之义。岂所谓“草多百合”之“百合”耶？取证迂远，聊备一说，附记于此，以俟更考。

白诗又云：

飞龙但印骨与皮。

寅恪案：《唐会要》七二“诸监马”条云：

至二岁起脊量强弱，渐以“飞”字印印右膊。细马次马，俱以“龙”形印印项左。送尚乘者，于尾侧依左右闲印以三花。其余杂马，齿上乘者，以“风”字印左膊，以“飞”字印左髀。经印之后，简习别所者，各以新入处监名印印左颊。

同书同卷“诸蕃马印”条略云：

回纥马印尻。

可以解释此句也。

白诗又云：

五十匹缣易一匹，缣去马来无了日。养无所用去非宜，每岁死伤十六七。

《白氏长庆集》四〇《翰林制诰》四《与回鹘可汗书》云：

达览将军等至，省表，其马数共六千五百匹。据所到印纳马都二万匹，都计马价绢五十万匹。缘近岁以来，或有水旱，军国之用，不免阙供。今数内且方圆支二十五万匹，分付达览将军，便令归国，仍遣中使送至界首。虽都数未得尽足，然来使且免稽留，贵副所须，当悉此意。顷者所约马数，盖欲事可久长。何者？付绢少，则彼意不充；纳马多，则此力致歉。马数渐广，则欠价渐多。以斯商量，宜有定约。彼此为便，理甚昭然。

《旧唐书》一九五《回纥传》（参《新唐书》二一七上《回鹘传》）略云：

回纥恃功，自乾元之后，屡遣使以马和市缯帛。仍岁来市，以马一匹易绢四十匹，(《新传》“绢”作“缣”。) 动至数万马。其使候遣，继留于鸿胪非一。蕃得帛无厌，我得马无用。朝廷甚苦之。

同书一二七《源休传》(《新唐书》二一七上《回鹘传》同) 略云：

〔回纥〕可汗使谓休曰：“所欠吾马直绢一百八十万匹，当速归之。”

寅恪案：《旧唐书·回纥传》书马价之丝织品为绢。乐天所草《与回鹘可汗书》亦作“绢”。但《新唐书·回鹘传》及此诗则俱作“缣”。《白氏长庆集·与回鹘可汗书》乃当时之公文，而此诗亦直述当时之实事，何以有绢、缣之不同，似甚不可解。考缣之为丝织品，其质不及绢之精美，即古诗《上山采蘼芜》篇所谓“新人工织缣，故人工织素（素即绢)。将缣来比素，新人不如故”者。或者马一匹直绢四十匹，直缣遂五十匹欤？至《新传》之改易旧文，以绢为缣，则未详其故。又乐天所草《与回鹘可汗书》中尤有可论者，据《旧传》言，马一匹易绢四十匹，若依唐朝以二十五万匹绢充六千五百匹马价计之，则约为四十匹绢易一马，与《旧传》言者颇合。若依回鹘印纳马二万匹而索价绢五十万匹计之，则每匹马唯易二十五匹绢，与《旧传》所言者相差甚远。此种数值之差异，若以索价付值之不同释之，既决为不可能，若以时代之先后释之，则实物之交易，似亦不应前后相差如此。颇疑回鹘每以多马贱价倾售，唐室则减其马数而依定值付价，然亦未敢确言也。

白诗又云：

缣丝不足女工苦，疏织短截充匹数。藕丝蛛网三丈余，回鹘诉称无用处。

《旧唐书》四八《食货志上》(《通典》六《食货典·赋税下》同)云:

先是开元八年正月敕，顷者以庸调无凭，好恶须准，故遣作样，以颁诸州。令其好不得过精，恶不得至滥。任土作贡，防源斯在，而诸州送物，作巧生端。苟欲副于斤两，遂则加其丈尺，至有五丈为匹者，理甚不然。阔一尺八寸，长四丈。同文共轨，其事久行。立样之时，亦载此数。若求两而加尺，甚朝四而暮三。宜令有司简阅，有逾于比年常例，丈尺过多，奏闻。

寅恪案：唐制丝织品之法定标准为阔一尺八寸，长四丈，而付回鹘马价者，仅长三丈余，此即所谓“短截”也。其品质之好恶，应以官颁之样为式，而付回鹘马价者，则如藕丝蛛网，此即所谓“疏织”也。其恶滥至此，宜回鹘之诉称无用处矣。观于唐、回马价问题，彼此俱以贪诈行之，既无益，复可笑。乐天此篇诚足为后世言国交者之鉴戒也。又史籍所载，只言回鹘之贪，不及唐家之诈，乐天此篇则并言之。是此篇在《新乐府五十首》中，虽非文学上乘，然可补旧史之阙，实为极佳之史料也。

白诗又云：

咸安公主号可敦。

寅恪案：咸安公主即德宗女燕国襄穆公主，下嫁回纥武义成功可汗者。其始末见《新唐书》八三《诸公主传》、《新唐书》二一七上《回鹘传上》，不须备引也。

时 世 妆

微之《法曲》篇末云：

胡音胡骑与胡妆，五十年来竞纷泊。

乐天则取胡妆别为此篇以咏之。盖元和之时世妆，实有胡妆之因素也。凡所谓摩登之妆束，多受外族之影响。此乃古今之通例，而不须详证者。又岂独元和一代为然哉？

诗云：

时世妆，时世妆，出自城中传四方。时世流行无远近，腮不施朱面无粉。乌膏注唇唇似泥，双眉画作八字低。妍蚩黑白失本态，妆成尽似含悲啼。圆鬟无鬓椎髻样，斜红不晕赭面状。

《新唐书》三四《五行志》云：

元和末，妇人为圜鬟椎髻，不设鬓饰，不施朱粉，惟以乌膏注唇，状似悲啼者。圜鬟者，上不自树也。悲啼者，忧恤象也。

寅恪案：《新唐书》此节似即永叔取之于乐天之诗者。然乐天作诗于元和四年，元和纪年共计十五岁，而《志》言“元和末”何耶？又《白氏长庆集》一三《代书诗一百韵》云：

风流夸堕髻，时世斗啼眉。

自注云：

贞元末，城中复为堕马髻、啼眉妆。

则贞元之末已有所谓啼眉妆。又乐天《琵琶引》云：“夜深忽梦少年事，啼妆泪落红阑干。”及《才调集》五微之《梦游春》云：“最似红牡丹，雨来春欲暮。”《离思六首》之一(《全唐诗》第十五函元稹二七此首作《莺莺诗》。）云：“牡丹经雨泣残阳。”据《莺莺传》，张生之初见莺莺，在贞元十六年，琵琶妇少年日与长安名妓秋娘竞美。秋娘盛时复在贞元十六年前后（详见上《琵琶引章》）。贞元纪年凡二十一岁，而二十一年八月即改元永贞。故贞元十六年亦可通言贞元之末也。岂此种时世妆逐次兴起于贞元末年之长安，而繁盛都会如河中等处，争时势之妇女(《才调集》五微之《有所教》诗云“人人总解争时势”。）立即摹仿之。其后遂风行于四方较远之地域，迄于元和之末年，尚未改易耶？今无他善本可资校订，姑记此疑以俟更考。又此节可与“上阳白发人”条互相阐发，读者幸取而并观之也。

诗云：

元和妆梳君记取，髻椎面赭非华风。

寅恪案：《汉书》九五《西南夷传》云：

此皆椎结。

师古《注》云：

结读曰髻，为髻如椎之形也。

白氏之所谓“椎髻”，疑即此样也。至“赭面”已详前《城盐州篇》，兹不赘释。白氏此诗所谓“面赭非华风”者，乃吐蕃风气之传播于长安社会者也。

复次，外夷习俗之传播，必有殊类杂居为之背景。（此义尝于拙著《读〈东城老父传〉》一文略言之，载《历史语言研究所集刊》第十本第二分。）就外交关系言，中唐与吐蕃虽处于或和或战之状态（自德宗贞元三年平凉败盟后，唐室与吐蕃入于敌对状态，至宪宗初年乃采用怀柔政策），而就交通往来言，则贞元、元和之间，长安五百里外即为唐蕃边疆。其邻接若斯之近，决无断绝可能。此当日追摹时尚之前进分子，所以仿效而成此蕃化之时世妆也。

李　夫　人

寅恪于论《长恨歌》时，已言乐天之诗句与陈鸿之《传》文所以特为佳胜者，实在其后半节畅述人天生死、形魂离合之关系，而此种物语之增加，则由汉武帝李夫人故事转化而来。此篇以"李夫人"为题，即取《长恨歌》及《传》改缩写成者也。故就此篇篇末一节与《长恨歌》及《传》之关系略为释证数语，以供读者之参考。至于此篇前段所用故实，则不过出于《史记》二八《封禅书》、《汉书》九七《外戚传上·李夫人传》、《西京杂记》二及《穆天子传》六诸书，皆世所习知者，无须赘引也。

诗云：

又不见泰陵一掬泪，马嵬坡下念杨妃。纵令妍姿艳质化为土，此恨长在无销期。

寅恪案：前三句取自《长恨歌》"马嵬坡下泥土中，不见玉颜空死处"诸句。后一句则取自《长恨歌》"此恨绵绵无绝期"之句，此固显而易见者也。

又云：

生亦惑，死亦惑，尤物惑人忘不得。人非木石皆有情，不如不遇倾城色。

寅恪案：此即综合《文苑英华》七九四张君房“丽情集”本之陈鸿《长恨歌传》中：

《李延年歌》曰“倾国复倾城”，此之谓也。

及：

生惑其志，死溺其情，又如之何？

与《白氏长庆集》一二《长恨歌》前之通行本陈鸿《长恨歌传》中：

乐天因为长恨歌，意者不但感其事，亦欲惩尤物，窒乱阶，垂于将来也。

等语之意改造而成者也。乐天之《长恨歌》以“汉皇重色思倾国”为开宗明义之句，其《新乐府》此篇，则以“不如不遇倾城色”为卒章显志之言，其旨意实相符同，此亦甚可注意者也。故读《长恨歌》必须取此篇参读之，然后始能全解。盖此篇实可以《长恨歌》著者自撰之笺注视之也，而今世之知此义者不多矣。复次，此篇之广播流行，较之《长恨歌》虽有所不及，但就文章体裁演进之点言之，则已更进一步。盖此篇融合《长恨歌》及《传》为一体，俾史才、诗笔、议论俱汇集于一诗之中，已开元微之《连昌宫词》新体之先声矣。读者若取《长恨歌》及《传》与《连昌宫词》及此篇参合比较读之，并注意其作成之时间，自可于当时文人之关系与文体之关系二端得一确解也。

此篇《小序》云：

鉴嬖惑也。

而诗云：

汉武帝初丧李夫人。

又云：

伤心不独汉武帝，自古及今皆若斯。君不见穆王三日哭，重璧台前伤盛姬。又不见泰陵一掬泪，马嵬坡下念杨妃。

则不独所举之例，悉为帝王与妃嫔间之物语故实，且又借明皇杨妃之事标出一真实之“今”字。自是陈谏戒于君上之词，而非泛泛刺时讽俗之作也。考《旧唐书》五二《后妃传下·宪宗懿安皇后郭氏传》（《新唐书》七七《后妃传下·宪宗懿安皇后郭氏传》后半不同）云：

宪宗懿安皇后郭氏，尚父子仪之孙，赠左仆射、驸马都尉暧之女。母代宗长女昇平公主。宪宗为广陵王时，纳后为妃。以母贵，父祖有大勋于王室，顺宗深宠异之。贞元十一年生穆宗皇帝。元和元年八月册为贵妃。八年十二月百僚拜表请立贵妃为皇后。凡三上章，上以岁暮，来年有子午之忌，且止。帝后庭多私爱，以后门族华盛，虑正位之后，不容嬖幸，以是册拜后时。元和十五年正月，穆宗即位，闰正月，册为皇太后。

《新唐书》七七《后妃传下·宪宗懿安皇后郭氏传》（参裴廷裕《东观奏记》上及拙著《唐代政治史述论稿·中篇》）云：

宣宗立，于后诸子也。而母郑故侍儿，有曩怨。帝奉养礼稍薄，后郁郁不聊。与一二侍人登勤政楼，将自陨，左右共持之。帝闻不喜。是夕后暴崩。有司上尊谥，葬景陵外园。太常官王皞请后合葬景陵，以主祔宪宗室。帝不悦，令宰相白敏中让之。皞曰："后乃宪宗东宫元妃，事顺宗为妇，历五朝母天下，不容有异论。"敏中亦怒。周墀又责谓，皞终不挠。墀曰："皞信孤直。"俄贬皞句容令。懿宗咸通中皞还为礼官，申抗前论，乃诏后主祔于庙。

寅恪案：唐代之女祸可谓烈矣。如武、韦、杨、张诸后妃之移国乱朝，皆世所习知者。今观上引诸史文，知宪宗亦多内宠，乐天《新乐府》既以"为君而作"为其要义之一，宜有此取远鉴于前朝覆辙，近切合于当日情事之讽谏诗篇也。又观于后来宪宗终竟不肯定立元妃郭氏为皇后，卒致酿成裴廷裕所谓"光陵商臣之酷"，是乐天之先事陈诫，尤不可忽视也。或有以上引史实既多在乐天赋此篇之后，而宫掖事秘，又非外间所得详知为疑者。其实自宪宗践阼至乐天作诗，为时已历四五载之久，迄未闻以元妃正位宫闱，则疑似之论，不必果无。何况乐天此时又为文学侍臣，职居禁密乎？然则此篇之作，必非仅为袭《长恨歌传》之旧意以充五十首之数者，抑又可知矣。

陵　园　妾

此篇既叙宫女幽闭之情事，自可与《上阳白发人》一篇相参证。如诗中：

忆昔宫中被妒猜，因谗得罪配陵来。

之句，殆受《上阳白发人》李《传》所言：

杨贵妃专宠，后宫人无复进幸矣。六宫有美色者，辄置别所。

之暗示而来，而乐天《上阳白发人》诗云：

未容君王得见面，已被杨妃遥侧目。妒令潜配上阳宫，一生遂向空房宿。

《陵园妾》篇中此语自亦与之有关，可无疑也。唯特须注意者，据此篇《小序》云：

托幽闭喻被谗遭黜也。

则知此篇实以幽闭之宫女喻窜逐之朝臣。取与《上阳白发人》一篇比较，其词语虽或相同，其旨意则全有别。盖乐天《新乐府》以一吟悲一事为通则，宜此篇专指遭黜之臣，而不与《上阳白发人》悯怨旷之旨重复也。

诗之末节云：

遥想六宫奉至尊，宣徽雪夜浴堂春。雨露之恩不及者，犹闻不啻三千人。三千人，（此三字依《全唐诗》本补入。）我尔君恩何厚薄。愿令轮转直陵园，三岁一来均苦乐。

寅恪案：宣徽殿即在浴堂殿之东（详徐松《唐两京城坊考》一“大明宫”条），而浴堂则常为召见翰林学士之所。据《李相国论事集》一“上问得贤兴化事”条：

上尝御浴堂北廊。

同书二“论郑絪事”条：

上御浴堂北廊，召学士李绛对。

同书同卷“奏事上怒旋激赏事”条：

学士李绛于浴堂北廊奏对。

之纪载可知。是此所谓六宫三千人者，乃指任职京邑之近要与闲散官吏而言也。

所谓“三岁一来均苦乐”者，《东观奏记》中云：

上（宣宗）雅重词学之臣，于翰林学士恩礼特异。宴游密召，无所间隔。唯于迁转，皆守彝章。皇甫珪自吏部员外召入内廷，改司勋员外，计吏员二十五个月限，转司封郎中知制诰。孔温裕自礼部员外改司封员外入内廷，二十五个月改司勋郎中知制诰。动循官制，不以爵禄私近臣也。

盖唐家之制，京官迁转，率以二十五个月为三岁考满（可参《白氏长庆集》八《〔新授左拾遗〕谢官状》、《奏陈情状》及《〔新授京兆府户曹参军〕谢官状》）。《白氏长庆集》一三《代书诗一百韵寄微之》云：

三考欲成资。

即指此也。乐天此篇结语以三岁轮转为言，诚符其卒章显志之义矣。又《通鉴》二四九《唐纪·宣宗纪》“大中十二年二月甲子”条胡《注》略云：

宋白曰：凡诸帝升遐，宫人无子者悉遣诣山陵供奉朝夕，具盥栉，治衾枕，事死如事生。

夫遣诣山陵之嫔妾，本为经事前朝之宫人，而乐天此篇乃言“愿令轮转直陵园，三岁一来均苦乐”颇嫌失体。然则此篇实与《陵园妾》并无干涉，又可见也。

复次，宪宗朝元和元年以后，外贬之朝臣如元和三年四月考策官为宰相李吉甫所诉，韦贯之贬巴州刺史，王涯贬虢州司马，杨于陵出为岭南节度使者（参阅“涧底松”条所引），虽亦符于乐天《小序》“被谗遭黜”之旨，但以陵园妾为比，则似不切，且诗中：

山宫一闭无开日，未死此身不令出。

之言，亦嫌过当。乐天此篇所寄慨者，其永贞元年窜逐之八司马乎?《旧唐书》一四《宪宗纪上》略云：

永贞元年十一月(《旧纪》原脱“十一月”三字。兹据《新唐书》七《宪宗纪》及《通鉴》二三六《唐纪·顺宗纪》补入。）壬申，贬正议大夫中书侍郎韦执谊为崖州司马。己卯，再贬抚州刺史韩泰为虔州司马，河中少尹陈谏台州司马，召州刺史柳宗元为永州司马，连州刺史刘禹锡朗州司马，池州刺史韩晔饶州司马，和州刺史凌准连州司马，岳州刺史程异柳州司马，皆坐交王叔文〔也〕。元和元年八月壬午，左降官韦执谊、韩泰、陈谏、柳宗元、刘禹锡、韩晔、凌准、程异等八人纵逢恩赦，不在量移之限。

则以随丰陵葬礼，幽闭山宫，长不令出之嫔妾，喻随永贞内禅，窜逐远州，永不量移之朝臣，实一一切合也。唯八司马最为宪宗所恶，乐天不敢明以丰陵为言。复借被谗遭黜之意，以变易其辞，遂不易为后人觉察耳。又《太行路》一篇所论，与此篇颇有关涉，读者幸取而参阅之。

诗中“一奉寝宫年月多”句，前引《通鉴》胡《注》引宋白之言，固可为此语之注脚，而《韩昌黎集》四《丰陵行》云：

设官置卫锁嫔妓，供养朝夕象平居。

亦可相参证也。

“中官监送锁门回”句，则《太平广记》四八六薛调撰《无双传》云：

忽报有中使押领内家三十人，往园陵，以备洒扫。

又云：

忽传说曰，有高品过，处置园陵宫人。

可以与乐天此句相印证也。

盐　商　妇

《白氏长庆集》四六《策林》第二十三目《议盐法之弊论盐商之幸》云：

臣又见自关以东，上农大贾，易其资产，入为盐商。率皆多藏私财，别营稗贩。少出官利，唯求隶名。居无征徭，行无榷税。身则庇于盐籍，利尽入于私室。此乃下有耗于农商，上无益于管榷明矣。盖山海之饶、盐铁之利，利归于人，政之上也；利归于国，政之次也。若上既不归于人，次又不归于国，使幸人奸党得以自资，此乃政之疵、国之蠹也。今若划革弊法，沙汰奸商，使下无侥幸之人，上得析毫之计，斯又去弊兴利之一端也。

寅恪案：乐天此篇之意旨，与其前数年所拟《策林》之言殊无差异。此篇《小序》所谓"幸人"者，即《策林》所谓"侥幸之人"。篇中"婿作盐商十五年，不属州县属天子。每年盐利入官时，少入官家多入私。官家利薄私家厚，盐铁尚书远不知"诸句，即《策林》所谓"自关以东，上农大贾，易其资财，入为盐商。少出官利，唯求隶名。居无征徭，行无榷税。身则庇于盐籍，利尽入于私室"。而乐天竟于《策林》二二"不夺人利"条昌言：

唐尧夏禹汉文之代，弃山海之饶，散盐铁之利。

更为明白无所避忌矣。然此等儒生之腐论，于唐代自安史乱后国计之仰给于盐税者，殊为不达事情也。《新唐书》五四《食货志》略云：

〔刘〕晏之始至也，盐利才四十万缗。至大历末，六百余万缗。天下之赋，盐利居半。宫闱服御、军饷、百官禄俸皆仰给焉。明年而晏罢。贞元四年，淮西节度使陈少游奏加民赋，自此江淮盐每斗亦增二百，为钱三百一十，其后复增六十。江淮豪贾射利，或时倍之。官收不能过半，民始怨矣。盐估益贵，商人乘时射利，远乡贫民困高估，至有淡食者。其后军费日增，盐价浸贵。顺宗时，始减江淮盐价，每斗为钱二百五十。其后盐铁使李锜奏，江淮盐斗减钱十以便民。未几复旧。方是时，锜盛贡献以固宠，朝廷大臣皆饵以厚货。盐铁之利积于私室，而国用耗屈，榷盐法大坏。兵部侍郎李巽为使，以盐利皆归度支。初岁之利，如刘晏之季年。其后则三倍晏时矣。

又《旧唐书》一四《宪宗纪上》云：

〔元和元年四月〕丁未，以检校司空平章事杜佑为司徒。所司备礼册拜，平章事如故。罢领度支盐铁转运等使，从其让也。仍以兵部侍郎李巽代领其任。

〔四年四月〕丁卯，盐铁使吏部尚书李巽卒。（寅恪案：《旧唐书》一二三《李巽传》以巽卒为四月。）六月乙亥朔，丁丑，以河东节度使李鄘为刑部尚书，充诸道盐铁转运使。

据此，贞元、元和间盐法之利弊，略如上述。而乐天赋此篇时，盐铁尚书为李巽。巽为唐代主计贤臣，其名仅亚于刘晏。李巽之后，继以李鄘，鄘以当官严重知名。似此二人者，俱不应招致讥刺。乐天此篇结语至以：

桑弘羊，死已久，不独汉世今亦有。

为言，毋乃过刻乎？意者其或别有所指耶？姑从阙疑，以俟更考。总之，乐天之盐法意见，其赋此篇时与拟《策林》时并无改易。此篇之作，不过取前日所蓄意见，形诸篇什耳。

诗云：

本是扬州小家女，嫁得西江大商客。

寅恪案：《刘梦得外集》八《夜闻商人船中筝（七绝）》云：

大艑高船一百尺，新声促柱十三弦。扬州市里商人女，来占西江明月天。

可与乐天此诗相印证。盖唐代扬州为经济繁盛之都市，巨商富贾荟集之处所。江西商人航乘大舟，每年来往于江西、淮南之间。观《国史补》下“凡东南郡邑无不通水”条略云：

舟船之盛，尽于江西。编蒲为帆，大者或数十幅，自白沙溯流而上。常待东北风，谓之潮信。江湖语云“水不载万”，言大船不过八九千石。然则（而?）大历、贞元间有俞大娘航船最大。居者养生、送死、嫁娶，悉在其间。开巷为圃，操驾之工数百。南至江西，北至淮南，岁一往来，其利甚博。

可知，则其娶扬州倡女为外妇或妾，自是寻常之事，此诗人所以往往赋咏之也。

复次，《樊川集》四《夜泊秦淮（七绝）》云：

烟笼寒水月笼沙，夜泊秦淮近酒家。商女不知亡国恨，隔江犹唱后庭花。

寅恪案：牧之此诗所谓“隔江”者，指金陵与扬州二地而言。此商女当即扬州之歌女，而在秦淮商人舟中者。夫金陵，陈之国都也。《玉树后庭花》，陈后主亡国之音也。此来自江北扬州之歌女，不解陈亡之恨，在其江南故都之地，尚唱靡靡遗音。牧之闻其歌声，因为诗以咏之耳。此诗必作如是解，方有意义可寻。后人昧于金陵与扬州隔一江及商女为扬州歌女之义，模糊笼统，随声附和，推为绝唱，（如沈德潜《唐诗别裁》二〇此诗评语之类。）殊可笑也。世之读小杜诗者，往往不能通其意，因论乐天此篇，附记于此。（刘梦得《文集》三《金陵怀古（五律）》“后庭花一曲，幽怨不堪听”之句，当非泛用故典而有所指实，似可取与小杜诗互证也。）

杏 为 梁

《秦中吟·伤宅》一首与此篇有关，如《伤宅》诗之结语云：

不见马家宅，今作奉诚园。

此篇亦云：

君不见马家宅，尚犹存。宅门题作奉诚园。

即其证也。又《旧唐书》一二《德宗纪上》云：

〔大历十四年七月〕壬申，毁元载马璘、刘忠翼之第，以其雄侈逾制也。

同书一五二《马璘传》（《新唐书》一三八《马璘传》略同）云：

在京师治第舍，尤为宏侈。天宝中，贵戚勋家已务奢靡，而垣屋犹存制度。然卫公李靖家庙，已为嬖臣杨氏马厩矣。及安史大乱之后，法度隳弛。内臣戎帅，竞务奢豪。亭馆第舍，力穷乃止，时谓“木妖”。璘之第，经始中堂，费钱二十万贯，他室降等无几。及璘卒于军，子弟护丧归京师。士庶观其中堂，或假称故吏，争往赴吊者数十百人。德宗在东宫，宿闻其事。及践阼，条举格令，第舍不得逾制。仍诏毁璘中堂及内官刘忠翼之第。璘之家园进属官司。自是公卿赐宴，多于璘之山池。子弟无行，家财寻尽。（乐天所言之马家宅，乃马燧旧第，非马璘者，说详下。）

盖自天宝以来，长安朝贵，即好兴土木。居处奢僭，最为弊俗。宜乐天之赋《伤宅》诗及此篇也。

此篇以“杏为梁”名篇者，“杏梁”一词，乃古诗中所习见，如《玉台新咏》六费昶《咏照镜》云：

晨晖照杏梁。

同书七皇太子圣制《艳歌曲》云：

飞栋杏为梁。

同书九沈约古诗题《霜来悲落桐》云：

文杏堪作梁。

皆其例也。唯同书同卷《歌词二首》之二云：

卢家兰室桂为梁，中有郁金苏合香。

而此诗云：

杏为梁，桂为柱，何人堂室李开府。

又云：

高其墙，大其门，谁家第宅卢将军。

颇似乐天即取意于古歌词者。然乐天诗中有“去年”“今岁”之言，自非仅采古典，当亦兼咏近事也。或谓《唐语林》八《补遗》云：

卢言旧宅在东都归德坊南街，厅屋是杏木梁，西壁有韦鶠郎中画马六匹。

而《新唐书》七三上《宰相世系表·范阳卢氏表》有：

正言，左监门卫将军，谥曰光。

者，乐天所咏之卢将军，岂即指卢言或卢正言其人耶？窃以为不然，卢言或卢正言是否果为一人，姑置不论。卢言之第宅在东都，卢正言为隋代卢昌衡之曾孙，当是玄宗以前人。是地域、时间各与乐天所咏者不合也。据乐天篇中言李开府之宅则云：

去年身没今移主。

言卢将军之宅则云：

今岁官收赐别人。

则李先而卢后，又俱为元和初年时事无疑。然则其所指言者殆李锜与卢从史欤？

《旧唐书》一四《宪宗纪上》（《新唐书》七《宪宗纪》、《通鉴》二三七《唐纪·宪宗纪》“元和二年十一月甲申”条同）云：

〔元和二年〕十一月甲申斩李锜于独柳树下。

寅恪案：李锜为镇海军节度使，是合于开府之称也。

同书同卷(《通鉴》二三八《唐纪·宪宗纪》“元和五年四月‘甲申’及‘戊戌’”条同）略云：

元和五年四月甲申，镇州行营招讨使吐突承璀执昭义节度使卢从史，载从史送京师。戊戌，贬前昭义节度使卢从史为驩州司马。

寅恪案：卢从史得称将军，亦无疑问也。唯有可注意者，《新乐府》虽有：

元和四年为左拾遗时作。

之注，而此《杏为梁》一篇咏及卢从史之败，是其作成至少亦在元和五年四月以后也。颇疑白氏此五十篇未必悉写成或写定于元和四年，斯为一例证矣。如前文所论《海漫漫》《道州民》等篇，亦可取相参证也。

诗中“君不见马家宅，尚犹存，宅门题作奉诚园”者，《旧唐书》一三四《马燧传》附子畅传(《新唐书》一五五《马燧传》附子畅传同）云：

燧资货甲天下。燧既卒，畅承旧业，屡为豪幸邀取。贞元末，中尉申志廉讽畅令献田园第宅。顺宗复赐畅。初为汇妻所诉，析其产。中贵又逼取，仍指使施于佛寺，畅不敢吝。晚年财产并尽。身殁之后，诸子无室可居，以至冻馁。今奉诚园亭馆，即畅旧第也。

《国史补》中云：

马司徒之子畅，以第中大杏馈窦文场。文场以进。德宗未尝见，颇怪之。令使就第，封杏树。畅惧，进宅。废为奉诚园。屋木尽拆入内也。

寅恪案：奉诚园为马燧旧第事，除见于《两唐书》及李肇《国史补》外，又数见于唐人诗集中，如《窦氏联珠集》窦牟《奉诚园闻笛》诗注云：

园马侍中故宅。

《元氏长庆集》一六《奉诚园（七绝)》注云：

马司徒旧宅。

之类，不遑备举。至其所在地，则据杜牧《樊川集》二《过田家宅》诗云：

安邑南门外，谁家版筑高。奉诚园里地，墙缺见蓬蒿。

可知也。

“君不见魏家宅，属他人，诏赎赐还五代孙”者，其自注云：

元和四年，诏特以官钱赎魏征胜业坊中旧宅，以还其孙，用奖忠俭。

寅恪案：《白氏长庆集》四一《论魏征旧宅》（李师道奏请出私财收赎魏征旧宅事宜）云：

伏望明敕有司，特以官钱收赎，使还后嗣，以劝忠臣。则事出皇恩，美归圣德。臣苟有所见，不敢不陈。其与师道诏，未敢依宣便撰，伏待圣旨（此条可参《通鉴》二三七《唐纪·宪宗纪》“元和四年三月”条及胡《注》）。

则官钱收赎魏征旧宅之议，实由乐天发之。夫乐天杜强藩之掠美，成君上之劝忠，诚可谓有论思拾遗之功，不愧近臣言官之职矣。而篇中全以其事归美宪宗，尤为遣辞得体也。

井底引银瓶

此篇《小序》云：

止淫奔也。

篇之结语云：

寄言痴小人家女，慎勿将身轻许人。

寅恪案：乐天《新乐府》与《秦中吟》之所咏，皆贞元、元和间政治社会之现象。此篇以“止淫奔”为主旨，篇末以告诫痴小女子为言，则其时社会风俗男女关系与之相涉可知。此不须博考旁求，元微之《莺莺传》即足为最佳之例证。盖其所述者为贞元间事，与此篇所讽刺者时间至近也。关于《莺莺传》，寅恪已辨证其事，兹不重论。唯取《传》载双文报张生书中数语，以与此篇所言者相参证于下。

诗云：

墙头马上遥相顾，一见知君即断肠。知君断肠共君语，君指南山松柏树。感君松柏化为心，暗合双鬟逐君去。到君家舍五六年，君家大人频有言。聘则为妻奔是妾，不堪主祀奉苹蘩。终知君家不可住，其奈出门无去处。

书略云：

婢仆见诱，遂致私诚。儿女之心，不能自固。君子有援琴之挑，鄙人无投梭之拒。及荐寝席，义盛意深。愚陋之情，永谓终托。岂期既见君子，而不能〔以礼〕定情。（寅恪案："以礼"二字据古本《董解元西厢记》七补。盖既见君子矣，何以不能定情？文意殊不贯通。《毛诗·召南·草虫篇·小序》云"大夫妻能以礼自防也"，及经文云"未见君子，忧心忡忡。亦既见止，亦既觏止，我心则降"，并《乐府解题》曰"《定情诗》汉繁钦所作也。言妇人不能以礼从人，而自相悦媚"等语，故依董本特补"以礼"二字，以足文意。考微之年十五，以明经及第，必习熟《毛诗正义》，"君子之语"即用经文。"定情"一辞亦与繁钦之诗有关。繁氏作品微之当能见及之也。）致有自献之羞，不复明侍巾帻。没身永恨，含叹何言。如或达士略情，舍小从大，以先配为丑行，谓要盟为可欺，则当骨化形销，丹诚不泯，因风委露，犹托清尘。存没之诚，言尽于此。

则乐天诗中之句，即双文书中之言也。夫“始乱终弃”，乃当时社会男女间习见之现象。乐天之赋此篇，岂亦微之《和李校书新题乐府序》所谓“病时之尤急者”耶？（见《元氏长庆集》二四。）但微之则未必以斯为尤急者。元白二人之不同，殆即由此而判欤？

官　牛

此篇《小序》云：

讽执政也。

寅恪案：元和四年时，三公及宰相凡五人。其中郑絪、裴垍、李藩三人皆不应为乐天所讥诮，而《新乐府·司天台》一篇则专诋杜佑，是则此篇之所指言者，其唯于頔乎？

《新唐书》六二《宰相表中》（《旧唐书》一四《宪宗纪上》同）云：

元和三年九月庚寅山南东道节度使、检校尚书、左仆射于頔守司空、同中书门下平章事。

寅恪案：据此，知于頔之拜相与乐天之作诗，其时间相距甚近也。《旧唐书》一五六《于頔传》（《新唐书》一七二《于頔传》同）略云：

贞元十四年为襄州刺史，充山南东道节度观察〔使〕。于是广军籍，募战士，器甲犀利，僩然专有汉南之地。于是公然聚敛，恣意虐杀，专以凌上威下为务。及宪宗即位，威肃四方，

> 頔稍戒惧，以第四子季友求尚主，宪宗以长女永昌公主降焉。其第二子方，屡讽其父归朝，入觐，册拜司空、平章事。

《国史补》中（《新唐书》一七二《于頔传》略同）云：

> 襄州人善为漆器，天下取法，谓之襄样。及于司空頔为帅，多酷暴。郑元镇河中，亦虐。远近呼为襄样节度。

寅恪案：于頔居镇骄蹇，迫于事势，不得已而入朝。虽其执政原是虚名，但以如是人而忝相位，固宜讥讽也。

《白氏长庆集》四一《论于頔裴均状（于頔裴均欲入朝事宜）》云：

> 且于頔身是大臣，子为驸马，性灵事迹，陛下素谙。一朝到来，权兼内外。若绳以规制，则必失君臣之心；若纵其作为，则必败朝廷之度。

同书同卷《论于頔所进歌舞人事宜状》云：

> 于頔自入朝来，陛下待之，深得其所。存其大体，故厚加宠位。知其性恶，故不与威权。

寅恪案：乐天于于頔入朝以前，已有痛诋之语，在其入朝以后，复于奏状中言其“性恶”，是不满于于頔可知。然则谓此篇为专指于于者，亦不足怪矣。

诗中“官牛官牛驾官车，浐水岸边般载沙”“载向五门官道西，绿槐阴下铺沙堤”者，盖拜相之仪制，如《国史补》下云：

> 凡拜相，礼绝班行，府县载沙填路，自私第至于城东街，名曰“沙堤”。

者，是也。

紫毫笔

此篇《小序》云：

诫失职也。

寅恪案：乐天在翰林时实有拾遗补阙之功。观《白氏长庆集》四十一、四十二、四十三诸卷所上奏状，可以为证。又《旧唐书》一六六、《新唐书》一一九《白居易传》，《通鉴》二三八《唐纪·宪宗纪》"元和五年六月甲申"条，及《李相国论事集》二"论白居易事"条，均载宪宗谓白居易不逊，及李绛解释之语，则乐天亦可谓言行相符者矣。然则此篇之作而又以之次于《官牛》一篇之后者，殆有感触于时政之缺失，而愤慨称职者之不多，似无可疑也。

乐天以宣州解送中进士第，此篇及《红线毯》篇俱以宣州之贡品为言，盖皆其所熟知者也。兹取旧籍之涉及宣州兔毫笔者略录数条于下。

《元和郡县图志》二八"宣州溧水县"条（此条乃张清常君举以见告者，附记于此。）云：

中山在县东南一十五里，出兔毫，为笔精妙。(《旧唐书》一〇五《韦坚传》载"宣城郡船所堆积之产物中有纸笔"。又《新唐书》四一《地理志》："宣州宣城郡土贡有兔褐簟纸笔。")

《全唐文》八〇一《陆龟蒙管城侯传》略云：

毛元锐，字文锋，宣城人。其族有窜于江南者，居于宣城溧阳山中，宗族豪甚。

寅恪案：《太平寰宇记》一〇三所纪宣州土产中，笔居其一。乐氏之书虽较晚出，亦可与乐天之诗相印证也。至张耒《明道杂志》云：

> 余守宣州，问笔工，毫用何处兔？答云：皆陈、亳、宿数州客所贩。宣自有兔，毫不可用。盖兔居原田则毫全，以出入无伤也。宣兔居山，出入为荆棘树枝所伤，则短秃。则白诗所云非也。

《宣和画谱》一八“崔悫”条云：

> 大抵四方之兔，赋形虽同，而毛色小异。山林原野，所处不一。如山林间者，往往无毫，而腹下不白。平原浅草，则毫多而腹白。大率如此相异也。白居易曾作宣州笔诗，谓“江南石上有老兔，食竹饮泉生紫毫”，此大不知物之理。闻江南之兔未尝有毫。宣州笔工，复取青齐中山兔毫作笔耳。

恐是古今产物之殊异。上引唐人之文，足征白诗之不妄。文潜拘于时代，致疑古人。其言未必可为定论也。

隋堤柳

此篇殆乐天追赋汴河之旧游，以足五十首之数者，故诗句既为通常警诫之语，而感慨亦非特别深挚。唯乐天本有旧业在埇桥（参《白氏长庆集》二八《答户部崔侍郎书》，又五三《埇桥旧业（五律)》)，少时又尝旅居吴越（参《白氏长庆集》五九《吴郡诗石记》)，观《白氏长庆集》五三《汴河路有感》一首所云：

三十年前路，孤舟重往还。绕身新眷属，举目旧乡关。事去唯留水，人非但见山。啼襟与愁鬓，此日两成斑。

可知其与汴河关系之密切也。然则乐天是篇之作，较之诗人之浮泛咏古者，固亦有差别矣。

"隋堤柳"者，《隋书》二四《食货志》略云：

炀帝即位，开渠引谷洛水自苑西入，而东注于洛。又自板渚引河达于淮海，谓之"御河"。河畔筑御道，树以柳。又造龙舟凤艒、黄龙赤舰、楼船篾舫。募诸水工，谓之"殿脚"。衣锦行幐，执青丝缆，挽船以幸江都。

"龙舟未过彭城阁"者，即《大唐创业起居注》下略云：

宇文化及等谋同逆，遂夜率骁果者围江都宫，杀后主于彭城阁。

是也，又《嘉庆一统志》九七《江苏·扬州府·古迹门二》云：

彭城阁，在甘泉县彭城村。《大业杂记》：炀帝建，阁中有温室。先是开皇末有泥彭城口之谣，其后果验。唐李益有诗。

可知彭城阁之所在。《全唐诗》第十函李益诗二《扬州怀古》云：

彭城阁边柳，偏似不胜春。

君虞与乐天为同时人，其所咏者可与白氏此句参证也。

"二百年来汴河路"者，《隋书》三《炀帝纪》云：

〔大业元年三月〕辛亥，发河南诸郡男女百余万，开通济渠，自西苑引谷洛水达于河，自板渚引河通于淮。

隋炀帝大业元年当西历六〇五年。白氏作诗时为唐宪宗元和四年，当西历八〇九年。相距之年正约合二百之数也。至“汴河路”，则寅恪已于拙著《秦妇吟校笺》中详论之，于此可不复述。

草　茫　茫

此篇《小序》云：

> 惩厚葬也。

考《唐会要》三八《葬门》略云：

> 元和三年五月，京兆尹郑元修奏：王公士庶丧葬节制，其凶器悉请以瓦木为之。是时厚葬成俗久矣，虽诏命颁下，事竟不行。

寅恪案：元修之奏上于元和三年，即在乐天赋《新乐府》之前一年，当时士庶习于厚葬之风，此足为证矣。又《白氏长庆集》四八第六十六目《禁厚葬》略云：

> 国朝参古今之仪，制丧葬之纪，尊卑丰约，焕然有章，今则郁而不行于天下者久矣。况多藏必辱于死者，厚费有害于生人。习不知非，浸而成俗。陛下欲革其弊，则宜振举国章，申明丧纪。移风革俗，其在兹乎？

则乐天于当时民间厚葬之弊俗，久具匡革之志。此篇之作，实仍本其数年前构《策林》时之旨意也。或疑篇中既以“秦始骊山”“汉文霸陵”为说，似是专指山陵而言。然乐天《新乐府》中凡所讽论，率以见事为主。其有赋咏前朝故实者，亦多与时事有关。如

《胡旋女》篇中有“五十年来制不禁”之句，《上阳白发人》有“入时十六今六十”之句等，皆其例也。故此篇自不应远刺代宗或其以前之山陵，而乐天所得闻知者，则德宗、顺宗崇、丰二陵，又未见有过奢之制度。是知此篇只可视为泛说，方能有当也。至于秦始汉文之得失，亦不过言丧葬俭侈利弊者所习用之比照耳，未可据以疑及此篇之旨意也。今戈本《贞观政要》六《论俭约篇》略云：

> 贞观十一年诏曰：“阖闾违礼，珠玉为凫雁；始皇无度，水银为江海。季孙擅鲁，敛以玙璠；桓魋专宋，葬以石椁。莫不因多藏以速祸，由有利而招辱。其王公已下，爰及黎庶，自今已后，送葬之具有不依令式者，仰州府县官明加检察，随状科罪。在京五品以上及勋戚家，仍录奏闻。”

太宗之诏，旨在惩革臣民厚葬之俗，而亦以秦始皇帝为言，是可与乐天此篇相参证。又此条本载在《政要·慎终篇》中（见戈氏原注），当为乐天作《七德舞》寻扯材料时所及见，或亦与此篇之作有关耶？

古　冢　狐

乐天《新乐府》率皆每篇各持一旨，而不杂不复。其《李夫人》一篇，如前所论，乃献谏于君上之词。则此篇之旨意自宜与之有别。

诗云：

古冢狐，妖且老，化为妇人颜色好。头变云鬟面变妆，大尾曳作长红裳。徐徐行傍荒村路，日欲暮时人静处。或歌或舞或悲啼，翠眉不举花颜低。忽然一笑千万态，见者十人八九迷。(《白氏长庆集》二《和答诗十首》之九《和古社诗》中虽有“妖狐变美女，社树成楼台。黄昏行人过，见者心徘徊”诸句，但彼篇意在警戒小人，与此篇之旨有异。)

此篇之作，以妖狐幻化美女迷惑行人为言，乃示戒于民间一般男子者。至于篇末一节“何况褒妲之色善蛊惑，能丧人家覆人国”之句，恐不过充类至尽，痛陈其害，未必即与少陵《北征》诗“不闻夏殷衰，中自诛褒妲”所述者同其意也。

复次，狐能为怪之说，由来久矣。而幻为美女以惑人之物语，则恐是中唐以来方始盛传者。取此篇与下列史料相印证，亦足供研究社会风俗者之参考也。

《太平广记》四四七《狐类》“狐神”条引《朝野佥载》云：

唐初已来百姓多事狐神，房中祭祀以乞恩。食饮与人同之。事者非一主。当时有谚曰：“无狐魅，不成村。”

寅恪案：据此可知唐代社会盛行信奉狐神之俗也。又同书四五二同类“任氏”条略云：

郑子至乐游园，已昏黑矣。见一宅，土垣车门，室宇甚严。延入，任氏更妆而出，酣饮极欢，夜久而寝。其妍姿美质，歌笑态度，举措皆艳，殆非人世所有。将晓，任氏曰：“可去矣。”乃约后期而去。既行及里门，门扃未发，门旁有胡人鬻饼之舍，郑子指宿所以问之，曰：“自此东转有门者，谁氏之宅？”

主人曰："此隤墉弃地，无第宅也。"郑子曰："适过之，曷以云无？"与之固争。主人适悟，乃曰："吁！我知之矣。此中有一狐，多诱男子偶宿，尝三见矣。今子亦遇乎？"郑子赧而隐曰："无。"质明复视其所，见土垣车门如故，窥其中，皆蓁荒及废圃耳。

寅恪案：此为沈既济于建中二年所撰之《任氏传》文，沈氏作此传与白氏作《新乐府》之时代相距不远，故可取相参证也。据沈、白二公之言，则中唐以来已有此种类似《聊斋志异》之狐媚物语，可以考知矣。

黑 潭 龙

《韩昌黎集》五有《炭谷湫祠堂（五言古诗）》一首，题下注引欧本云：

在京兆之南，终南之下，祈雨之所也。《南山》《秋怀》诗皆见之。

又引陆长源《辨疑志》云：

长安城南四十里有灵母谷，俗呼为炭谷。

又引宋敏求《长安志》略云：

炭谷在万年县南六十里，澄源夫人湫庙在终南山炭谷。

乐天此篇所咏黑潭之龙祠，岂即昌黎诗所咏炭谷湫之龙祠耶？考元和四年之春京畿实有旱灾（详《杜陵叟篇》所论），则此篇所摹写龙祠享祭之盛，当为乐天亲有闻见者也。

此篇《小序》云：

疾贪吏也。

颇疑此篇之作，殆受元微之于元和四年使东川按故东川节度使严砺罪状事（详《长恨歌笺证》）之暗示，但此篇末节云：

肉堆潭岸石，酒泼庙前草。不知龙神享几多，林鼠山狐长醉饱。狐何幸，豚何辜，每年杀豚将喂狐。狐假龙神食豚尽，九重泉底龙知无。

是所谓龙者似指天子而言，狐鼠者乃指贪吏而言，豚者即谓无辜小民也。考《白氏长庆集》四一《论于頔裴均状（于頔裴均欲入朝事宜）》云：

窃见外使入奏，不问贤愚，皆欲仰希圣恩，傍结权贵。上须进奉，下须人事。莫不减削军府，割剥疲人。每一入朝，甚于两税。又闻于頔、裴均等，数有进奉。若又许来，荆襄之人，必重困于剥削矣。

同集同卷《论王锷欲除官事宜状》略云：

臣又闻王锷在镇日，不恤凋残，唯务差税。淮南百姓，日夜无憀。五年诛求，百计侵削。钱物既足，部领入朝，号为羡余，亲自进奉。今若授同平章事，臣又恐诸道节度使今日已后，皆割剥生人，营求宰相。

同书同卷《论裴均进奉银器状》云：

臣闻众议皆云裴均性本贪残，动多邪巧，每假进奉，广有诛求。

其论于頔状、论王锷状，俱为元和三年所上。（頔子季友以元和二年十二月己卯即二十六日尚主，而此状云頔子为驸马，则论于頔状自为元和三年所上。至论王锷状，为元和三年上事，可参《通鉴》二三七《唐纪·宪宗纪》“元和三年九月”条及《考异》。）论裴均状为元和四年所上（参同书同卷“元和四年四月”条及《考异》）。乐天既于作此篇前屡论进奉之情事，而进奉之情事，又恰与此篇所咏者切合，则此篇至为直接诋诮当日剥削生民、进奉财货、以邀恩宠、求相位之藩镇者也。

天　可　度

此篇《小序》云：

恶诈人也。

所谓“诈人”者，初视之，似是泛指，但详绎之，则疑白氏之意乃专有所刺。其所刺者，殆李吉甫乎？

何以言之？篇之结语云：

君不见李义府之辈笑欣欣，笑中有刀潜杀人。阴阳神变皆可测，不测人间笑是嗔。（关于人言李义府笑中有刀事，可参《旧唐书》八二《李义府传》、《新唐书》二二三《奸臣传上·李义府传》及《谈实录》等。）

揆以卒章显其志之义，则已直指吉甫之姓，呼之欲出矣。又诗中：

但见丹诚赤如血，谁知伪言巧似簧。

之句，可与《唐会要》八〇“朝臣复谥”条载张仲方驳吉甫谥议：

谄泪在脸，遇便则流；巧言如簧，应机必发。

之言相印证。盖仲方驳谥之议，虽作于吉甫身后，然其言必为当日牛党对于吉甫之共评也。而仲方少尝与乐天同官交好（见《白氏长庆集》六一《范阳张公墓志铭》），则二公词语之如此巧合，必非偶然，又从可知矣。

复次，《李相国论事集》二“论郑细事”条（参《通鉴》二三七《唐纪·宪宗纪》“元和二年十一月昭义节度使卢从史内与王士真刘济潜通”条）略云：

上（宪宗）曰：“朕与宰相商量，欲召卢从史却归潞府，续追入朝。郑细辄漏泄我意，先报从史。故事合如何处置？”〔李〕绛曰：“计郑细必不自泄，从史必不自言。陛下先知，何以得之？”上曰：“密奏。”绛对曰：“细颇知古今，洞识名节，事出万端，情有难测。莫是同列有不便之势，专权有忌前之心，造为此辞，冀其去位？无令人言陛下惑于谗佞也。”至是遂已。

同书同卷“辨裴武疏”条（参《通鉴》二三八《唐纪·宪宗纪》“元和四年九月庚戌上以裴武为欺罔”条）略云：

上（宪宗）颜色甚震怒，曰：“裴武罔我，又使回未见，先宿裴垍宅，须左降岭南远处。”〔李〕绛因奏言：“裴武久为朝士，具谙制度。裴垍身为宰相，特受恩私。若其未见，便尔宿宰相家，固无此理。况皆详练时事之人，计必无此事。必有构伤裴垍、裴武，陛下不可不察。”武得守其位。

寅恪案：《李相国论事集》乃专诋吉甫之书，其言未可尽信。然此两条并为司马温公采入《通鉴》，似亦颇可依据。前者《通鉴》以之系于元和二年十一月，盖由召卢从史令还昭义事而定。其潜害郑絪之人，《通鉴》属之吉甫。后者《通鉴》以之系于元和四年九月，盖由裴武使成德复命事而定。其构伤二裴之人，则不可知。考吉甫此时已出镇淮南，当无尚在长安之理。所可注意者，其时间正与乐天作诗之时相符是也。然则此二条所述者，谮害之谋如出一辙，诬构之语发自二人。乐天之诗殆即由此而作，而特以“李义府之辈”为言者，其职是之故欤？（可参阅《涧底松篇》所论。）

秦吉了

此篇《小序》云：

哀冤民也。

诗云：

岂无雕与鹗？嗉中肉饱不肯搏。亦有鸾鹤群，闲立飏高（寅恪案：《全唐诗》“飏高”作“高飏”。）如不闻。秦吉了，人云尔是能言鸟，岂不见鸡燕之冤苦？吾闻凤凰百鸟主，尔竟不为凤凰之前致一言，安用噪噪闲言语！

寅恪案：诗中之雕鹗，乃指宪台京尹搏击肃理之官，鸾鹤乃指省阁翰苑清要禁近之臣，秦吉了即指谓大小谏。是此篇所讥刺者至广，而乐天尤愤慨于冤民之无告，言官之不言也。

复次，此篇所言：

昨日长爪鸢，今朝大嘴乌。鸢捎乳燕一窠覆，乌啄母鸡双眼枯。鸡号堕地燕惊去，然后拾卵攫其雏。

一节，乃喻豪强侵凌弱小之事，似可与《白氏长庆集》一《宿紫阁山北村》诗：

中庭有奇树，种来三十春。主人惜不得，持斧断其根。口称采造家，身属神策军。主人慎勿语，中尉正承恩（可参《白氏长庆集》二八《与元九书》“闻仆《宿紫阁村》诗，则握军要者切齿矣”等语）。

诸语相参证。盖当日神策军将吏最为暴横，观《旧唐书》一五四《许孟容传》（《新唐书》一六二《许孟容传》同）：

〔元和〕四年，拜京兆尹，赐紫。神策吏李昱假贷长安富人钱八千贯，满三岁不偿。孟容遣吏收捕械系，克日命还之，曰：“不及期当死。”（《通鉴》二三八《唐纪·宪宗纪》“元和四年九月”此条作“曰：‘期满不足当死。’”）自兴元已后，禁军有功，又中贵之尤有渥恩者，方得护军。故军士日益纵横，府县不能制。孟容刚正不惧，以法绳之，一军尽惊。冤诉于上，立命中使宣旨，令送本军。孟容系之不遣。中使再至，乃执奏曰：“臣职司辇毂，合为陛下弹抑豪强。钱未尽输，昱不可得。”上以其守正，许之。

之纪载，即可知也。夫身受侵害之冤民多不敢自陈，职司辇毂之京尹又少能绳制，而有言责者复不为诉一言于君上，乐天此篇所深慨者，其在斯乎？

鸦九剑

《元氏长庆集》二《说剑》诗略云：

吾友有宝剑，密之如密友。我实胶漆交，中堂共杯酒。白虹座上飞，青蛇匣中吼。我闻音响异，疑是十将斗。何人为铸之，干将别来久。我欲评剑功，愿君良听受。剑可剸犀兕，剑可切琼玖。剑决天外云，剑冲日中斗。剑隳妖蛇腹，剑拂佞臣首。今复谁人铸，挺然千载后。既非古风壶，无乃近鸦九。劝君慎所宝，所用无或苟。潜将辟魑魅，勿但惊妾妇。留斩泓下蛟，莫试街中狗。

取与此篇相较，颇疑乐天是题之作不能与之无关。唯乐天此篇与微之诗又有不同者，乐天诗云：

欧冶子死千年后，精灵暗授张鸦九。鸦九铸剑吴山中，天与日时神借功。

盖“欧冶子死千年”者，喻周衰秦兴六义始刓（见《白氏长庆集》二八《与元九书》），迄于乐天之时约有千年之久也。“张鸦九”者，乐天所以自喻。“鸦九铸剑”者，乐天以喻其作《新乐府》欲扶起诗道之崩坏也。（亦《与元九书》中语。）是取“鸦九剑”为题，即指《新乐府》之作而言，亦可以推见矣。故此篇《小序》所云：

思决壅也。

结语所云：

不如持我决浮云，无令漫漫蔽白日。为君使无私之光及万物，

蛰虫昭苏萌草出。

实不仅为此篇之主旨，《新乐府五十首》之作，其全部旨意亦在于斯。由此观之，乐天此篇之作，乃总括叙述其前此四十八篇之主旨者也。

此外尚有可论者，此篇既已总括其《新乐府》之作，而后此复有《采诗官》一篇，以为全部《新乐府》之殿，何耶？曰：此篇所述者，一己之作品。《采诗官》所论者，广大之理想。乐天之意，盖以为决壅蔽，系乎广视听。广视听之要则，在立采诗之官。夫采诗官者，日采于下，岁献于上（详见下《采诗官篇》所引）。是其《新乐府》之作，亦不过备采诗官之采献耳。此所以必以《采诗官》一篇为殿也。乐天《新乐府》组织之严、用意之密，斯又为一例证矣。

复次，诗中“剑成未试十余年”者，亦疑为乐天自喻之语。考乐天于贞元十五年己卯由宣州解送，可视为剑成之始。自此迄于元和四年己丑赋《新乐府》之时，其间已逾十年矣。盖乐天此篇以鸦九之剑、乐天自身及其《新乐府》作品融而为一，诚可谓物我两忘、主宾俱泯矣。

采 诗 官

乐天《新乐府五十篇》，每篇皆以卒章显其志。此篇乃全部五

十篇之殿，亦所以标明其作五十篇之旨趣理想者也。

《白氏长庆集》四八《策林》第六十九目《采诗以补察时政》（参同卷《策林》第六十八目《议文章》，前总论已引）略云：

> 臣闻圣王酌人之言，补己之过，所以立理本，导化源也。将在乎选观风之使，建采诗之官，俾乎歌咏之声，讽刺之兴，日采于下，岁献于上者也。所谓言之者无罪，闻之者足以自诫。所谓善防川者，决之使导；善理人者，宣之使言。

同集三〇《进士策问五道（元和三年为府试官）》之第三道云：

> 问：大凡人之感于事，则必动于情，发于叹，兴于咏，而后形于歌诗焉。故闻《蓼萧》之咏，则知德泽被物也；闻《北风》之刺，则知威虐及人也；闻广袖高髻之谣，则知风俗之奢荡也。古之君人者，采之以补察其政，经纬其人焉。夫然，则人情通而王泽流矣。今有司欲请于上，遣观风之使，复采诗之官，俾无远迩，无美刺，日采于下，岁闻于上。以副我一人忧万人之旨，识者以为何如？

寅恪案：上引二文皆乐天于元和四年赋《新乐府》以前所作，可知乐天于复古采诗之意，盖蓄之胸中久矣。

《白氏长庆集》一《读张籍古乐府》略云：

> 张君何为者？业文三十春。尤工乐府诗，举代少其伦。为诗意如何，六义互铺陈。风雅比兴外，未尝著空文。愿播内乐府，时得闻至尊。

同书同卷《寄唐生诗》云：

> 我亦君之徒，郁郁何所为？不能发声哭，转作乐府诗。篇篇无

空文，句句必尽规。功高虞人箴，痛甚骚人辞。非求宫律高，不务文字奇。惟歌生民病，愿得天子知。

同书二八《与元九书》略云：

自登朝来，年齿渐长，阅事渐多。每与人言，多询时务；每读书史，多求理道。始知文章合为时而著，歌诗合为事而作。是时皇帝初即位，宰府有正人，屡降玺书，访人急病。而难于指言者，辄咏歌之，欲稍稍递进闻于上。上以广宸聪，副忧勤，次以酬恩奖，塞言责；下以复吾平生之志。岂图志未就而悔已生。言未闻而谤已成矣。岂六义、四始之风，天将破坏，不可支持耶？抑又不知天之意，不欲使下人之病苦闻于上耶？不然，何有志于诗者不利若此之甚也？

寅恪案：乐天之《新乐府》与文昌之《古乐府》，其体制虽有不同，而乐天推许文昌《古乐府》则曰“未尝著空文”，自诩其《新乐府》则曰“篇篇无空文”，是此一要义，固无差别也。又乐天于文昌《古乐府》则曰“愿播内乐府，时得闻至尊”，自述其作《乐府》之本志，则曰“惟歌生民病，愿得天子知”，此即其“采诗”“讽谏”之旨意也。《新乐府》以此篇为结后之作，正如常山之蛇尾，与首篇有互相救护之用。其组织严密，非后世摹仿者所能企及也。

《南部新书》癸云：

四明人胡抱章，作《拟白氏讽谏五十首》，亦行于东南，然其辞甚平。后孟蜀末杨士达亦撰五十篇，颇讽时事。士达子举正，端拱二年进士，终职方员外郎。

寅恪案：后世摹仿全部《新乐府》之诗，如胡、杨之徒所作，均不显著流传。若清高宗之拟作，则更可不置论矣。

复次，乐天作《新乐府》之义旨，非难附和承袭，而其作《新乐府》之才艺，则旷世不一见者也。苟无其才艺之实，徒揭其义旨以自高，则不胜其虚诞之弊矣。

《南部新书》庚云：

元和以来，举人用虚语策子作赋，若使陈诗观风，乃教人以妄尔。

寅恪案：李珏以讥讽时事为元和体诗之病（见《唐语林》二《文学类》“文宗欲置诗学士”条），恐非绝无依据之言。故论《新乐府》竟，并附录末流摹拟之弊于此，以供效颦者之鉴诫。

至此篇词语有略须释证者，如诗云：

夕郎所贺皆德音，春官每奏唯祥瑞。

寅恪案：《汉官仪》云“黄门郎日暮入，对青琐门拜，名曰夕郎”。唐代习称门下省给事中为“夕拜”，即出于此。可参《附论（甲）白乐天之先祖及后嗣》中引高彦休《阙史》，目给事中薛存诚为夕拜条。盖给事中之职，主要在“凡百司奏抄，侍中既审，则驳正违失。诏敕不便者，涂窜而奏还，谓之涂归”（见《新唐书》四七《百官志》，并参《旧唐书》四三《职官志》）。今给事中“所贺皆德音”，可谓失职矣。司天台有春官、夏官、秋官、冬官中官正各一人，副正各一人（见《新唐书》四七《百官志》及《旧唐书》四三《职官志》）。今“每奏唯祥瑞”，则如《新乐府》中《司天台》一篇所讥者是也。

第六章　古题乐府

李公垂作《新题乐府》，微之择和之，乐天复扩充之为五十首，遂成有唐一代诗歌之名著。今公垂之作不可见，自难评论。然《白氏长庆集》一六《编集拙诗成一十五卷因题卷末戏赠元九李二十》诗“苦教短李伏歌行”句，乐天自注云：

李二十常自负歌行，近见予《乐府五十首》，默然心伏。

则公垂之作当不及乐天，可以无疑。微之所作，见于《元氏长庆集》二四者，共十二首，亦多不如乐天所赋。寅恪别为一章，合元白所作而专论之，兹可不涉及也。

夫元白二公，诗友也，亦诗敌也。故二人之间，互相仿效，各自改创，以蕲进益。有仿效，然后有似同之处。有改创，然后有立异之点。倘综合二公之作品，区分其题目体裁，考定其制作年月，详绎其意旨词句，即可知二公之于所极意之作，其经营下笔时，皆有其诗友或诗敌之作品在心目中，仿效改创，从同立异，以求超胜，决非广泛交际、率尔酬和所为也。关于此义，寅恪已于《长恨歌》《琵琶引》《连昌宫词》诸章阐明之，兹亦可取用参证，即所谓比较之研究是也。

微之赋《新题乐府》，其不及乐天之处有二：（一）为一题涵括数意，则不独词义复杂，不甚清切，而且数意并陈，往往使读者不能知其专主之旨，注意遂难于集中。故读毕后影响不深，感人之力较一意为一题，如乐天之所作者，殊相悬远也。（二）为造句遣词，颇嫌晦涩，不似乐天作品词句简单流畅，几如自然之散文，却仍极富诗歌之美。且乐天造句，多以三七言参差相间杂，微仿古乐府，而行文自由无拘牵滞碍之苦。微之所赋，则尚守七言古体诗之形式，故亦不如乐天所作之潇洒自然多矣。夫微之作品此二病，若无乐天作品存在，似亦难发见。若取二人所作同一题目比较观之，则相形见绌，浅学犹能预知，岂深知甘苦工于为诗之微之，而不自知耶？既知之，而欲改创以求超胜，是殆微之于其元和十二年（《元氏长庆集》二三《古题乐府序》下自注“丁酉”二字。寅恪案：丁酉为元和十二年。）即乐天于元和四年赋《新乐府》后之八年，和刘猛、李余古乐府诗时之心理。读元诗者，苟明乎此，始可评论及欣赏今传世之《元氏长庆集》二三卷中《古题乐府诗十九首》也。

兹先节录《古题乐府序》之有关解释者于下。其《序》略云：

后之文人，达乐者少，但遇兴纪题，往往兼以句读短长为诗歌之异。况自风雅至于乐流，莫非讽兴当时之事，以贻后代之人。沿袭古题，唱和重复，于文或有短长，于义咸为赘剩。尚不如寓意古题，刺美见事，犹有诗人引古以讽之义焉。曹、刘、沈、鲍之徒时得如此，亦复稀少。近代唯诗人杜甫《悲陈陶》《哀江头》《兵车》《丽人》等，凡所歌行，率皆即事名篇，无复依傍（参《新乐府章》）。予少时（寅恪案：元和十二年微之年三十九岁，其作《新题乐府》若在元和四年，亦已三十一岁，相距不过八年，“少时”二字不可拘泥也。）与友人乐天、李公垂辈，谓是为当，遂不复拟赋古题。昨梁州见进士刘猛、李余各赋古乐府诗数十首，其中一二十章，咸有新意，予因选而和之。其有虽用古题，全无古义者，若《出门行》不言离别，《将进酒》特书列女之类是也；其或颇同古义，全创新词者，则《田家》止述军输，《捉捕》词先蝼蚁之类是也。

微之于《新题乐府》，既不能竞胜乐天，而借和刘猛、李余之乐府古题之机缘，以补救前此所作《新题乐府》之缺憾，即不改旧时之体裁，而别出新意新词，以蕲追及乐天而轶出之也。故其自序之语最要之主旨，则为“寓意古题，刺美见事”及“咸有新意”与“虽用古题，全无古义”或“颇同古意，全创新词”等语。然则微之之《新题乐府》，题意虽新而词句或仍不免袭古。而《古题乐府》，或题古而词意俱新，或意新而题词俱古。其综错复杂，尤足以表现文心工巧之能事矣。故微之之拟古，实创新也。意实创新而形则袭古，以视《新题乐府》之形实俱为一致，体裁较为单简者，似更难作。岂微之特择此见其所长，而以持傲其诗敌欤？请略举其最佳之数首以为例证如下：

凡《古题乐府十九首》，自《梦上天》至《估客乐》，无一首不只述一意，与乐天《新乐府五十首》相同，而与微之旧作《新题乐府》一题具数意者大不相似。此则微之受乐天之影响，而改进其作品无疑也。十九首中虽有全系五言或七言者，但其中颇多三言、五言、七言相间杂而成，且有以十字为句者，如《人道短》之“莽卓恭显皆数十年富贵”，及十一字为句者，如《董逃行》之“尔独不忆年年取我身上膏”之类，长短参差，颇极变错之致。复若《君莫非》及《田野狐兔行》，则又仿古，通篇全用四言矣。故读微之《古题乐府》，殊觉其旨趣丰富，文采艳发，似胜于其《新题乐府》。举数显著之例，如《梦上天》云：

来时畏有他人上，截断龙胡斩鹏翼。茫茫漫漫方自悲，哭向青云椎素臆。哭声厌咽旁人恶，唤起惊悲泪飘露。千惭万谢唤厌人，向使无君终不瘖。

微之于仕宦之途，感慨深矣。又如《董逃行》云：

董逃董逃人莫喜，胜负相环相枕倚。缝缀难成裁破易，何况曲针不能伸巧指，欲学裁缝须准拟。

破坏易而建设难，无其道而行其事。此诗所言若此，今日吾人读之，心中将如何耶？又如《夫远征》云：

远征不必戍长城，出门便不知死生。

及《田家词》云：

愿官早胜仇早复，农死有儿牛有犊，誓不遣官军粮不足。

诸句，皆依旧题而发新意。词极精妙，而意至沉痛。取较乐天《新乐府》之明白晓畅者，别具蕴蓄之趣。盖词句简炼，思致微婉，此为元白诗中所不多见者也。

此十九首中最可注意者，莫如《人道短》一篇，通篇皆以议论行之。词意俱极奇诡，颇疑此篇与微之并世文雄如韩退之、柳子厚、刘梦得诸公之论有所关涉。盖天人长短之说，固为元和时文士中一重要公案也。《柳河东集》一六《天说》略云：

韩愈谓柳子曰："吾为子言天之说。人之坏元气阴阳也亦滋甚。吾意有能残斯人使日薄岁削，祸元气阴阳者滋少，是则有功于天地者也。蕃而息之者，天地之仇也。"柳子曰："吾能终其说。彼上而玄者，世谓之天；下而黄者，世谓之地；浑然而中处者，世谓之元气；寒而暑者，世谓之阴阳。其乌能赏功而罚祸乎？功者自功，祸者自祸，欲望其赏罚者大谬；呼而怨，欲望其哀且仁者，愈大谬矣。子而信子之仁义，以游其内，生而死尔，乌置存亡得丧于其间耶？”

《刘梦得文集》一二《天论三篇》（参《柳河东集》三一《答刘禹锡天论书》）《序》略云：

世之言天者二道焉。拘于昭昭者则曰：天与人实影响，如有物的然以宰者。故阴骘之说胜焉。泥于冥冥者则曰：天与人实相异，是茫乎无有宰者。故自然之说胜焉。予之友河东解人柳子厚作《天说》，以折韩退之之言，文信美矣，盖有激而云，非所以尽天人之际。故余作《天论》，以极其辩云。

其上篇略云：

大凡入形器者，皆有能有不能。天，有形之大者也；人，动物之尤者也。天之能，人固不能也；人之能，天亦有所不能也。余故曰天与人交相胜尔。其说曰：天之道在生植，其用在强弱；人之道在法制，其用在是非。人能胜乎天者，法也。法大行，则是为公是，非为公非。天下之人蹈道必赏，违善必罚。故其人曰："天何预乃人事耶？福兮可以善取，祸兮可以恶召，奚预乎天邪？”法小弛则是非驳，赏不必尽善，罚不必尽恶。故其人曰："彼宜然而信然，理也。彼不当然而固然，岂理邪？天也。福或可以诈取，祸或可以苟免。”人道驳，故天命之说亦驳焉。法大弛，则是非易位，赏恒在佞而罚恒在直，义不足以制其强，刑不足以胜其非。人之能胜天之实尽丧矣。夫实已丧而名徒存，彼昧者方挈挈然提无实之名，欲抗乎言天者，斯数穷矣。故曰天之所能者，生万物也；人之所能者，治万物也。法大行，则其人曰："天何预人邪？我蹈道而已。”法大弛，则其人曰："道竟何为邪？任人而已。"法小弛，则天人之论驳焉。今以一己之穷通，而欲质天之有无，惑矣。余曰：天恒执其所能以临乎下，非有预乎治乱云尔；人恒执其所能以仰乎天，非有预乎寒暑云尔。生乎治者，人道明，咸知其所自。故德与怨不归乎天。生乎乱者，人道昧，不可知。故由人者举归乎天，非天预乎人尔。

韩、柳、刘三公之说甚悉，今不能具引，唯取刘《论》上篇稍详录之，以其为唐人说理之第一等文字也。

至韩、柳之说，则文人感慨愤激之言也。微之《人道短》一篇，畅论天道似长而实短，人道似短而实长。其诗中：

天既职性命，道德人自强。

之句，则与梦得"天之道在生植，人之道在法制，其用在是非"似有所合，但细绎：

赖得人道有拣别，信任天道真茫茫。若此撩乱事，岂非天道短，赖得人道长。

之结论，则微之自别有创见，貌似梦得为说理之词，意同韩、柳抒愤激之旨，此恐非偶然所致，疑微之于作此诗前得见柳、刘之文，与其作《连昌宫词》之前亦得见乐天《新丰折臂翁》、昌黎《和李正封过连昌宫（七绝）》，受其暗示者相似（参《连昌宫词章》及《新乐府章·新丰折臂翁篇》所论）。考微之与柳、刘往来不甚频密，则远道寄文之可能不多。然微之于元和十年春曾与柳、刘诸逐臣同由贬所召至长安，又于元和十年至十二年间在通州司马任内尝以事至山南西道节度使治所兴元。兴元者，西南一大都会，而文士萃集之所也。柳、刘文名高一世，天人之说尤为奇创，自宜传写流布于兴元。是微之于元和十年至十二年之间，在长安与兴元两地，俱有得见柳、刘二公《天论》与《天说》之机缘也。微之《古题乐府》为和梁州进士刘猛、李余而作。梁州即兴元，或者微之在梁州之日，曾得窥见柳、刘之文，遂取其意旨加以增创，以成此杰作耶？

附论

（甲）白乐天之先祖及后嗣

关于白氏之远祖，如乐天于《故巩县令白府君事状》（《白氏长庆集》二九）中所自述者，其可疑诸点，陈振孙《白文公年谱》已详辨之，而沈炳震《〈新唐书·宰相世系表〉订讹》及武英殿本《新唐书》七五下《宰相世系表》所附《考证》，亦俱有所论。其实诸家谱牒记述虚妄纷歧，若取史乘校之，其讹谬矛盾可笑之处不一而足，非独此文为然也。但此类可存而不论，盖今日稍具常识之读史者，决不致为所迷惑，详悉辨证，转无谓也。又近年中外论著中，有据《北梦琐言》五“中书蕃人事”条所纪崔慎由诋白敏中之语，《唐摭言》一三“敏捷”条白敏中、卢发所赋“十姓胡中第六胡”诸句，及《白氏长庆集》五九《沃洲山禅院记》所云：

厥初有罗汉僧西天竺人白道猷居焉。

又略云：

昔道猷肇开兹山，今日乐天又垂文兹山。异乎哉，沃洲山与白氏其世有缘乎？

等语，推论白氏之为胡姓。鄙意白氏与西域之白或帛氏有关，自不俟言，但吾国中古之时，西域胡人来居中土，其世代甚近者，殊有考论之价值。若世代甚远久，已同化至无何纤微迹象可寻者，则止就其仅余之标帜即胡姓一事，详悉考辨，恐未必有何发见，而依吾国中古史“种族之分，多系于其人所受之文化，而不在其所承之血统”之事例言之（见拙著《唐代政治史述论稿》及《隋唐制度渊源略论稿》），则此类问题亦可不辨。故谓元微之出于鲜卑，白乐天出于西域，固非妄说，却为赘论也。兹所欲言之乐天先世问题，仅为乐天非北齐五兵尚书白建之后裔，及乐天之父母以亲舅甥为婚配二事而已。盖此二事均与乐天本身有实际影响，而不似白氏为胡姓之浮泛关系也。关于乐天非北齐五兵尚书白建之后裔一端，寅恪已于拙著《唐代政治史述论稿·中篇》论“牛僧孺家有隋代牛弘赐田事”阐述及之。兹仅移录其所言者于此，以供并观同论之便利。至于乐天之父母以亲舅甥为婚配一事，则别于此详言之。以彼书限于体例范围，不能多所旁及，而此文则专论乐天家世，其性质有异故也。

《白氏长庆集》二九《襄州别驾府君事状》云：

初，高祖赠司空，有功于北齐，诏赐庄宅各一区，在同州韩城县，至今存焉。

此所谓有功于北齐之司空即白建也。据《北齐书》四〇《白建传》（《北史》五五《白建传》同）略云：

白建字彦举，武平七年卒，赠司空。

是白建卒于北齐未亡以前。其生存时期，周齐二国，东西并峙，互相争竞。建为齐朝主兵之大臣，其所赐庄宅，何得越在同州韩城即仇雠敌国之境内乎？其为依托，不待辨论也。

又《新唐书》七五下《宰相世系表·白氏表》云：

白建字彦举，后周弘农郡守，邵陵县男。

此白建既字彦举，与北齐主兵大臣之姓氏名字俱无差异，是即乐天所自承之祖先也。但其官则为北周弘农郡守，与北齐赠司空之事绝不能相容，其间必有窜改附会，自无可疑。岂乐天之先世赐田，本属于一后周姓白名某字某之弘农郡守，而其人实是乐天真正之祖宗，故其所赐庄宅能在北周境内，后来子孙远攀异国之贵显，遂致前代祖宗横遭李树代桃之厄耶？

《贞松老人（罗振玉）遗稿·后丁戊稿·白氏长庆集书后》一文中，论及乐天之父母以亲舅甥为婚配事。其说虽简，然甚确，颇可解释乐天早年家庭环境及后来其母以狂疾坠井而死诸问题。故于此引证稍详，并推论之，以供读白诗者之参考。

《白氏长庆集》二九《太原白氏家状二道》，其《故巩县令白府君事状》云：

> 高祖讳建，北齐五兵尚书，赠司空。曾祖讳士通，皇朝利州都督。祖讳志善，朝散大夫尚衣奉御。父讳温，朝请大夫检校都官郎中。公讳锽。

其《襄州别驾府君事状》略云：

> 公讳季庚，巩县府君之长子。建中元年授彭城县令。时徐州为东平所管，属本道节度使反，公与本州刺史李洧归国。贞元十年五月二十八日，终于襄阳官舍，享年六十六。夫人陈氏，陈朝宜都〔王叔明〕之后。祖讳璋，利州刺史。考讳润，坊州鄜城县令。（寅恪案："令"疑当作"尉"。）妣太原白氏。夫人无兄姊弟妹，八岁丁鄜城府君之忧，十五岁事舅姑。建中初，以府君彭城之功，封颍川县君。元和六年四月三日，殁于长安宣平里第，享年五十七。有子四人，次曰居易，次曰行简。

又《白氏长庆集》二五《唐故鄜城县尉陈府君夫人白氏墓志铭》略云：

夫人太原白氏，享年七十。唐利州都督讳士通之曾孙，尚衣奉御讳志善之玄孙，（寅恪案：疑当作“士通之玄孙，志善之曾孙”。“曾”“玄”二字互易。）都官郎中讳温之孙，延安令讳锽之第某女，（寅恪案：“延安令”疑当作“巩县令”。）韩城令讳钦之外孙，故鄜城尉讳润之夫人，故颍川县君之母，故大理少卿襄州别驾讳季庚之姑，前京兆府户曹参军翰林学士白居易、前秘书省校书郎白行简之外祖母也。

寅恪案：古人文字传于今世者，转写多有讹误，自不足怪。上所引乐天所作其父及外祖母墓志如“令”之疑当作“尉”，“延安”之疑当作“巩县”，及“曾”“玄”二字之疑当互易，即是其例。盖此皆可以本文之上下文及他文之有关者相参校而得知者也。但有为本文之上下文及相关之他文所限定，绝不能移易而诿为转写讹误所致者，则如乐天之母与其父亲属之关系是。兹据上引乐天所自述者，作一世系亲属表以明之如下：

乐天文中，历叙其外祖母之尊卑先后诸亲族血统联系，其间关系，互相制限，一定而不可移，则乐天之外祖母乃其祖之女，与其父为同产，易言之，即乐天之父季庚实与亲甥女相为婚配也明矣。至乐天于其外祖母之墓志铭以“襄州别驾讳季庚之姑”为言者，此“姑”字必不可通。初视之似是“妹”字之讹写，但细思之，则乐天属文之际，若直书其事，似觉太难为情，罗贞松谓“季庚所取乃妹女，乐天称陈夫人为季庚之姑，乃讳言而非其实矣”（罗振玉《贞松老人遗稿甲集·后丁戊稿》“白氏长庆集书后”条），洵确论也。

夫亲舅甥相为婚配，如西汉惠帝之后为其同母姊鲁元公主女（见《史记》四九《外戚世家》、八九《张耳陈余列传》等），及吴孙休朱夫人为休姊女之事（见《吴志》五《孙休朱夫人传》及裴《注》），于古代或即今日，恐亦不乏相同之例，但在唐代崇尚礼教之士大夫家族，此种婚配则非所容许，自不待言也。抑更有可论者，《唐律疏议》一《名例律·十恶》“十曰内乱”条注云：

谓奸小功以上亲，父祖妾及与和者。

《疏议》释之云：

“奸小功以上亲”者，谓据礼男子为妇人着小功服而奸者。若妇人为男夫，虽有小功之服，男子为报服缌麻者非。谓外孙女于外祖父及外甥于舅之类。

同书一四《户婚律下》第一条条文云：

诸同姓为婚者，各徒二年。缌麻以上以奸论。若外姻有服属而尊卑共为婚姻，及娶同母异父姊妹，若妻前夫之女者，亦各以奸论。其父母之姑舅、两姨姊妹，及姨，若堂姨、母之姑、堂姑，己之堂姨及再从姨、堂外甥女、女婿姊妹，并不得为婚姻，违者各杖一百，并离之。

《疏议》释之略云：

“外姻有服属”者，谓外祖父母、舅姨、（据涵芬楼影印滂熹斋藏宋刊本作“舅姨”。今坊间印本有作“姑舅”者，大谬。）

妻之父母，此等若作婚姻，是名尊卑共为婚姻。其外姻虽有服，非尊卑者，为婚不禁。

又云：

父母姑舅两姨姊妹，于身无服，乃是父母缌麻，据身是尊，故不合娶。及姨，又是父母小功尊；若堂姨，虽于父母无服，亦是尊属。母之姑、堂姑，并是母之小功以上尊。己之堂姨及再从姨、堂外甥女，亦谓堂姊妹所生者。女婿姊妹，于身虽并无服，据理不可为婚。并为尊卑混乱，人伦失序。违此为婚者，各杖一百。自“同姓为婚”以下，虽会赦，各离之。

寅恪案：据上所引，可知吾国法意重在内外区分，尊卑等级（参《容斋续笔》八“姑舅为婚”条及《明史》一三七《刘三吾传》附朱善传）。《唐律·户婚律》所规定之条例，就外姻论之，则科罪与否及其重轻，乃以尊卑混乱与否及服属之亲疏等关系而定。故外姻如从母兄弟姊妹（姨兄弟姊妹）、姑之子（外兄弟姊妹）、舅之子（内兄弟姊妹）者，虽并是缌麻三月成人正服，然非尊卑，其为婚于《唐律》则不在禁限。至外姻如上引《唐律·户婚律》条文，自父母之姑舅两姨姊妹以下，虽于身并无服纪，但此等若作婚姻，则尊卑混乱，人伦失序，是以《唐律》亦科以“各杖一百”，“虽会赦，各离之”之罪罚也（参《唐会要》八三《嫁娶目》“永徽二年九月”条）。亲舅甥自古在服纪之内，唐代复改加重，《仪礼·丧服礼》“缌麻三月者甥”（郑《注》：姊妹之子）条《传》云：

甥者，何也？谓吾舅者，吾谓之甥。何以缌之，报之也。

及《通典》九二《礼典·凶礼》“缌麻成人服三月”条（参《唐会

要》三七《服纪下》“贞观十四年”条）略云：

大唐贞观十四年，（永徽四年长孙无忌等进律疏以前之十三年。）太宗谓侍臣曰：“舅之与姨，亲疏相似，而服纪有殊，理未为得。集学者详议。”于是侍中魏征等议曰：“谨按，舅服缌麻，请与从母同小功。”制可。

可知。然则甥舅为婚，律所必禁。违律者即应依《户婚律下》第一条条文“若外姻有服属而尊卑共为婚姻”者，以奸论也。所谓“以奸论者”，《唐律疏议》一四《户婚律下》第一条条文“诸同姓为婚者各徒二年，缌麻以上以奸论”下《疏议》释之云：

若同姓缌麻以上为婚者，各依《杂律》奸条科罪。

“外姻有服属而尊卑共为婚姻者以奸论”自亦当准此。考《唐律疏议》二六《杂律上》第二十三条条文云：

诸奸缌麻以上亲，及缌麻以上亲之妻，若妻前夫之女，及同母异父姊妹者，徒三年。强者流二千里。折伤者绞。妾减一等。

《疏议》释之云：

奸缌麻以上亲，谓内外有服亲者。

综前所引《户婚律》之条文及《疏议》，与此《杂律》奸条文之条及《疏议》观之，则甥舅为婚，于《唐律》应科以满徒，并使离异。“虽会赦，亦离之”固甚明也。唯于此尚有一问题特须注意者，《唐会要》三七《服纪目上》（参《旧唐书》二七《礼仪志》，《通典》九二《礼典·凶礼》“缌麻成人三月服”条）略云：

显庆元年(《旧志》作“二年”）九月二十九日，修礼官长孙无忌等奏曰：“依古丧服，甥为舅缌麻，舅报甥亦同此制。贞观年中，八座议奏舅服同姨小功五月，而今《律疏》舅报于甥，服犹三月，谨按，傍亲之服，礼无不报，己非正尊，不敢降之也。故甥为从母五月，从母报甥小功，甥为舅缌麻，舅亦报甥三月，是其义矣。今甥为舅，使同从母之丧，则舅宜进甥以同从母之报，修《律疏》人不知礼意，舅报甥服尚止缌麻，于例不通，理须改正。今请修改《律疏》，舅报甥亦小功。”制从之。

《通典》一三四《礼典·开元礼二九》“小功五月成人正服”条云：

为外祖父母，为舅及从母丈夫妇人报。

夫吾国古代礼律关系密切，永徽四年颁《律疏》时(《旧唐书》五〇《刑法志》）甥为舅服小功，舅报甥尚止缌麻，故甥舅为婚，不入内乱之条，如《疏议》所释者是也。及显庆改舅报甥亦小功，是甥舅为婚，即如《疏议》所谓男子为妇人着小功服而奸者，宜入内乱之条矣。长孙无忌所奏请修改者，指言《律疏》，岂即谓此类条文耶？又《唐律疏议》二六《杂律》第二十四条条文云：

诸奸从祖祖母姑、从祖伯叔母姑、（寅恪案：据《开元礼》，从祖祖姑，从祖姑在室者小功，适人者缌麻。《唐律》奸从祖祖姑、从祖姑之罪重于奸缌麻亲者，依本服而不从轻服之法也。可参《名例律》六第八条条文及《疏议》。）从父姊妹、从母及兄弟妻、兄弟子妻者，流二千里。强者，绞。

“为舅及从母丈夫妇人报”，其丧服之制既同，且舅之与姨，亲疏相似，则舅甥为婚之刑章，后来或亦有修改耶？但检宋《刑统》

此诸条条文下并未载补充制、格、敕条，其故俟考。寅恪素不谙礼律之学，姑记其疑于此，以待通识礼律之君子之教正。

总之，乐天先世本由淄青李氏胡化藩镇之部属归向中朝。其家风自与崇尚礼法之山东士族迥异。如其父母之婚配，与当日现行之礼制(《开元礼》）及法典极相违戾，即其例也。后来乐天之成为牛党，而见恶于李赞皇，其历史之背景由来远矣。（关于牛李党派之分野与社会阶级之关系，已于拙著《唐代政治史述论稿·中篇》详论之，可参阅。）

复次，乐天之父季庚殁于贞元十年，年六十六，其母颍川县君陈夫人殁于元和六年，年五十七。据此推计，则陈夫人年十五岁结婚，时季庚年已四十一岁矣。夫男女婚配，年龄虽相距悬远，要亦常见，本不足异。所可怪者，以唐代社会一般风习论之，断无已仕宦之男子年逾四十尚未结婚之理。若其父果已结婚，乐天于季庚之《事状》中何以绝不言及其前母为何人？其故殊不可解。疑其婚配之间当有难言之隐，今则不易考见矣。陈振孙《白文公年谱》“元和十年”下云：

> 〔元和十年〕六月，盗杀宰相武元衡，公首上疏，请急捕贼，以雪国耻。宰相以非谏职言事，（寅恪案：乐天时为太子左赞善大夫。）恶之。会有恶公者，言其母看花坠井死，而作《赏花》及《新井》诗。贬江州刺史。中书舍人王涯言其所犯不可复理郡，（寅恪案：《旧唐书》一六六《白居易传》作“甚伤名教，不宜置彼周行”。）又改司马。宰相，韦贯之、张弘靖也。《旧谱》并及裴度，非是。度方为〔御史〕中丞，亦遇盗

不死，既愈乃相耳。新井之事，世莫知其实，史氏亦不辨其有无，独高彦休《阙史》言之甚详：公母有心疾，因悍妒得之。及嫠，家苦贫，公与弟不获安居，常索米丐衣于邻郡邑。母昼夜念之，病益甚。公随计宣州，母因忧愤发狂，以苇刀自刭，人救之得免。后遍访医药，或发或瘳。常恃二壮婢，厚给衣食，俾扶卫之。一旦稍怠，毙于坎井。时裴晋公为三省，本厅对客，京兆府申堂状至，四坐惊愕。薛给事存诚曰："某所居与白邻，闻其母久苦心疾，叫呼往往达于邻里。"坐客意稍释。他日，晋公独见夕拜，（寅恪案：夕拜谓给事中也。王维《酬郭给事》诗云"夕奉天书拜琐闱"。此指薛存诚言。）谓曰："前时众中之言，可谓存朝廷大体矣。"夕拜正色曰："言其实也。非大体也。"由是晋公信其事。后除河南尹、刑部侍郎，皆晋公所拟。凡曰坠井，必恚恨也，陨获也。凡曰看花，必怡畅也，闲适也。安有怡畅闲适之际，遽致颠沛废坠之事？乐天长于情，无一春无咏花之什，因欲黻藻其罪。又验《新井篇》，是尉盩厔时作，隔官三政，不同时矣。彦休所记，大略如此，闻之东都圣善寺老僧，僧故佛光和尚弟子也。今考《集》中亦无所谓《新井》诗者，意其删去。然则公母死以疾，固人伦之大不幸，而傅致诗篇以成谗谤，则佥壬嫉媢者为之也。故删述彦休之语，以告来者。

寅恪案：高氏所述关于裴晋公一节，核以年月，不无可疑，盖乐天母以元和六年四月殁，而是时晋公尚未为宰相也。但乐天母以悍妒致心疾发狂自杀一点，则似不能绝无所依据而伪造斯说。今检知不足斋本高氏书，未见此条，恐亦是后人所删去。张耒《张右史文集》四八有《题贾长卿读高彦休续白乐天事》一文，其语稍冗长，可不移录，大旨谓：

此不必辨，小人之诬君子，如舜与伊尹所遭之比。

虽意在为贤者辩护，不知此事元无关乐天本身道德，可以不辩护也。今所欲言者，则为乐天坐此获谴，贬江州刺史，王涯以其所犯得罪名教，不可治郡，复改司马，乃明见史乘之事实。夫此事实必有内在之远因。此远因即其父母之婚配不合当时社会之礼法人情，致其母以悍妒著闻，卒发狂自杀是也。常疑李文饶能称赏家法优美之柳仲郢，而不能宽容文才冠代之白居易，亦由于此。以乐天父母之婚配既违反礼律，己身又以得罪名教获谴，遂与矜尚礼法家风之党魁，其气类有所不相容许者也。至文饶所以荐用乐天从弟敏中之故，盖亦不得已而思其次耳。（见《旧唐书》一六六、《新唐书》一一九《白居易传》附敏中传，及《北梦琐言》一“李太尉抑白少傅”条、《南部新书》乙“白傅与赞皇不协”条等。）吾人今日固不可以此责乐天。然乐天君子人也，却为此而受牺牲，其消极知足之思想，或亦因经此事之打击，而加深其程度耶？

又《南部新书》甲云：

白乐天之母因看花坠井。后有排摈者，以《赏花》《新井》之作左迁。穆皇尝题柱曰：“此人一生争得水吃。”

寅恪案：韩退之著《讳辨》，谓李贺父名晋肃，而议者言贺不得举进士。若父名仁，其子岂不得为人？钱书此条颇可与昌黎之文参读，足为当时社会礼教末流虚伪不近人情之反诘妙语。吾人因此又可推知乐天必坐斯事喧传一时，而被目为名教罪人无疑也。

关于乐天后嗣之问题，陈振孙《白文公年谱》“会昌六年”下云：

> 公自丧阿崔，终身无子。《墓志》云“以侄孙阿新为后”，又云“三侄：味道、景回、晦之”。《世系表》载公子景受“以从子继”。《碑》亦云：“大中三年景受自颍阳尉典治集贤御书，奉太夫人杨氏来京师，命客取文刻碑。”案：公舍其侄，而以侄孙为后，既不可解，而所谓阿新者即景受乎？则昭穆为失次，不然，则治命终不用耶？《碑》云“十一月葬龙门”，而《墓志》云“葬于华州下邽，祔先茔也”，则治命亦本不于龙门。《贾氏谈录》云：“四方过者，必奠卮酒；冢前方丈，常成泥泞。”又云：“毋请太常谥，毋建神道碑。”《新史》云：“敏中为相，请谥曰文。”《贾氏谈录》云：“有司请赐谥。上曰：‘何不取醉吟先生墓表看？’卒不赐谥。弟敏中请立神道碑。”据此，则但立碑而未尝赐谥也。《新史》当别有据。

汪立名《白香山年谱》云：

> 白公自撰《醉吟先生墓志》云：“有三侄。长味道，巢县丞；次景回，淄州司兵参军；次晦之，举进士。”并不详何人子。又云：“乐天无子，以侄孙阿新为之后。”大中三年，李商隐为公《墓碑》云：“子景受，自颍阳尉典治集贤御书。”《表》云：“景受孟怀观察使，以从子嗣。”则非阿新明矣。按公《墓志》预作于会昌初，岂其后复易以从子承祧而更其名乎？

《唐文粹》（涵芬楼影印嘉靖本）五八所选录李商隐撰《乐天墓碑

铭》后有附载之弘农杨氏（即乐天夫人）《伤子辞》云：

子有令子，俭衣削食。以纪先功，志刊贞石。彼苍不遗，俾善莫隆。今子建立，痛冤无穷。

冯浩《樊南文集详注》八云：

此可细思而悟其事也。其云纪功刊石，已即《碑序》中“件右功世”“取文刻碑”之意，然“志刊贞石，彼苍不遗”，乃有其志未及为者。若景受则实取文刻碑矣。余谓阿新越序为嗣，是白公、杨氏所爱，定于存时者。不意公没后，阿新亦殇。此《殇子辞》必为阿新。其曰“令子”，即阿新。其曰“今子”，乃景受。盖阿新殇后，又以景受为继，而郡君痛冤无穷，自以《辞》志之也。《文粹》必因其附刻碑侧，故兼登之。否则何烦旁及哉？据《辞》追揣，情事宜然。旧新《传》《表》之异，可以互通矣。

寅恪案：今《文苑英华》九四五载有乐天自撰《墓志》，即世所谓《醉吟先生墓志铭》者也。此《志》乃一伪撰之文（参岑仲勉先生《〈白集·醉吟先生墓志铭〉存疑》，载《历史语言研究所集刊》第九本），而陈、汪二氏俱未尝致疑，遂于论及乐天后嗣时，乃欲调和此伪《志》与李《碑》之冲突，宜其扞格而不能通也。冯孟亭考注玉溪生所撰此《碑》，因附论乐天之后嗣，而据《伤（冯氏所见《文粹》本作“殇”）子辞》为说，可谓读书有得矣。然其“其曰‘令子’即阿新”之结论，则仍信从伪《志》，似亦未确。然则乐天后嗣之问题，所可考见者，唯其前立之子先死，后立之子为景受耳。或以乐天以侄孙为嗣之事，亦见于《旧唐书》一六六《白居易传》，似可以信据为言者。其实《旧传》中又有“仍自为《墓志》”之说。其“以侄孙为嗣”之记载，是否即得之于伪文，殊未可知也。（《新唐书》一一九《白居易传》未记乐天后嗣，是否别有所见，不敢决言。但《传》中“遗命薄葬，无请谥”之记载，似亦与伪《志》有关也。）

又赐谥与否一节，则《唐会要》七九《谥法门上》“文”字下有：

> 故太子少傅白居易，大中三年十二月中书侍郎平章事白敏中上疏请行谥典。从之。下太常，谥曰文。

之记载。故《新唐书》一一九《白居易传》所述自有依据。（《北梦琐言》一“牛僧孺奇士”条亦云“白敏中入相，乃奏定谥白居易曰文”。）至乐天官为太子少傅，故世称为白傅。若其称为白太傅，（见《唐语林》四《企羡类》“元和后不以名可称者白太傅”条，但《国史补》下“开元日通不以姓而可称者”节，无“白太傅”语。）则讹误不俟言矣。

（乙）白乐天之思想行为与佛道关系

乐天之思想行为与佛道二家有关，自不待论。兹所欲言者，即乐天对于佛道二家关系浅深轻重之比较问题也。《全唐诗》第十七函白居易三六《客有说》（自注云：客即李浙东也。所说不能具录其事）云：

近有人从海上回，海山深处见楼台。中有仙龛虚一室，多传此待乐天来。

《答客说》云：

吾学空门非学仙，恐君此说是虚传。海山不是我归处，归即应归兜率天。（自注云：予晚年结弥勒上生业，故云。）

寅恪案：《太平广记》四八《神仙类》“白乐天”条引〔卢肇〕《逸史》（参叶梦得《石林避暑录话》一“《白乐天集》自载李浙东言海山有仙馆待其来之说”条）略云：

唐会昌元年（?），李师稷中丞为浙东观察使。有商客遭风飘荡，不知所止，月余至一大山。道士与语曰：“此蓬莱山也。既至，莫要看否?”遣左右引于宫内游观。至一院，扃锁甚严，因窥之。客问之，答曰：“此是白乐天院。乐天在中国未来耳。”归旬日至越，具白廉使李公，尽录以报白公。先是白公平生唯修上坐（生?）业，及览李公所报，乃自为诗二首以记其事，及答李浙东。

据吴廷燮《唐方镇年表》“浙东观察使”栏引嘉泰《会稽志》所记，知李师稷任浙东观察使之时为会昌二年至五年，而此《客有说》及《答客说》二诗于《白氏长庆集》六九中按其排列次序及内容推之，似是乐天于会昌二年年七十一时所作。（《白氏长庆集》第六十九卷中之律诗，自《喜入新年自咏》以下，大抵皆会昌二年之作品，唯《送王卿使君赴任苏州（七律）》有“一别苏州十八载”之句，似觉不合。或者乐天计算其时间之相隔为十六年，而“十八”乃“十六”之讹写耶？俟考。）乐天此诗及自注，述其晚年皈依释迦而不宗尚苦县，固可视为实录，然此前乐天实与道教之关系尤密，亦显而易考者也。兹分为丹药之行为与知足之思想二端论之如下：

《全唐诗》第十七函白居易三三《感事（五言排律）》云：

服气崔常侍（晦叔），烧丹郑舍人（居中）。常期生羽翼，那忽化灰尘。每遇凄凉事，还思潦倒身。唯知趁杯酒，不解炼金银。睡适三尸性，慵安五藏神。无忧亦无喜，六十六年春。

寅恪案：若据乐天于开成二年年六十六时所作此诗中自述之语，似是绝未尝为烧丹之事者。但又取其他诗篇观之，则知其不然。如《白氏长庆集》五一《同微之赠别郭虚舟炼师五十韵（五古）》略云：

我为江司马，君为荆判司。俱当愁悴日，始识虚舟师。授我《参同契》，其辞妙且微。我读随日悟，心中了无疑。黄牙与紫车，谓其坐致之。自负因自叹，人生号男儿。若不佩金印，即合翳玉芝。高谢人间世，深结山中期。泥坛方合矩，铸鼎圆中规。橐炉一以动，瑞气红辉辉。斋心独叹拜，中夜偷一窥。二物正䜣合，厥状何怪奇。绸缪夫妇体，狎猎鱼龙姿。简寂馆（刘宋陆修静置馆庐山，谥简寂先生。见《莲社高贤传》）钟后，紫霄峰（亦在庐山，见陈舜俞《庐山记》二《叙山南篇三》）晓时，心尘未净洁，火候遂参差。万寿觊刀圭，千功失毫厘。先生弹指起，姹女随烟飞。始知缘会间，阴骘不可移。药灶今夕罢，诏书明日追。（参《白氏长庆集》一七《对酒（五律）》云："漫把参同契，难烧伏火砂。有时成白首，无处问黄牙。幻世为泡影，浮生抵眼花。唯将绿醅酒，且替紫河车。"

及同集同卷《醉吟二首》之一七绝云："空王百法学未得，姹女丹砂烧即飞。事事无成身老也，醉乡不去欲何归。"）

乃乐天纪其于元和十三年任江州司马时烧丹之事者，是岁乐天年四十七。然则乐天之中年曾惑于丹术可无疑矣。而《白氏长庆集》一九《余与故刑部李侍郎早结道友以药术为事与故京兆元尹晚为诗侣有林泉之期周岁之间二君长逝李住曲江北元居升平西追感旧游因贻同志（七律）》云：

从哭李来伤道气，自亡元后减诗情。金丹同学都无益，水竹邻居竟不成。月夜若为游曲水，花时那忍到升平。如年七十身犹在，但恐伤心无处行。（寅恪案：此诗作于长庆二年，可参《白氏长庆集》一七《浔阳岁晚寄元八郎中庾三十二员外（五律）》"阅水年将暮，烧金道未成。丹砂不肯死，白发事须生"之句。）

又可证知乐天"早结道友""同学金丹"也。至其晚岁，如《白氏长庆集》六九有开成五年（据卷中诸诗排列之次序及内容约略推定者）所作《戒药（五古）》云：

暮齿又贪生，服食求不死。朝吞太阳精，夕吸秋石髓。徼福反成灾，药误者多矣。以之资嗜欲，又望延甲子。天人阴骘间，亦恐无此理。域中有真道，所说不如此。后身如(《全唐诗》第十七函白居易三六作"始"）身存，吾闻诸老氏。

虽似有悔悟之意，可与前引《客有说》及《答客说》二绝句相参证，然如《白氏长庆集》六六有开成二年所作《烧药不成命酒独醉（五律）》云：

白发逢秋短，丹砂见火空。不能留姹女，争免作衰翁。赖有杯中渌，能为面上红。少年心不远，只在半酣中。

目其题意观之，乐天是时殆犹烧药，盖年已六十六矣。然则其早年好尚，虽至晚岁终未免除，逮丹不成，遂感叹借酒自解耳。噫！亦可哀矣。而同在此年，犹赋“唯知趁杯酒，不解炼金银”之句（见前引《感事》诗）以自豪，何其自相矛盾若此之甚耶？由是言之，乐天易蓬莱之仙山为兜率之佛土者，不过为绝望以后之归宿，殊非夙所蕲求者也。

复次，《白氏长庆集》六二《思旧（五古）》云：

闲日一思旧，旧游如目前。再思今何在，零落归下泉。退之服硫黄，一病讫不痊。微之炼秋石，未老身溘然。杜子得丹诀，终日断腥膻。崔君夸药力，经冬不衣绵。或疾或暴夭，悉不过中年。唯余不服食，老命反迟延。况在少壮时，亦为嗜欲牵。但耽荤与血，不识汞与铅。饥来吞热面，（《全唐诗》第十七函白居易二九作“物”。）渴来饮寒泉。诗役五藏神，酒汩三丹田。随日合破坏，至今粗完全。齿牙未缺落，肢体尚轻便。已开第七秩，饱食仍安眠。且进杯中物，其余皆付天。（寅恪案：此诗似为大和八年作，时乐天年六十三。）

钱大昕《十驾斋养新录》一六“卫中立字退之”条云：

白乐天诗“退之服硫黄，一病讫不痊”，后人因以为昌黎晚年惑金石药之证。顷阅洪庆善《韩子年谱》，有方崧卿辩证一条云：《卫府君墓志》，今本作“卫之元”，其实中立也。卫晏三子，长之元，字造微；次中立，字退之；次中行，字大受。《志》首云兄弟三人，后只云与弟中行别，则其为中立《志》

无疑。中立饵奇药求不死，而卒死，乐天诗谓“退之服硫黄者”，乃中立也。近世李季可谓公长庆三年作《李干墓志》，力诋六七公皆以药败。明年则公卒，岂咫尺之间身试其祸哉？

寅恪案：乐天之旧友至交，而见于此诗之诸人，如元稹、杜元颖、崔群，皆当时宰相藩镇大臣，且为文学词科之高选，所谓第一流人物也。若卫中立，则既非由进士出身，位止边帅幕僚之末职，复非当日文坛之健者，断无与微之诸人并述之理。然则此诗中之“退之”，固舍昌黎莫属矣。方崧卿、李季可、钱大昕诸人虽意在为贤者辩护，然其说实不能成立也。考陶穀《清异录》二载昌黎以硫黄饲鸡男食之，号曰“火灵库”。陶为五代时人，距元和、长庆时代不甚远，其说当有所据。至昌黎何以如此言行相矛盾，则疑当时士大夫为声色所累，即自号超脱，亦终不能免。《全唐诗》第十四函张籍二《祭退之（五古）》述韩公病中文昌往视一节云：

中秋十六夜，魄圆天差晴。公既相邀留，坐语于阶楹。乃出二侍女，合弹琵琶筝。临风听繁丝，忽遽闻再更。顾我数来过，是夜凉难忘。

夫韩公病甚将死之时，尚不能全去声伎之乐，则平日于“园花巷柳”（见《昌黎集》一〇《夕次寿阳驿题吴郎中诗后（七绝）》）及“小园桃李”（见《昌黎集》一〇《镇州初归（七绝）》，及《唐语林》六“韩退之有二妾一曰绛桃一曰柳枝皆能歌舞”条）之流，自未能忘情。明乎此，则不独昌黎之言行不符得以解释，而乐天之诗，数卷之中互相矛盾，其故亦可了然矣。

叶梦得《避暑录话》一论白乐天云：

然吾犹有微恨，似未能全忘声色杯酒之累。赏物太深，犹有待而后遣者。故小蛮、樊素每见于歌咏。

寅恪案：乐天于开成四年十月年六十八，得风痹之疾，始放遣诸妓。前此既未全遣除声色之累，其炼丹烧药，岂有似于昌黎“火灵库”者耶？读者若取前引《戒药（五古）》一诗中“以之资嗜欲”之语观之，即可明其梗概矣。或疑陶穀所记，实不可信，如僧徒所造昌黎晚岁皈依佛教及与大颠之关系之类。但鄙意昌黎之思想信仰，足称终始一贯，独于服硫黄事，则宁信其有，以与唐代士大夫阶级风习至相符会故也。乐天于炼丹烧药问题，行为言语之相矛盾，亦可依此解释。但白、韩二公，尚有可注意之点，即韩公排斥佛道，而白公则外虽信佛，内实奉道。是韩于排佛老之思想始终一致，白于信奉老学，在其炼服丹药最后绝望以前亦始终一致。明乎此，然后可以言乐天之思想矣。

乐天之思想，一言以蔽之曰“知足”。“知足”之旨，由《老子》“知足不辱”而来。盖求“不辱”，必知足而始可也。此纯属消极，与佛家之“忍辱”主旨富有积极之意，如六度之忍辱波罗蜜者，大不相侔。故释迦以忍辱为进修，而苦县则以知足为怀，借免受辱也。斯不独为老与佛不同之点，亦乐天安身立命之所在。由是言之，乐天之思想乃纯粹苦县之学，所谓禅学者，不过装饰门面之语。故不可以据佛家之说，以论乐天一生之思想行为也。至其“知足不辱”之义，亦因处世观物比较省悟而得之。此意乐天曾屡形之于语言，兹略举其诗句，以为证明。

《白氏长庆集》一七《赠内子（五律）》云：

白发方兴叹，青娥亦伴愁。寒衣补灯下，小女戏床头。暗淡屏帏故，凄凉枕席秋。贫中有等级，犹胜嫁黔娄。

此所谓等级，乃比较而得之者。既知有等级之分，则己身所处不在最下一级，仰瞻较上之级，虽觉不如，而俯视较下之级，则犹胜于彼。因此无羡于较上之级者，自可知足矣。若能知足，则可不辱。此乐天一生出处进退安身立命所在之理论，读其作品者，不可不知也。故持此义，以观其诗，则愈易了解。兹更录数首于下：

《白氏长庆集》六二《把酒（五古）》云：

把酒仰问天，古今谁不死？所贵未死间，少忧多欢喜。穷通谅在天，忧喜即由己。是故达道人，去彼而取此。勿言未富贵，久忝居禄仕。借问宗族间，几人拖金紫？勿忧渐衰老，且喜加年纪。试问班行中，几人及暮齿？朝餐不过饱，五鼎徒为尔。夕寝只求容，一衾而已矣。此外皆长物，于我云相似。有子不留金，何况兼无子。

《全唐诗》第十七函白居易二九《吟四虽（杂言）》云：

酒酣后，歌歇时。请君添一酌，听我吟四虽。年虽老，犹少于韦长史。命虽薄，犹胜于郑长水。眼虽病，犹明于徐郎中。家虽贫，犹富于郭庶子。省躬审分何侥幸，值酒逢歌且欢喜。忘荣知足委天和，亦应得尽生生理。（自注云：分司同官中，韦长史绩年七十余，郭庶子求贫苦最甚，徐郎中晦因疾丧明。余为河南尹时，见同年郑俞始授长水县令。因叹四子，而成此篇也。）

乐天皆取不如己者以为比较，可谓深得知足之妙谛矣。而“忘荣知足委天和”一语，尤可注意也。《白氏长庆集》六三《狂言示诸侄（五古）》云：

世欺不识字，我忝攻文笔。世欺不得官，我忝居班秩。人老多病苦，我今幸无疾。人老多忧累，我今婚嫁毕。心安不移转，身泰无牵率。所以十年来，形神闲且逸。况当垂老岁，所要无多物。一裘暖过冬，一饭饱终日。勿言舍宅小，不过寝一室。何用鞍马多，不能骑两匹。如我优幸身，人中十有七。如我知足心，人中百无一。傍观愚亦见，当己贤多失。不敢论他人，狂言示诸侄。

同集六五《诗酒琴人例多薄命予酷好三事雅当此科而所得已多为幸斯甚偶成狂咏聊写愧怀（七言律）》云：

爱琴爱酒爱诗客，多贱多穷多苦辛。中散步兵终不贵，孟郊张籍过于贫。一之已叹关于命，三者何堪并在身。只合飘零随草木，谁教凌厉出风尘。荣名厚禄二千石，乐饮闲游三十春。何得无厌时咄咄，犹言薄命不如人。

同集六九《自题小园（五古）》云：

不斗门馆华，不斗林园大。但斗为主人，一坐十余载。回看甲乙第，列在都城内。素垣夹朱门，蔼蔼遥相对。主人安在哉？富贵去不回。池乃为鱼凿，林乃为禽栽。何如小园主，拄杖闲即来。亲宾有时会，琴酒连夜开。以此聊自足，不羡大池台。

《全唐诗》第十七函白居易三七《〔会昌〕六年立春日人日作（七律）》云：

二日立春人七日，盘蔬饼饵逐时新。年方吉郑犹为少，家比刘韩未是贫。乡园节岁应堪重，亲故欢游莫厌频。试作循潮封眼想，何由得见洛阳春。（自注云：分司致仕官中，吉傅郑谘议最老，韩庶子刘员外尤贫，循潮封三郡迁客，皆洛下旧游也。寅恪案："循"谓牛僧孺，"潮"谓杨嗣复，"封"谓李宗闵，皆牛党主要人物也。见杜牧《樊川文集》七《牛公墓志铭》、《通鉴》二四八《唐纪六十四·武宗纪》"会昌四年十一月"条，《新唐书》一七四《牛僧孺传》，《旧唐书》一七六、《新唐书》一七四《杨嗣复传》及《李宗闵传》等。）

读白诗者，或厌于此种屡言不已之自足思想，则不知乐天实有所不得已。盖乐天既以家世、姻戚、科举、气类之关系，不能不隶属牛党，而处于当日牛党与李党互相仇恨之际，欲求脱身于世网，自非取消极之态度不可也。乐天于卒年岁首所作之诗，其"试作循潮封眼想，何由得见洛阳春"之语，虽为自言其知足所以不辱，倘亦有感于此三人之不能勇退欤？叶石林于《避暑录话》一论乐天云：

> 推其所由得，惟不汲汲于进，而志在于退。是以能安于去就爱憎之际，每裕然有余也。

夫知足不辱，明哲保身，皆老氏之义旨，亦即乐天所奉为秘要，而决其出处进退者也。

总而言之，乐天老学者也，其趋向消极，爱好自然，享受闲适，亦与老学有关者也。至其所以致此之故，则疑不能不于其家世之出身、政党之分野求之。此点寅恪已详言之于拙著《唐代政治史述论稿·政治革命与党派分野篇》中，兹不具论。夫当日士大夫之政治社会，乃老学之政治社会也。苟不能奉老学以周旋者，必致身败名裂。是乐天之得以身安而名全者，实由食其老学之赐。是耶？

非耶？谨以质之知人、论世、读诗、治史之君子。

复次，《白氏长庆集》五九有《三教论衡》一篇。其文乃预设问难对答之言，颇如戏词曲本之比。又其所解释之语，大抵敷衍“格义”之陈说，篇末自谓“三殿谈论，承前旧例”，然则此文不过当时一种应制之公式文字耳，故不足据以推见乐天之思想也。至“格义”之义，已详拙著《支愍度学说考》（载历史语言研究所《蔡元培先生六十五岁纪念专号》），兹不赘论。

（丙）论元白诗之分类

《元氏长庆集》三〇《叙诗寄乐天书》中微之自言其诗之分类略云：

> 仆因撰成卷轴。其中有旨意可观，而词近古往者，为古讽。意亦可观，而流在乐府者，为乐讽。词虽近古，而止于吟写性情者，为古体。词实乐流，而止于模象物色者，为新题乐府。声势沿顺，属对稳切者，为律诗，仍以七言、五言为两体。其中有稍存寄兴，与讽为流者，为律讽。不幸少有伉俪之悲，抚存感往，成数十诗，取潘子《悼亡》为题。又有以干教化者，近世妇人，晕淡眉目，绾约头鬓，衣服修广之度，及匹配色泽，尤剧怪艳，因为艳诗百余首，词有今古，又两体。自十六时至是元和七年矣，有诗八百余首。色类相从，共成十体，凡二十卷。昨行巴南道中，又有诗五十一首。文书中得七年已后所为

向二百篇，繁乱冗杂，不复置之执事前。

据此，微之诗可分（一）古讽，（二）乐讽，（三）古体，（四）新题乐府，（五）七言律诗，（六）五言律诗，（七）律讽，（八）悼亡，（九）五七言今体艳诗，（十）五七言古体艳诗，共为十体也。

又《元氏长庆集》五六《杜工部墓系铭》云：

予尝欲件析其文，体别相附，与来者为之准，特病懒未就。

盖微之于分体之意旨，蓄之胸中久矣。考《白氏长庆集》二八《与元九书》云：

仆数月来，检讨囊帙中，得新旧诗，各以类分，分为卷目。自拾遗来，凡所适所感，关于美刺兴比者；又自武德讫元和，因事立题，题为《新乐府》者，共一百五十首，谓之“讽谕诗”。又或退公独处，或移病闲居，知足保和、吟玩情性者一百首，谓之“闲适诗”。又有事物牵于外，情理动于内，随感遇而形于叹咏者一百首，谓之“感伤诗”。又有五言、七言、长句、绝句，自一百韵至两韵者四百余首，谓之“杂律诗”。凡为十五卷，约八百首。

寅恪案：乐天《与元九书》乃元和十年十二月在江州司马任内所作，而微之《叙诗寄乐天书》，据其中“今年三十七矣”及“昨行巴南道中”之语，知亦作于元和十年到通州以后。虽其作书之时与乐天此书约略相近，然微之既自言其诗分为十体，共二十卷，乃年十六即贞元十年至年三十四，即元和七年之间之作。又言“〔元和〕七年已后所为向二百篇，繁乱冗杂，不复置之执事前”，则是微之写定其诗成为十体二十卷，疑即在元和七年。较之乐天之类分其诗为十五卷，其时间或稍在前，未可知也。或者乐天诗之分类即受元之影响暗示，如乐天之制诰亦依微之之说，分为新旧两体（见《读〈莺莺传〉》），亦可为一证也。又乐天初编诗集时，其分类如此，后来则唯分格诗与律诗二类，不复如前之详细，殆亦嫌其过于繁琐耶？

汪立名于《白香山诗后集》卷一“格诗”题下言格诗之义略云：

> 唐人诗集中，无号格诗者。即大历以还，有齐梁格、元白格、元和格、葫芦、辘轳、进退诸格，多兼律诗体而言，不专主古体也。顾格诗之义虽亡考，而见于诸公之文章者可证。《元少尹集序》著格诗若干首，律诗若干首，赋、序、铭、记等若干首，合三十卷。由是观之，格者但别于律诗之谓。公《前集》既分古调、乐府、歌行，以类各次于讽谕、闲适、感伤之卷，《后集》不复分类别卷，遂统称之曰格诗耳。时本于十一卷之首格诗下，复系歌行杂体，是以格诗另为古诗之一体矣。岂元少尹生平独不为歌行杂体乎？况公《后序》但曰“迩来复有格律诗”，《洛中集记》亦曰“其间赋格律诗八百首”，初未尝及歌行杂体，固以格字该举之也。

寅恪案：汪氏论格诗为“格者，但别于律诗之谓”，此语甚是。唯于齐梁格等之格与格诗之格，尚未能识其意义之各别。故所论者似犹未达一间，兹特为辨之于下。

格有二义，其一为体格、格样之格，《白氏长庆集》五一《九日代樊罗二妓招舒著作》及同集六二《洛阳春赠刘李二宾客》两诗，其下皆自注“齐梁格”，即体格之义也。《唐语林》二《文学篇》“文宗好五言诗”条：“李珏奏曰：宪宗为诗，格合前古”，亦指体格而言。又《全唐诗》第十六函白居易二三《余思未尽加为六韵重寄微之》诗云：

诗到元和体变新。

自注云：

众称元白为千字律诗，或号元和格。

以上所引，皆足证“体”“格”同义，可以互用也。而尤可注意者，元和格即元和体，此所谓格，乃格式或格样之格，其体则为律诗，非古诗。与白氏之格诗迥不相侔也。其二为格力、骨格之格，元微之《杜工部墓系铭》云：

意义格力无取焉。

又云：

而又沈宋之流，研练精切，稳顺声势，谓之为律诗。

又云：

律切则骨格不存。

乐天《与元九书》称杜诗云：

至于贯穿今古，覼缕格律，尽工尽善。

乐天格诗之义即可以此为解释。盖乐天所谓格诗，实又有广狭二义。就广义言之，格与律对言，格诗即今所谓古体诗，律诗即今所谓近体诗，此即汪氏所论者也。就狭义言之，格者，格力、骨格之谓。则格诗依乐天之意，唯其《前集》之古调诗始足以当之。然则《白氏长庆集》五一“格诗”下复系“歌行杂体”者，即谓“歌行杂体”就广义言之固可视为格诗，若严格论之，尚与格诗微有别也。至于格诗诸卷中又有于题下特著“齐梁格”者，盖齐梁格与古调诗同为五言，尤须明其不同于狭义之格诗也。又格诗诸卷中凡有长短句多标明杂言，岂以杂言之体殊为驳杂耶？

（丁）元和体诗

关于元和体诗，自来多所误会，兹就唐时之论此体诗及元白二公本身所言此体诗之界说略论之，庶能得其真解也。

《旧唐书》一六六《元稹传》（参《元氏长庆集集外文章·上令狐相公诗启》）略云：

> 稹聪警绝人，年少有才名。与太原白居易友善。工为诗，善状咏风态物色。当时言诗者，称元白焉。自衣冠士子至闾阎下俚，悉传讽之，号为“元和体”。宰相令狐楚，一代文宗，雅知稹之辞学，谓稹曰：“尝览足下制作，所恨不多，请出其所有。”稹因献其文，自叙曰：“稹自御史府谪官于今十余年矣。闲诞无事，遂专力于诗章，日益月滋，有诗句（《集外文章》‘句’作‘向’。是。）千余首。其间感物寓意，可备蒙瞽之风者有之。辞直气粗，罪尤是惧，固不敢陈露于人。唯杯酒光景间，屡为小碎篇章，以自吟畅。然以为律体卑痺，格力不扬，苟无姿态，则陷流俗。常欲得思深语近，韵律调新，属对无差，而风情宛然，而病未能也。江湖间多新进小生，不知天下

文有宗主，妄相放效，而又从而失之，遂至于支离褊浅之辞，皆目为元和诗体。稹与同门生白居易友善，居易雅能诗，就中爱驱驾文字，穷极声韵，或为千言或五百言律诗，以相投寄。小生自审不能过之，往往戏排旧韵，别创新辞，名为次韵相酬，盖欲以难相排。(《集外文章》'排'作'挑耳'。是。)自尔江湖间为诗者，复相放效，力或不足，则至于颠倒语言，重复首尾，韵同意等，不异前篇，亦目为元和诗体。而司文者考变雅之由，往往归咎于稹，尝以为雕虫小事，不足以自明。"

寅恪案：此为微之自下之"元和体诗"定义，自应依以为说。据此，则"元和体诗"可分为二类，其一为次韵相酬之长篇排律，如《白氏长庆集》一三《代书诗一百韵寄微之》及《元氏长庆集》一〇《酬翰林白学士代书一百韵》、《白氏长庆集》一六《东南行一百韵》及《元氏长庆集》一二《酬乐天东南行一百韵》等，即是其例。元白此类诗于当时文坛影响之大，则《元氏长庆集》二二《酬乐天余思不尽加为六韵之作》诗"次韵千言曾报答"句自注云：

乐天曾寄予千字律诗数首，予皆次用本韵酬和，后来遂以成风耳。

《全唐诗》第十六函白居易二三《余思未尽加为六韵重寄微之》诗"诗到元和体变新"句自注云：

众称元白为千字律诗，或号元和格。

俱足与微之《上令狐楚启》相参证也。其二为杯酒光景间之小碎篇章，此类实亦包括微之所谓艳体诗中之短篇在内。如《元氏长庆集》二二《为乐天自勘诗集（七绝）》题略云：

因思顷年城南醉归，马上递唱艳曲，十余里不绝。

亦指此类诗言。而《白氏长庆集》一五《酬微之寄示赠阿软（七律）》题（参《白氏长庆集》二八《与元九书》）略云：

微之到通州日，授馆未安，见尘壁间有数行字，即仆旧诗。其落句云“渌水红莲一朵开，千花百草无颜色”，然不知题者何人也。微之吟叹不足，因缀一章，兼录仆本诗同寄，省其诗，乃是十五年前初及第时赠长安妓人阿软绝句。

其诗云：

十五年前似梦游，曾将诗句结风流。偶助笑歌嘲阿软，可知传诵到通州。昔教红袖佳人唱，今遣青衫司马愁。惆怅又闻题处所，雨淋江馆破墙头。（寅恪案：阿软即《才调集》一所录，乐天《江南喜逢萧九彻因话长安旧游戏赠五十韵》诗“多情推阿软”者也。）

然则元白此类诗之广播流行，风靡当日又可知矣。斯即李戡斥为“纤艳不逞，非庄士雅人所为。流于人间，疏于屏壁，子父女母交口教授。淫言媟语，冬寒夏热，入人肌骨不可除去。吾无位，不得用法以治之”者（《樊川文集》九《李戡墓志铭》）。而叶石林于《避暑录话》三驳之云：

如乐天讽谏闲适之辞，可概谓淫言媟语耶？

殊不知“乐天讽谕闲适之辞”乃微之《上令狐楚启》所谓“词直气粗，罪尤是惧，固不敢陈露于人”者，而当时最为流行之元白诗，除“千言或五百言律诗”外，唯此杯酒光景间小碎篇章之元和体诗耳。如《元氏长庆集》五一《白氏长庆集序》略云：

予始与乐天同校秘书之名，多以诗章相赠答。会予谴掾江陵，乐天犹在翰林，寄予百韵律诗及杂体，前后数十章。是后各佐江通，复相酬寄。巴蜀江楚间洎长安中少年，递相仿效，竞作新词，自谓为元和体诗，而乐天《秦中吟》《贺雨》讽谕等篇，时人罕能知者。然而二十年间，禁省观寺邮候墙壁之上无不书，王公妾妇牛童马走之口无不道。自篇章已来，未有如是流传之广者。

尤足证杜牧、李戡之所以痛诋，要非无故，而叶氏则未解此点也。

复次，元和体诗以此之故，在当日并非美词。如《唐语林》二《文学类》"文宗欲置诗学士"条云：

李珏奏曰："臣闻宪宗为诗，格合前古，当时轻薄之徒，摛章绘句，聱牙崛奇，讥讽时事。（寅恪案：此指玉川子《月蚀诗》之类。）尔后鼓扇名声，谓之元和体，实非圣意好尚如此。今陛下更置诗学士，臣深虑轻薄小人竞为嘲咏之词，属意于云山草木，亦不谓之开成体乎？玷黯皇化，实非小事。"

又《国史补》下略云：

元和已后，诗章学浅切于白居易，学淫靡于元稹，俱名元和体。

可以为证。而近人乃以"同光体"比于"元和体"，自相标榜，殊可笑也。至于惠洪《冷斋夜话》一（参汪立名本《白香山诗后集》五《诗解（七绝）》案语）云：

白乐天每作诗，令一老妪解之。问曰："解否？"妪曰："解"，则录之；“不解”，则易之。故唐末之诗近于鄙俚。

则元白诗在当时所盛行者，为此两类元和体诗。若排律一类必为老妪所解始可笔录，则《白氏长庆集》之卷帙当大为减削矣。其谬妄又何待详论。唯世之治文学史者，犹以元白诗专以易解之故，而得盛行，则不得不为辨正耳。

（戊）白乐天与刘梦得之诗

《白氏长庆集》六一《醉吟先生传》略云：

退居洛下。〔与〕彭城刘梦得为诗友。

同集六〇《刘白唱和集解》（寅恪案：刘禹锡父名溆。故乐天易“序”为“解”，不欲犯其家讳故也。）云：

予顷以元微之唱和颇多，或在人口，常戏微之云：“仆与足下二十年来为文友诗敌，幸也，亦不幸也。吟咏情性，播扬名声，其适遗形，其乐忘老，幸也。然江南士女语才子者，多云元白，以子之故，使仆不得独步于吴越间，亦不幸也。”今垂老复遇梦得，得非重不幸耶？梦得梦得，文之神妙，莫先于诗。若妙与神，则吾岂敢。如梦得“雪里高山头白早，海中仙果子生迟”、“沉舟侧畔千帆过，病树前头万木春”之句之类，真谓神妙。在在处处，应当有灵物护之，岂唯两家子侄秘藏而已？己酉岁（太和三年）三月五日乐天解。

同集五九《与刘苏州书》云：

嗟乎！微之先我去矣。诗敌之勍者，非梦得而谁？前后相答，彼此非一。彼虽无虚可击，此亦非利不行。但止交绥，未尝失律。然得隽之句，警策之篇，多因彼唱此和中得之，他人未尝能发也。

《刘梦得文集》四《金陵五题序》云：

余少为江南客，而未游秣陵，尝有遗恨。后为历阳守，跂而望之，适有客以《金陵五题》相示，逌尔生思，欻然有得。他日友人白乐天掉头苦吟，叹赏良久，且曰："《石头诗》云'潮打空城寂寞回'，吾知后之诗人不复措词矣。"余四咏虽不及此，亦不孤乐天之言尔。

寅恪案：乐天一生之诗友，前半期为元微之，后半期则为刘梦得。而于梦得之诗，倾倒赞服之意，尤多于微之。此甚可注意者也。王士祯《香祖笔记》五云：

白乐天论诗多不可解，如刘梦得"雪里高山头白早，海中仙果子生迟"、"沉舟侧畔千帆过，病树前头万木春"等句，最为下劣，而乐天乃极赏叹，以为此等语在在当有神物护持，悖谬甚矣。元白二《集》瑕瑜杂陈，持择须慎。初学人尤不可观之。白古诗晚岁重复什而七八。绝句作眼前景语，却往往入妙。如"上得篮舆未能去，春风敷水店门前"、"可怜八月初三夜，露似珍珠月似弓"之类，似出率意，而风趣复非雕琢可及。

又王士祯《池北偶谈》一四"乐天论诗"条云：

乐天作《刘白唱和集解》，独举梦得"雪里高山头白早，海中仙果子生迟”、“沉舟侧畔千帆过，病树前头万木春”，以为神妙，且云此等语“在在处处，应有灵物护之”，殊不可晓。宜元白于盛唐诸家兴会超诣之妙，全未梦见。

寅恪案：渔洋之诗与乐天之诗，其价值高下如何，古今已有定评，无俟赘论。乐天深赏梦得诗之处，即乐天自觉其所作逊于刘诗之处。此杜少陵所谓“文章千古事，得失寸心知”者，非他人，尤非功力远不及己之人所能置喙也。《白氏长庆集》二《和答诗十首序》云：

顷者在科试间，常与足下（指元微之）同笔砚。每下笔时，辄相顾语，患其意太切而理太周，故理太周则辞繁，意太切则言激。然与足下为文所长在此，所病亦在于此。足下来《序》果有词犯文繁之说，今仆所和者犹前病也。待与足下相见日，各引所作，稍删其烦，而晦其义焉。

乐天自言其与微之诗文之病，在辞繁言激，故欲删其烦而晦其义，此为乐天有自知之明之真实语也。考此《序》作于元和五年，乐天时年三十九，方在壮岁，乃元白二公诗文互相受影响最甚之时期。及大和五年微之卒后，乐天年已六十。其二十年前所欲改进其诗之辞繁言激之病者，并世诗人，莫如从梦得求之。乐天之所以倾倒梦得至是者，实职是之故。盖乐天平日之所蕲求改进其作品而未能达到者，梦得则已臻其理想之境界也。若不然者，乐天固一世之文雄，自负亦甚不浅，何苦于垂暮之年，而妄以虚词谀人若此乎？《全唐诗》第十七函白居易三六《哭刘尚书梦得二首》之一云：

四海齐名白与刘，百年交分两绸缪。同贫同病退闲日，一死一生临老头。杯酒英雄君与操，（自注云：曹公曰："天下英雄唯使君与操耳。"）文章微婉我知丘。（自注云：仲尼云"后世知丘者，《春秋》"，又云"《春秋》之旨微而婉也"。）贤豪虽殁精灵在，应共微之地下游。

寅恪案：乐天此挽诗非酬应之苟作，其标举《春秋》文章微婉之旨，正梦得之所长。乐天自以为是其所短，而平日常欲删其烦、晦其义，以求改进者也。故梦得诗"雪里高山头白早，海中仙果子生迟"，"沉舟侧畔千帆过，病树前头万木春"等简练沉着之名句，与乐天删烦晦义之旨极为䜣合，而乐天晚岁诸作，恐亦欲摹仿之而未能到。此则非天才有所不及，实性分有所不同。然则作诗者倘能综合元、白、刘三公之所长，始为乐天心意中之所谓工者欤？

复次，《北梦琐言》六"白太傅墓志"条（参《唐语林》六《补遗》）云：

洎自撰《墓志》（应作《醉吟先生传》）云与刘梦得为诗友，殊不言元相公，时人疑其隙终也。

寅恪案：此节虽已为汪立名及冯浩辨正（见汪本《白香山诗后集》一七《览卢子蒙侍御旧诗多与微之唱和感今伤昔因赠子蒙题于卷后（七律）》后按语，及《樊南文集详注》八《太原白公神道碑铭》"元相为序"下之补注），今似不须详考。然此事关系甚巨，故不得不略申论之如下。

《全唐诗》第十七函白居易三五《病中五绝句》之三云：

李君墓上松应拱，（寅恪案：《白氏长庆集》二四有《唐善人墓碑》云："公名建，字杓直，陇西人。长庆元年二月二十三日夜无疾即世。”）元相池头竹尽枯。（寅恪案：《白氏长庆集》六一《河南元公墓志铭》云：“大和五年七月二十二日遇暴疾，一日薨于位。”）多幸乐天今始病，不知合要苦治无。（自注云：“李、元皆予挚友也。杓直少予八岁，即世已九年。微之少予七年，薨已八年矣。今予始病，得非幸乎？”）

寅恪案：乐天此诗乃开成己未岁（开成四年）初病风时所作，时年已六十八矣。

同书同卷《梦微之（七律）》云：

夜来携手梦同游，晨起盈巾泪莫收。漳浦老身三度病，咸阳宿草八回秋。君埋泉下泥销骨，我寄人间雪满头。阿卫韩郎相次去，夜台茫昧得知不。（自注云：阿卫，微之小男；韩郎，微之爱婿。）

寅恪案：《白氏长庆集》六一《河南元公墓志铭》云：

以〔大和〕六年七月十二日，祔葬于咸阳县奉贤乡洪渎原，从先宅兆也。

故以诗中“咸阳宿草八回秋”句言之，当作于开成五年，而此诗载《白氏长庆集》六八中，列于开成五年三月三十日所作《春尽日宴罢感事独吟（七律）》（参《全唐诗》第十七函白居易三五此诗题下注）与《五年秋病后独宿香山寺三绝句》之间，是其证也。又如前引《哭刘尚书梦得》一诗，犹以“应共微之地下游”为言。刘梦得卒于会昌二年之秋（见下引乐天《感旧诗序》），时乐天年七十一，距会昌六年八月乐天之卒，相隔才四年耳。至《白氏长庆集》六九《感旧（并序）》云：

故李侍郎杓直长庆元年春薨，元相公微之大和六年秋薨，（寅恪案：据《白氏长庆集》六一《河南元公墓志铭》，微之薨于大和五年七月二十二日，葬于六年七月十二日。此云大和六年秋薨者，乃乐天下笔时偶尔误记耳。）崔侍郎晦叔大和七年夏薨，刘尚书梦得会昌二年秋薨。四君子，予之执友也。二十年间凋零共尽。唯予衰病，至今犹存。因咏悲怀，题为《感旧》。

晦叔坟荒草已陈，（寅恪案：《白氏长庆集》六一《唐故虢州刺史崔公墓志铭》略云：公讳玄亮，字晦叔，博陵人。大和七年七月十一日遇疾薨于虢州廨舍。九年四月二十八日归窆于磁州昭义县磁义乡北原。）梦得墓湿土犹新。微之捐馆将一纪，杓直归丘二十春。平生定交取人窄，屈指相知唯五人。四人先去我在后，一枝蒲柳衰残身。岂无晚岁新相识，相识面亲心不亲。人生莫羡苦长命，命长感旧多悲辛。

则此作更在《哭梦得》诗之后矣。然则《醉吟先生传》仅言“〔与〕彭城刘梦得为诗友”而不及微之者，盖承上文“退居洛下”而言，梦得固乐天洛下之诗友也。至于微之，则其时已逝矣。浅人不晓文义，不考年月，妄构诬说，殊为可恨。且《梦微之》一诗，其情感之诚笃，可谓生死不渝。非乐天不能作此诗，非微之不能令乐天作此诗。元白二公关系之密切若是，斯尤为读两《长庆集》之人，所不可不知者也。兹因附论乐天、梦得之诗，特于此标明元白二公文章交谊死生因缘之事实，以为本书之结束。

作者附记

此稿得以写成实赖汪镂、王永兴、程曦三君之助。又初印本脱误颇多，承黄萱先生相助，得以补正重刊，特附识于此，借表感谢之意。

《陈寅恪合集》补记

一九六七年四月二日，陈寅恪在由唐筼代笔的《我的声明》中说：“我生平没有办过不利于人民的事情。我教书四十年，只是教书和著作，从未实际办过事。”［《陈寅恪先生编年事辑》（增订本）一九六七年谱］可见在陈寅恪的心目中，教书是他的第一使命，著作次之。

据陈寅恪的女儿回忆：“父亲去课堂授课，不提皮箧或书包，总用双层布缝制的包袱皮包裹着书本，大多是线装书。用不同颜色的包袱皮儿，以示不同类别的书籍。工作归来，通常仍会伏案至深夜。我们长大后，父亲多次对我们说，即使每年开同以前一样的课程，每届讲授内容都必须有更新，加入新的研究成果、新的发现，绝不能一成不变”；“父亲备课、上课发给学生的讲义主要是讲授时援引的史料原文，这些史料都是从常见史书中所摘取，至于如何考证史料真伪，如何层层剖析讲解这些材料而不断章取义、歪曲武断，做到水到渠成地提出他的观点，则全装在自己脑中，未见他写过讲稿”。（《也同欢乐也同愁》）陈氏著作的雏形大多形成于其教学过程，基本是他在教学之余积累撰写的。

西南联大外文系学员许渊冲旁听过陈寅恪先生的讲课，他在晚年回忆道：“他说研究生提问不可太幼稚，如‘狮子颔下铃谁解得’，解铃当然还是系铃人了（笑声）。问题也不可以太大，如两个和尚望着‘孤帆远影’，一个说帆在动，另一个说是心在动，心如不动，如何知道帆动（笑声）？心动帆动之争问题就太大了。问题要提得精，要注意承上启下的关键，如研究隋唐史要注意杨贵妃的问题，因为‘玉颜自古关兴废’嘛。”（《追忆似水年华》）可见治学严谨的陈寅恪在授课时也不失幽默。

一九四六年，双眼失明的陈寅恪重返清华大学，梅贻琦校长专门为陈氏配备了三名助手，王永兴为其中一位。据王永兴回忆，梅校长派历史系主任雷海宗先生来看老师，“劝他暂不要开课，先休养一段时间，搞搞个人研究。寅恪先生马上说：‘我是教书匠，不教书怎么能叫教书匠呢？我要开课，至于个人研究，那是次要的事情。我每个月薪水不少，怎么能光拿钱不干活呢？’当时我站在老师身旁，看到老师说这些话时虽是笑着，但神情严肃且坚决”。（《纪念陈寅恪教授国际学术讨论会文集》）

一九五〇年，岭南大学的及门弟子胡守为选修了陈寅恪所开“唐代乐府”一课，学生仅他一人。胡守为回忆说：“陈先生绝不因为选课学生的多少影响他的讲课质量。令我尤为感动的是，当时夏天他身着唐装在助手协助下在楼下工作，每当学生到家里听课，他都要自拄杖扶梯缓步上楼改换夏布长衫，然后才下来上课”；“这件事对我教育很深，这就是为人师表啊！”（同上）

一九六七年，“文化大革命”高潮期间，“本年底红卫兵要抬先生去大礼堂批斗，师母阻止，被推倒在地。结果，由前历史系主任刘节代表先生去挨斗。会上有人问刘有何感想，刘答：我能代表老师挨批斗，感到很光荣！”[《陈寅恪先生编年事辑》（增订本）一九六七年谱]

蒋天枢，清华研究院三期学员，陈寅恪晚年最知心的弟子。一九六四年五六月间陈寅恪向蒋天枢作了一生事业的“生命之托”，即将其晚年编定的著作整理出版全权委托蒋天枢。陈寅恪赠诗云：

“草间偷活欲何为，圣籍神皋寄所思。拟就罪言盈百万，藏山付托不须辞。”（《陈寅恪诗集》）蒋天枢没有辜负恩师的重托。他晚年放弃了自己学术成果的整理，全力校订编辑陈寅恪遗稿，终于在一九八〇年出版了近二百万言的《陈寅恪文集》，此《文集》基本保持了陈寅恪生前所编定的著作原貌。

我们选编的这套《陈寅恪合集》，正是以蒋天枢先生编辑的《陈寅恪文集》为底本略作调整而成。在此套《合集》付梓出版之时，谨向蒋先生致以崇高敬意。

二〇一九年十月江奇勇补记

本《合集》以“经纬陈寅恪，走进陈寅恪”为选编宗旨，以为“更多读者接近陈寅恪，阅读其著，体悟其思”提供好版本为目标。《合集》中“史集”与“别集”的区分，体现其编排的独创性，符合《著作权法》第十四条之规定，其著作权由汇编人享有。汇编过程中，我们并不是简单地将繁体字竖排转换为简体字横排。而是勘对底本文字，径改文字讹误，异体字改通行正字；对底本的原标点做必要的调整，尽可能全面、正确地添加书名号。其汇编过程亦整理过程：无论是繁体字转简体字、异体字改通行正字，还是添加书名号，均耗时费力考籍核典，殚精竭虑决定取舍，以尽其意，以求准确。其汇编过程中产生的整理权符合《著作权法》第十二条之规定，其著作权由整理人享有。本《合集》的汇编作品著作权和整理权均受法律保护，不容他人侵犯，特此声明。

二〇二〇年元日又补